ELHOIM LEAGAR

BRUXARIA DOS SONHOS

MAGIA POPULAR, RECEITAS E FEITIÇOS DA AMÉRICA DO SUL PARA BRUXAS E BRUJAS

NOVA SENDA

BRUXARIA DOS SONHOS
Traduzido de: *Dream Witchery: Folk Magic, Recipes & Spells from South America for Witches & Brujas Copyright*

Tradução: Renan Papale
Revisão: Luciana Papale
Capa: Mariângela Ghizellini
Diagramação: Décio Lopes
Ilustraçoes internas: David F. Dagnino

DADOS INTERNACIONAIS DE CATALOGAÇÃO NA PUBLICAÇÃO (CIP)

Leafar, Elhoim

Bruxaria dos sonhos: magia popular, receitas e feitiços da américa do sul para bruxas e brujas / Elhoim Leafar; Tradução de Renan Papale. São Paulo: Editora Nova Senda, 2025. 1ª edição.
368 págs: il.

ISBN 978-65-87720-38-8
Título original: *Dream Witchery: Folk Magic, Recipes & Spells from South America for Witches & Brujas*

1. Bruxaria 2. Magia 3. Feitiços I. Título II. Papale, Renan

25-1767 CDD 133.43

Índices para catálogo sistemático:
1. Bruxaria

EDITORA NOVA SENDA
Rua Jaboticabal, 698 – Vila Bertioga – São Paulo/SP
CEP 03188-001 | Tel. 11 2609-5787
contato@novasenda.com.br | www.novasenda.com.br

Ei, Tribu, e cada um de vocês.
Este trabalho é para todos nós.

Isenção de responsabilidade

A Editora e o autor não assumem nenhuma responsabilidade por quaisquer danos causados ao leitor que possam resultar do uso do conteúdo contido nesta publicação e recomendam bom senso ao contemplar as práticas descritas nesta obra. Nas páginas seguintes, você encontrará recomendações para o uso de determinados óleos essenciais, misturas de incensos e itens rituais. Se for alérgico a algum item usado nos rituais, não o utilize. O trabalho mágico não tem a intenção de substituir os cuidados de um profissional médico qualificado.

Dedicatória

Para todos aqueles que foram marginalizados, ignorados, zombados, exilados e pisoteados – para todos que já se sentiram encurralados pelo medo – vocês não estão sozinhos, não são um fardo, não são difíceis de amar e não estão fora do lugar. Não deixe que ninguém faça vocês duvidarem de quem são ou dos valores que têm.

E para todos os que fazem parte do meu Coven – minha família estendida, linda, sagrada e eterna.

David, se eu tivesse que emigrar novamente, largar tudo e começar tudo de novo, contanto que fosse com você, eu não pensaria duas vezes.

SUMÁRIO

EXERCÍCIOS E RECEITAS

MAGIA DOS SONHOS
Feitiços dos Contribuidores

CONTOS TRIBAIS

ISENÇÃO DE RESPONSABILIDADE SOBRE ÉTICA E MORALIDADE

Na Bruxaria e Magia modernas, especialmente na Magia ocidental, temos conversas contínuas sobre a ética e o uso das artes esotéricas para o benefício de outra pessoa no que diz respeito ao seu consentimento. Um exemplo disso é o ditado "Não lance um feitiço a ninguém, mesmo que para o bem, sem o consentimento desse alguém".

Em contraste, na Venezuela dizemos: *Quien te mira en aprietos y ofrece ayudarte simplemente está esperando un no por respuesta, el que quiere ayudarte, va y te ayuda sin preguntar.* Isso é traduzido como "Quem te vê em apuros e oferece ajuda, está simplesmente esperando um não como resposta, quem quer te ajudar, vai e te ajuda sem perguntar."

Como alguém nascido e criado na América do Sul, escrevi este livro sobre a magia dos sonhos para refletir a perspectiva e a tradição do nosso povo hispânico. Nessa tradição, o consentimento em relação ao uso de feitiços e rituais, desde que feitos com boas intenções, não é parte das nossas discussões ou práticas.

Receber o consentimento das pessoas ou "pedir permissão para ajudar" não faz parte de nosso vocabulário ou de nossos livros. Não faz parte de nossa cultura perguntar a uma pessoa em uma situação difícil ou com problemas se ela quer ou não a nossa ajuda. Não perguntamos a alguém que está com sede se ele quer beber água e depois ficamos parados enquanto a pessoa desmaia desidratada na nossa frente, recusando ajuda.

Nossas tradições esotéricas da América Latina e do Caribe descendem principalmente de povos indígenas, escravos nativos ou piratas que fugiam do sistema. Nossa magia é um reflexo daqueles que usavam diferentes feitiços e receitas para ajudar qualquer pessoa que precisasse, pois, para eles, havia um inimigo comum: o homem branco europeu invasor e suas ideias de identidade racial, colonialismo e cristianismo.

Ao longo deste livro, você encontrará uma linguagem nas receitas do tipo "se quiser usar este feitiço para ajudar alguém sem que a pessoa saiba..." Cabe ao leitor, com base em sua maturidade e ética individual, consultar ou não a pessoa afetada ou que está buscando ajuda.

Mais uma vez, este livro não foi escrito para refletir os aspectos norte-americanos ou ocidentais contemporâneos da Magia e da Bruxaria modernas, mas para compartilhar os rituais autênticos e as tradições esotéricas da América do Sul da maneira como são praticados por seus *hechiceros* e *brujos* (feiticeiros e bruxos). Portanto, e para reiterar, para nós, perguntar a alguém se precisa de ajuda é cultural e eticamente considerado rude.

AGRADECIMENTOS

À incrível e talentosa equipe da Llewellyn Publishing, por tornar isso possível, pela confiança nesta obra, pela enorme dedicação e respeito pelo meu trabalho e por me permitir criar o livro que eu gostaria de ter em minhas mãos quando estava crescendo, um livro que representará a mim e ao meu povo.

E a Heather Greene e Stephanie Finne, por me ajudarem a materializar este trabalho que passei tantos anos tentando fazer acontecer. Somente aqueles que estão nos céus sabem o quão difícil deve ser editar minhas ideias complicadas e colocá-las em ordem. Vocês tornaram isso possível.

Gracias Infinitas!

INTRODUÇÃO

Foi um dia terrível na escola militar, com os valentões de sempre. Dois alunos do último ano me trancaram em um dos boxes do banheiro; não pude lutar contra eles. Passei quatro horas trancado no cubículo antes que o gentil zelador me encontrasse e me deixasse sair. Os pais já tinham ido buscar seus filhos na escola e os colegas que me trancaram disseram ao meu pai que eu tinha saído mais cedo, então, ele foi embora sem me esperar.

Caminhei por horas, cheguei em casa com fome e exausto física e mentalmente, sem vontade nem de chorar. Eu só queria tomar banho e dormir, e foi isso que fiz.

Na manhã seguinte, escrevi em meu diário – um velho caderno em branco que cobri com alguns pedaços de tecido da oficina de minha mãe:

> **Sonhei com muitos números na noite passada. Não sei o que eles significam. Sonhei que estava voando muito alto entre as nuvens e minhas mãos podiam se esticar tanto, que senti que poderia tocar a Lua. Era uma Lua gigantesca, e eu estava voando tão alto que não conseguia vê-la acima de mim, mas na mesma altura. Um longo pedaço de tecido estava amarrado em meu pescoço e, olhando para baixo, havia mar, água, ondas, muitas ondas. A água refletia a noite escura e a lua cheia ao meu lado.**
>
> **Uma senhora com pele cor de bronze ou cobre dançava sobre as ondas, mas eu não ouvia a música. Ela dançou com os braços abertos e um enorme Círculo de Fogo dourado se formou ao seu redor. Ela e o círculo permaneceram sobre as ondas e, atrás dela, vi apenas nuvens, muitas nuvens brancas, tão brancas quanto a Lua.**

Naturalmente, pensei que a senhora de cobre ou bronze fosse Yemayá (Iemanjá), a Deusa que minha mãe sempre invocava na praia. Eu tinha apenas doze anos de idade e não sabia o que isso significava, mas imaginei que uma Deusa estava cuidando de mim.

Treze anos depois, eu me encontrava nos Estados Unidos, no que viria a ser meu novo lar, após uma longa e exaustiva viagem da Venezuela. Era por volta das 19 horas. Depois de um dia cheio, eu já havia preenchido quatro páginas do meu diário (agora virtual do meu *smartphone*) e mal havia comido metade de um sanduíche no aeroporto. Algumas horas antes eu estava em Atlanta, Geórgia, e depois tive que passar pela transferência mais complicada de todos os tempos para pegar o voo para Nova Iorque.

No avião da Geórgia, o homem sentado ao meu lado parecia conhecer todos os comissários de bordo. Ele me ajudou a colocar minha bagagem sobre o assento. Gentilmente, ele me ofereceu a janela. Fiquei feliz, porque era minha primeira vez viajando para os Estados Unidos e eu queria muito apreciar a vista.

De repente, todos estavam olhando pelas janelas. Eu estava meio dormindo, mas ainda conseguia ouvir os murmúrios de todos e a curiosidade me atraiu. Olhei pela janela e fiquei maravilhado. "Oh, meu Deus", pensei. Eu havia me esquecido completamente de que aquele era o dia do eclipse lunar. Não dá para imaginar o tamanho da Lua vista da janela do avião. O homem sentado ao meu lado, que eu estava supondo ser o agente de segurança do avião, também estava olhando além de mim para ver do que se tratava a agitação. Consegui dizer a ele, em meu inglês limitado: *Lunar eclipse tonight.* Ele respondeu com um breve: *Oh, thank you.*

Olhei para a Lua e vi como ela era impressionante – bem perto de mim. Parecia que estávamos na mesma altura e, quando me aproximei um pouco mais do vidro, pude ver as nuvens abaixo de nós. Sob as nuvens, um mar escuro. Naquele momento, o comissário de bordo anunciou algo no alto-falante do avião. Não consegui ouvir o que era, mas todos pareciam estar felizes. Aparentemente, como finalmente fiquei sabendo, chegaríamos ao aeroporto em tempo hábil. Seria possível que eu estivesse no único voo da história dos voos que não sofreria nenhum atraso?

Enquanto descíamos lentamente para a cidade de Nova Iorque, fiquei mais uma vez surpreso com a bela vista da cidade, com suas pontes impressionantes e luzes enormes. Então, ouvi todos murmurando mais uma vez com entusiasmo. Ali, na água, estava uma bela senhora com sua enorme coroa e uma tocha na mão. Ela olhava para frente com uma presença imponente. Eu me perguntava em voz alta o que aquela estátua representava. O que era aquilo? O homem ao meu lado me disse que era a Estátua da Liberdade, que dá as boas-vindas aos passageiros.

As bruxas dizem que quando você está procurando algo, algo está lá fora, sentado e esperando por você. Claramente havia uma Deusa lá fora esperando minha chegada, enviando momentos e lembranças na forma de visões noturnas para mim. Não era a mesma Deusa que eu pensava que seria, em vez disso, era outra das múltiplas manifestações da energia criativa feminina universal; a Deusa dos imigrantes. Ela me recebeu de braços abertos no meio da noite do eclipse lunar na *Big Apple*. Impresso em bronze no interior do pedestal da estátua está o poema *The New Colossus*, escrito por Emma Lazarus em 1883:

Diferente do gigante de bronze da fama grega, com seus membros conquistadores cavalgando de terra em terra; aqui, em nossos portões banhados pelo mar, ao pôr do sol, estará uma mulher poderosa com uma tocha, cuja chama é o relâmpago aprisionado, e seu nome; Mãe dos Exilados.

De sua mão-farol brilha uma acolhida mundial; seus olhos suaves comandam o porto aéreo que emoldura as cidades gêmeas. "Guardem, terras antigas, sua pompa histórica!", ela grita com lábios silenciosos. "Dê-me seus cansados, seus pobres, suas massas aglomeradas ansiando por respirar livremente, os miseráveis rejeitados de suas costas pulsantes.

Enviem-me estes, os desabrigados, os arremessados pela tempestade. E eu levanto minha tocha ao lado da porta dourada![1]

Oito anos se passaram desde aquela viagem, desde que aquele sonho finalmente se tornou realidade. Viver nos Estados Unidos não só me levou a aprender um novo idioma, mas também a descobrir outras formas de Bruxaria, a me conectar com outros Bruxos com experiências e conhecimentos diferentes e, o mais importante, forçou-me a buscar e descobrir conexões ainda mais profundas com minha própria arte, com minhas raízes e com meus ancestrais.

No campo da Bruxaria, há muitos livros com referências vagas ao que praticamos na América do Sul, que é a minha própria maneira de englobar os países ligados à Amazônia. Eles geralmente discutem como as Bruxas da América do Sul fazem isso ou aquilo. No entanto, esses livros são escritos por

1. Uma placa de bronze com o "The New Colossus", escrito por Emma Lazarus (1849-1887), está dentro da Estátua da Liberdade na Liberty Island, na cidade de Nova Iorque.

autores que não falam nossos idiomas e nunca colocaram os pés em nossos países ou apenas passaram algumas semanas de férias lá. Isso me frustra e me irrita, o que sempre é seguido por outro pensamento: os autores escrevem esses livros, porque sabem que alguém mais quer lê-los ou que alguém mais tem curiosidade sobre o assunto. Esse último pensamento foi a motivação para que eu me sentasse por longas horas para escrever entre um trabalho e outro, repetindo para mim mesmo: "Ok. Vocês querem ler sobre isso? Pois bem, vou fazer vocês lerem tudo o que não sabem sobre nossas práticas – começando pelo mundo dos sonhos."

Uma Janela para o Mundo Além do Mundo

Na América do Sul, nossas famílias, em sua maioria descendentes de povos indígenas e escravizados, desenvolveram práticas religiosas, místicas e espirituais profundas em torno do tema dos sonhos. Embora isso possa ser interpretado como uma generalização exagerada, a verdade é que muitas de nossas práticas nativas são semelhantes. Antes do período colonial, uma grande parte de nossos povos indígenas navegava em pequenas canoas. Esses grupos indígenas nativos dos quais descendem os povos Wayúu, Arawak e Taíno, para citar apenas alguns, não estavam exatamente limitados a um único lugar. Sua influência abrangeu grande parte da América do Sul antes da chegada dos colonizadores, e suas práticas religiosas e esotéricas, bem como seus ritos de iniciação, encontraram uma maneira de prevalecer ao longo do tempo, adaptando-se e escondendo-se no folclore e na tradição oral.

Para os povos indígenas e, posteriormente, para os povos escravizados, os sonhos não se limitavam a prever eventos futuros. Em vez disso, os sonhos eram principalmente uma janela para o "mundo além do mundo", onde os Deuses, os ancestrais, os espíritos elementares e as almas de todos aqueles que haviam partido de seu corpo físico finalmente habitavam juntos. Para esses povos, os sonhos eram uma fuga mágica entre labirintos de ilusões, onde eles podiam se comunicar com seus ancestrais, esconder segredos que só poderiam ser revelados de lá e até mesmo se mover entre mundos e corpos. Por exemplo, as *brujas wachi*, na Colômbia, possuem os corpos das pessoas mais jovens enquanto elas dormem. Há também as *brujas Macici* na Venezuela que, quando dormem, liberam seus espíritos pela boca e viajam possuindo os corpos de pássaros noturnos e pumas para espionar seus inimigos e manter os espíritos malignos afastados.

Quando você vive a maior parte de sua vida em seu país de origem, geralmente aprende, pratica e é iniciado nas práticas e ritos esotéricos daquela terra, portanto, é apenas uma questão de tempo até que comece a tomar determinadas coisas como certas e verdadeiras. Quando emigra para outro lugar, descobre que os itens da sua mala podem se perder no aeroporto e que a única coisa que realmente importa e tem mais valor é o que você sabe, aquilo que viveu e o que aprendeu. Então, passa a dar mais valor a esses ensinamentos antigos. Isso foi o que aconteceu comigo quando cheguei aos Estados Unidos. Depois de vários anos, compreendi que muitas das experiências e grande parte do conhecimento que eu considerava natural são, para muitos, o motor de sua busca espiritual.

Os povos da América do Sul são um povo que, como muitos outros, foi conquistado e escravizado e, embora os colonizadores tenham imposto seu idioma e sua cultura, nós nos tornamos independentes. Domesticamos o idioma e o tornamos nosso. Nós o enriquecemos e o cultivamos com nossos diferentes sotaques e culturas e ainda acrescentamos nossas próprias palavras e nossa própria pronúncia. Assim como aconteceu com o idioma, o mesmo ocorreu com nossas práticas religiosas. O catolicismo foi imposto pelos evangelizadores, mas depois de vários anos, e graças ao sincretismo religioso, bem como aos modernos descolonizadores de nossa história, encontramos o retorno às nossas raízes, e isso nos fortaleceu.

Mesmo sendo tão diferentes uns dos outros, os latino-americanos dominam seu idioma, sua magia, sua gastronomia e sua fé religiosa. Este livro foi feito para representar a riqueza de nossa cultura e o poder de nossas raízes, que nos conectam diretamente com a Pachamama e com os espíritos da terra, com as divindades da montanha, mas também com os Deuses que nossos ancestrais veneravam e com os Deuses do rio que mudam de forma e as Deusas das estrelas que usam coroas de trigo e vestidos feitos de penas e peles.

Sobre este Livro

Este não é apenas mais um livro de sonhos, trata-se de um compêndio esotérico completo sobre a Magia dos Sonhos e suas aplicações a partir de uma perspectiva sul-americana. Nesses países, a Bruxaria não é vista apenas como uma religião mágica baseada na fertilidade e na celebração dos ciclos naturais, mas também como uma ferramenta poderosa que inclui séculos de prática e aprendizado das mãos de escravos, bruxos, párias, exilados e sacerdotes de tribos indígenas. Coletivamente, esses povos fizeram uso dessas ferramentas mágicas na forma de feitiços e amuletos para libertar suas famílias e comunidades contra o colonizador, contra o opressor e contra o monarca abusivo.

No final das contas, o que é *brujeria* ou bruxaria para nossos povos? É outra maneira de contar nossas histórias e mitos mascarados como feitiços e perfumados com óleos e pós para libertar os fracos e os oprimidos das armas abusivas.

Ao ler este livro, você descobrirá que trato do tema dos sonhos como um instrumento de mediunidade. Esse é um aspecto da magia que é de vital importância, mas que não é suficientemente investigado ou estudado na feitiçaria. Irei além dos manuais de interpretação de sonhos e feitiços que apenas colocam objetos debaixo do travesseiro. Mostrarei como os sonhos são um meio essencial de adivinhação, clarividência e precognição para bruxas, magos e feiticeiros. Também mostrarei, a partir da perspectiva espiritualista, que os sonhos são uma visão do nosso subconsciente que nos permite distrair a mente o suficiente para libertá-la do corpo físico e permitir que o corpo do praticante espiritual seja possuído por um espírito passageiro que foi convocado.

À medida que o livro avança, você desenvolverá seus próprios pontos de vista sobre os sonhos e suas aplicações mágicas na bruxaria. Também encontrará muitos exercícios e rituais, histórias, folclore, lendas e um grande número de feitiços simples para realizar em casa ou em um pequeno pátio, bem como rituais para serem realizados em datas específicas em grupos de duas ou mais pessoas. Também incluo misturas, tisanas e infusões de ervas comuns para ajudar a adormecer e evitar a insônia, bem como instruções sobre como fazer amuletos em casa.

Cada capítulo é pontuado com lendas e mitos curtos de diferentes partes da América do Sul, especialmente aqueles que sobreviveram à opressão dos povos originários indígenas pelo colonialismo e pela igreja. Reuni grande parte dessas informações durante conversas com padres, trabalhadores espirituais (xamãs, curandeiros e feiticeiros) e bruxos e bruxas de várias partes da Argentina, Bolívia, Brasil, Chile, Colômbia, Equador, Guiana, Paraguai, Peru, Suriname, Trinidad e Tobago, Uruguai e Venezuela.

Colaboradores

Que sua arte seja sempre uma representação de sua inteligência e experiência, e não apenas uma cópia literal dos livros que leu. É por esse motivo que decidi fazer algo para este livro que, geralmente, não é bem-visto ou valorizado na sociedade: pedi ajuda e conselhos.

Meu trabalho mágico é uma representação mista dos lugares em que vivi e das Tradições em que fui iniciado. Neste processo, aprendi com muitos mestres diferentes. Convidar alguns deles para colaborar aqui comigo foi de vital importância, e cada colaborador acrescentou algo novo, algo diferente e, por sua vez, algo essencial que enriquece a experiência cultural que se pode ler em cada linha deste livro.

Essas contribuições, tão variadas quanto necessárias, levaram-me a ampliar o escopo deste livro a fim de encontrar o espaço perfeito para elas. Nossa comunidade esotérica é erroneamente liderada por escritores – aparentemente ficamos com toda a fama – mas os líderes, na verdade, são, os livreiros, blogueiros, youtubers, podcasters, editores e até mesmo organizadores de eventos ocasionais. Eles atuam como nossas âncoras, nosso elo cultural e social, e vários deles foram convidados a colaborar neste projeto.

Uma observação sobre as ilustrações

Para preservar o aspecto folclórico e a textura particular do livro, as ilustrações, feitas por David Dagnino (venezuelano), com curadoria de Elhoim Leafar, representam e ilustram diversos rituais cotidianos e aspectos esotéricos do folclore oral e tradicional culturalmente compartilhados por vários países da América do Sul e diversas tribos indígenas da região.

Muitas das imagens usadas nos capítulos desta obra são reproduzidas e legendadas em uma lista de descrição de imagens. Você pode encontrá-la no final deste livro.

Feitiços para Começar

Na magia e na feitiçaria, a intenção é importante, mas intenção não é tudo. A passagem da teoria para a prática é o que separa os especialistas dos amadores. Embora o acúmulo de conhecimento seja importante, a experiência é adquirida com a prática diária. Para começar a praticar, aqui estão dois exercícios fáceis, mas funcionais.

EXERCÍCIO
Ritual de Limpeza Contra Todo o Mal

Às vezes, os métodos mais simples são os mais eficazes, e nem sempre é necessário elaborar demais para atingir o objetivo que estamos buscando. No espiritualismo tradicional, sempre dizemos que antes de cada ritual você deve reservar um momento para fazer uma limpeza espiritual, caso contrário acabará contaminando todo o ritual com sua própria energia. Com isso em mente, aqui está um ritual de limpeza simples que poderá realizar. Meu conselho é: se estiver dentro de suas possibilidades, compre esses ingredientes em grandes quantidades, armazene-os em potes de vidro devidamente fechados e use-os sempre que precisar.

Você vai precisar de:

- Buquê de flores de lavanda secas
- Buquê de flores de camomila secas
- Cone de incenso de lavanda
- Fios de cânhamo (tenha sempre fios suficientes à mão)
- Isqueiro
- Óleo essencial de mirra ou olíbano
- Um punhado de alfinetes
- Uma vara de salgueiro que possa ser dobrada, com comprimento entre 30 e 61 centímetros
- Vela branca ou roxa em um castiçal

Acenda a vela e o incenso. Em seguida, dobre a vara de salgueiro em um grande aro. Umedeça o fio de cânhamo com o óleo e use-o para amarrar o aro.

Prenda as flores de camomila e lavanda ao redor do aro até que ele esteja completamente coberto. Agora, passe o aro pela fumaça do incenso várias vezes.

Coloque o aro consagrado no chão e fique de pé sobre ele. Feche os olhos por um minuto e respire fundo. Pegue o aro com as duas mãos e passe-o sobre seu corpo de baixo para cima cinco vezes, recitando:

Círculo encantado, cure-me de todo mal.
Círculo encantado, proteja-me de todo mal.
Círculo encantado, cure-me de dentro para fora.
Círculo encantado, proteja-me de fora para dentro.
Que assim seja!

Mantenha o aro perto de seu altar ou espaço sagrado. Adicione mais flores a ele de vez em quando para fortalecer sua magia e reutilizá-lo.

Minha recomendação pessoal é nunca apagar o incenso; em vez disso, deixe-o queimar até o fim. No entanto, tenha cuidado com as velas. Use potes de vidro para as velas quando elas forem muito grandes ou apague-as algumas horas após o ritual para evitar incêndios.

EXERCÍCIO
Feitiço de Manifestação

Vamos supor que você seja totalmente novo no campo esotérico e que este seja um de seus primeiros livros metafísicos. Você não se considera um bruxo ou uma bruxa profissional e não tem uma grande biblioteca cheia de livros para exibir no Instagram. Você é um novato, como todos nós somos – mesmo depois de cerca de trinta anos de prática. Experimente este exercício para manifestar compreensão em seu caminho, abrir sua mente e identificar os obstáculos no processo de seu trabalho mágico.

Você vai precisar de:

- Folha de louro
- Isqueiro
- Lápis e folha de papel
- Pires resistente ao calor ou caldeirão pequeno

Vela branca ou amarela em um castiçal (a vela pode ser pequena e simples ou longa e exuberante; apenas certifique-se de que seja branca ou amarela. Essas são cores que, à primeira vista, lembram o tom da luz em casa).

Acenda a vela. Em seguida, pegue o lápis e escreva na folha de papel cinco motivos pelos quais você acha importante dominar a magia e aprender a fazer feitiços. Por exemplo, "Sinto que, dessa forma, posso me conectar mais com a divindade", "Quero ser capaz de entender meus sonhos" ou "Quero conseguir um emprego melhor e que meus esforços sejam devidamente valorizados e recompensados".

Agora, coloque uma folha de louro no centro do papel. Sim, uma folha de louro simples e comum que você provavelmente tem na cozinha. Não é necessário procurar o louro sagrado que só cresce à meia-noite nos arredores de uma montanha.

Em seguida, dobre o papel ao redor da folha, como se fosse um envelope. Seja criativo. Você pode enrolá-lo como uma folha de pergaminho ou dobrá-lo em triângulos e quadrados. O importante é que a folha de louro esteja completamente coberta e guardada dentro do papel.

Feche os olhos por um momento com o papel na mão. Medite sobre o que você escreveu e visualize a forma e a cor da chama da vela. Mantenha essa visão em sua mente com os olhos fechados. Respire profunda e lentamente algumas vezes.

Agora, abra os olhos e, com muito cuidado, acenda a folha de papel usando a chama da vela. Deixe-a queimar em um pires resistente ao calor ou em um pequeno caldeirão que tenha em casa.

Você acabou de manifestar (de uma maneira surpreendentemente simples) suas intenções ao Universo e aos espíritos que o guiam e protegem. O que você escreveu está a caminho de ser cumprido.

Se quiser apagar a vela, faça isso de outra forma que não seja soprando. Nada de ruim vai acontecer por causa disso. É só uma orientação. Você não está amaldiçoando ninguém ou atraindo má sorte. Está simplesmente apagando uma vela que acendeu com as melhores intenções em um ritual particular entre você e seus guias espirituais. Isso é entre você e o Universo, e ninguém mais.

Este ritual pode ser repetido quantas vezes quiser, usando a mesma vela. Será interessante ver como você se sente entre a primeira vez que realiza este ritual e a próxima e testemunhar como sua confiança no processo muda pouco a pouco.

PARTE 1

A EXPERIÊNCIA DO SONHO

CAPÍTULO 1

BRUJAS, BRUXAS E SONHOS

Os bruxos são capazes de encontrar poder, extraí-lo e transmutá-lo em benefício próprio ou de outros a partir de praticamente qualquer elemento presente na natureza. Há bruxas que encontram seu poder na Água ou no Ar, enquanto outras encontram seu poder em plantas e ervas, em flores e árvores, em cristais e minerais, ou em tempos e lugares – até mesmo em emoções e sonhos reside um enorme poder. É um poder que nos conecta com forças superiores e abre as portas para a compreensão de um mundo que está totalmente conectado ao nosso próprio mundo interior e que, no entanto, permanece amplamente desconhecido.

Sonhar é nossa maneira de nos comunicarmos de forma direta e íntima com a Mãe Terra, com nossos ancestrais, com o cosmos e com o mundo espiritual. Sonhos são linguagens naturais entre todas as espécies deste mundo – e as de outros mundos também.

Os sonhos contêm todos os tipos de significados simbólicos, místicos e preditivos. Alguns desses significados podem até representar os remanescentes de memórias de vidas passadas ou mensagens enviadas a nós por nossos ancestrais de uma época diferente da nossa. Em todas as culturas do mundo, os sonhos assumem um enorme peso simbólico e, às vezes, até religioso. Na cultura iorubá do Caribe, os sonhos representam previsões do futuro, enquanto na cultura yanomami da Venezuela e do Brasil, os sonhos representam mensagens de nossos antepassados.

Quando fechamos os olhos, relaxamos as extremidades e nos entregamos com total confiança ao mundo do sono, nossa mente consciente faz uma pausa, dando lugar ao nosso ser inconsciente. Quando liberamos essa falsa sensação de controle, nós nos rendemos a uma força interior maior do que nós: os sonhos.

Repletos de revelações e mensagens com todos os tipos de significados, a quantidade de informações que recebemos e enviamos simultaneamente nos sonhos, noite após noite enquanto dormimos, é igual (ou, ouso dizer, ainda maior) à quantidade de informações que percebemos e enviamos durante o dia.

Os sonhos nos ajudam a revelar e decompor cada evento, pensamento e emoção do dia em suas menores partes, levando-nos a entender melhor cada um desses eventos e pensamentos, daí talvez a famosa frase "deixe-me dormir sobre isso". Isso, nada mais é que uma forma de admitir: "não estou no controle total dessa decisão no momento; deixe-me dormir e amanhã estarei com a cabeça mais fresca". Durante a noite, nosso cérebro analisa as informações recebidas sem que nosso eu consciente intervenha para tomar decisões que podem ser influenciadas por nossas emoções. Já pela manhã, as informações são mais fluidas, mais claras e sem a pressão emocional do dia anterior.

Enquanto dormimos, somos capazes de mergulhar no mundo dos espíritos – um dos muitos mundos que nos cercam. A partir desse plano existencial, podemos entrar em contato com todos os tipos de entidades astrais e espirituais com mais facilidade. É um mundo energético que não requer nenhum tipo de linguagem, mas se comunica por meio de símbolos que são lembrados como palavras pela manhã.

Durante a jornada dos sonhos, ficamos mais perceptivos ao mundo oculto que nos cerca. No mundo dos sonhos, não dependemos mais dos sentidos que estão conectados aos nossos órgãos físicos e ao mundo terreno das sensações e, sem um corpo físico para desativar muitos de nossos sentidos energéticos, podemos interagir com entidades esotéricas. Estamos abertos para explorar um mundo de energia, luz e sombras que está permanentemente presente em nosso ambiente, mas que só podemos perceber sem os sentidos e os órgãos de nosso corpo físico.

Magia, Bruxaria e Palavras Demais

Sempre que tentamos definir grupos de pessoas, acabamos fazendo isso errado. O mundo não é preto e branco e, se andarmos pelo caminho dos tons de cinza, rapidamente encontraremos uma variedade infinita de sombras e matizes. Colocar as pessoas em caixas sob uma etiqueta não é uma boa busca, mas, apenas por diversão saudável, ou melhor, para manter alguma ordem neste livro, vou definir desde o início alguns termos que usarei que nem sempre são intercambiáveis. Novamente, essas definições são minhas e representam minha visão individual. Em última análise, as pessoas podem se encaixar em mais de uma categoria sem problemas; isso é simplesmente para fins acadêmicos.

Os feiticeiros gostam de aranhas

Nas montanhas de Sorte (Venezuela), temos um exercício que quase todo mundo odeia: a "dança da aranha". A dança consiste em colocar uma série de pedras pintadas em vários lugares a vários metros de distância, despir-se até ficar apenas de roupa íntima e, em seguida, agachar-se e caminhar com os pés e as mãos como aranhas ao redor do local. É divertido. Bem, pelo menos é divertido de assistir, não tanto de fazer.

O objetivo é que as pessoas-aranha encontrem uma pedra, pegue-a com a boca, sem usar as mãos, e a levem até um ponto específico. O exercício não termina até que todas as pedras tenham sido coletadas.

A tradição é mais uma espécie de golpe malicioso de humildade que os mais velhos forçam os novatos a realizarem, porque sempre funciona para revelar, desde o primeiro momento, quem é o mais humilde. Esses são os novatos que, embora não entendam o motivo da prática, vão e a realizam sem questionamentos. Os novatos mais arrogantes dirão: "Eu não vou tirar minhas roupas sem motivo, isso é muito estúpido". O exercício não é obrigatório, mas aqueles que o fazem mais tarde recebem um tratamento melhor. Qual é a lição? Ao lidar com o mundo dos espíritos, haverá momentos em que não poderá dizer não àqueles com quem está trabalhando, ou as coisas ficarão fora de controle. Deverá ser humilde e lembrar que isso não é sobre você. Trata-se de manter vivas as tradições e, por meio delas, ensinar nossas histórias e folclore às próximas gerações, assim como foram ensinadas a nós.

Como bruxo, seu trabalho não é assumir o controle das coisas; é entender por que essas coisas acontecem e encontrar uma maneira, seja por meios esotéricos ou energéticos, de mudar a situação a seu favor ou a favor de outra pessoa. Ser um feiticeiro, ou *brujo*, é como ter a habilidade de controlar o clima – considerando que alguém possa, de fato, fazer isso – e seus métodos funcionarem ou não para trazer chuva ou neve, mas não é responsabilidade sua fazê-lo. Não é correto brincar com a Mãe Natureza; perturbar esses ciclos não é natural. Não há problema em o feiticeiro prever o clima para avisar os outros e, com isso, diminuir as implicações e as consequências de uma chuva desproporcional ou de uma forte nevasca que podem facilmente arruinar uma colheita. Como você pode entender, o feiticeiro está usando seu poder, seu profundo conhecimento e compreensão dos ciclos da natureza, em favor de algo maior para benefício de toda a comunidade.

Embora o objetivo do exercício da aranha seja separar os humildes dos arrogantes, ele também pode ser usado para descrever os trabalhadores mágicos. Certa vez, Alexander, meu padrinho, disse:

> **É assim que as bruxas trabalham, como aranhas silenciosas em seus cantos, tecendo silenciosamente suas teias para capturar e atrair com seus feitiços tudo o que desejam, até mesmo para capturar seus inimigos e todos aqueles que procuram prejudicar os seus. As bruxas tecem suas teias dia após dia e noite após noite e, assim que algo está ao alcance de suas teias – um possível amante, um golpe de sorte, um aliado espiritual, um presságio de boa sorte, uma visão do futuro –, as bruxas sentem isso como as aranhas sentem a vibração fina de algo que caiu em sua teia e, então, pegam-no silenciosamente e caminham em direção a ele com toda a elegância e sem fazer muito barulho. É assim que as bruxas são: elas são como poderosas aranhas tecelãs.**

Agora, se bruxas, *brujos* e feiticeiros são aranhas, posso me arriscar a pensar que a magia é como uma teia. De que é feita uma teia de aranha? As aranhas se alimentam de outros insetos menores, às vezes até de insetos maiores do que elas. Depois de se alimentar, a aranha, dentro de seu corpo minúsculo, transforma esses vários nutrientes e elementos nos fios que libera e usa para tecer uma rede.

Então a magia é como as teias de aranha? É possível que sim. As bruxas fazem uso de todos os elementos que encontram em seu ambiente – desde penas que encontram nas ruas, velas que compram no mercado, conchas e caracóis que encontram na praia, pedras que pegam em um rio, uma mecha de cabelo que tiram de um ente querido ou de um inimigo, até mesmo as flores silvestres que encontram crescendo ao lado do estacionamento. Elas misturam todos esses elementos em seu pequeno refúgio em casa em um altar pequeno, mas importante, e depois criam um feitiço poderoso para atrair tudo o que está ao seu alcance: sua rede.

A magia tem muitas interpretações e manifestações, mas, em última análise, é mais uma essência multifacetada e transformadora que bruxas e magos encontram em todas as coisas ao seu redor.

Feitiçaria, Brujeria, Bruxaria? Qual é qual?

Hoje em dia, usamos os termos "bruxaria", "feitiçaria", "magia" e "espiritismo" de forma intercambiável ou os vemos como faces diferentes do mesmo personagem. No entanto, é importante diferenciar essas práticas, porque, quando se usa esses termos fora de contexto, omite-se séculos de escravidão, cultura e história que definiram a bruxaria na América Latina. Nos Estados Unidos, por exemplo, "bruxaria" é um termo usado para uma prática religiosa ou magia moderna que busca, em grande parte, manter vivas as práticas folclóricas europeias e práticas religiosas antigas semelhantes, além de celebrar os ciclos naturais. Esse não é o caso na América Latina. Embora o termo *brujeria* seja traduzido para o inglês literalmente como "bruxaria", quando nos referimos à prática da *brujeria*, falamos sobre os rituais, as orações e os feitiços que as avós praticavam, muitos dos quais estavam sob forte influência das práticas religiosas espanholas e das tribos indígenas latino-americanas. Esses rituais, orações e feitiços variam de truques simples, como colocar folhas de eucalipto nos sapatos para não perder o trabalho ou colocar raminhos de coentro sobre as orelhas para concentrar sua atenção, até perfurar uma rosa vermelha com uma agulha em uma noite de lua nova para que seu amante não tenha uma ereção quando tentar ser infiel.

Na *brujeria*, há um enorme contexto cultural que vai além da veneração da natureza e de seus ciclos, como ocorre na bruxaria tradicional e moderna. Nossos ancestrais latino-americanos descobriram os segredos da natureza para se fortalecer e sobreviver em tempos de guerra, para se curar de venenos ou para envenenar seus inimigos. Certas Tradições modernas de bruxaria britânica, sob a influência da Wicca, praticam as crenças de "não causar dano a si mesmo nem a ninguém" e "não trabalhar com a energia dos outros sem a permissão deles", enquanto para as bruxas latino-americanas, amaldiçoar os outros é praticamente uma rotina diária, e elas aprendem todos os tipos de maldições e sortilégios (feitiços) para impedir que outras pessoas as superem em algum aspecto de sua vida ou para realizar *ensalmos* e *santiguamentos*[2] com água de hortelã a uma criança, mesmo sem permissão dos pais, para que o mau-olhado não faça a criança adoecer e lhe custar a vida.

O termo "feitiçaria" é comumente usado para definir o estudo de todas as ciências esotéricas e formas de magia. Para mim, como bom capricorniano que sou, estou sempre obcecado por listas e ordem. Gosto de distinguir os ocultistas (aqueles que são altamente acadêmicos e colecionam livros como se não houvesse amanhã) dos tipos de pessoas que dançam sob a lua cheia ou realizam feitiços e rituais. Chamo essas pessoas de ocultistas, embora elas se autodenominem "bruxas", porque são os acadêmicos esotéricos respeitados que estão absorvendo conhecimento para o futuro.

Eu defino feiticeiros, praticantes de feitiçaria ou lançadores de feitiços como aquelas pessoas que criam feitiços e rituais diferentes de tempos em tempos. Você sabe, como aqueles amigos bruxos que compram alguns livros sobre feitiços, lançam um feitiço de amor ou de boa sorte a cada três meses, mas continuam indo à igreja. Eles não praticam nenhum tipo de trabalho espiritual devocional, não buscam iniciações em magia e não são clarividentes.

Mas e as bruxas? Temos várias definições do que é bruxaria, e todas elas são válidas. Nos Estados Unidos, as bruxas geralmente são membros de uma tradição iniciática britânica que faz parte de uma religião revivalista que venera a Deusa-mãe e os ciclos da natureza. No entanto, há outra definição mais ampla – e eu me atreveria a dizer mais amplamente aceita – que afirma que as bruxas seguem um caminho esotérico no qual se concentram em reunir conhecimento e fazer uso prático dele, fazer contato e contratos com espíritos, estudar e praticar feitiços (incluindo maldições e amarras, ou feitiços de amor) e aprender vários métodos de adivinhação.

---

2. *Ensalmos* e *santiguamentos* são termos em espanhol que se referem a práticas específicas de encantamento e proteção encontradas em certas tradições folclóricas latino-americanas. *Ensalmos* são fórmulas mágicas, geralmente recitadas em forma de poesia ou versos, que têm o objetivo de proteger, curar ou afastar o mal. *Santiguamentos* é derivado do verbo espanhol *santiguar*, que significa fazer o sinal da cruz sobre si mesmo, sobre outra pessoa ou sobre um objeto com a intenção de proteger contra o mal ou de conferir bênçãos e proteção divina. (N.T.)

É importante não confundir bruxaria com *brujeria*, embora o dicionário inglês-espanhol os traduza da mesma forma. *Brujeria* é o termo que, na América Latina, usamos para nos referir às nossas próprias práticas religiosas esotéricas, que não se misturam diretamente com os ciclos da natureza, mas se concentram em venerar os antepassados, a natureza em todas as suas formas (com ciclos ou sem eles) e todos os tipos de feitiços com o objetivo de melhorar aspectos da vida (amor, dinheiro, saúde) ou empoderar minorias e os marginalizados contra o colonialismo, o patriarcado e os líderes abusivos de nossos povos.

A *brujeria* tem uma longa história de ser a ferramenta dos marginalizados e daqueles que se sentem mais vulneráveis, por isso é importante não confundir o termo com bruxaria. Em toda a América Latina, usamos o mesmo termo *brujeria*[3], mas em alguns países *brujeria*[4] pode ser parte de um caminho iniciático ou hereditário, enquanto em outros é um guarda-chuva linguístico para todos aqueles que praticam alguma forma de religião esotérica afro-caribenha (Umbanda, Candomblé, Lucumí, etc.) chamada *brujos*[5].

Todos esses termos podem ser facilmente confundidos entre si, especialmente porque seus significados mudaram ao longo dos anos. Por exemplo, até cerca de uma década atrás, nos Estados Unidos, *wurlock* (bruxo, feiticeiro) era um termo negativo que se referia a um homem que praticava as artes ocultas. Era um feiticeiro que usava seu conhecimento e poderes para causar dano aos outros – um quebrador de juramentos. No entanto, hoje o termo vem ganhando certa aceitação em círculos LGBTQIA, onde é bem utilizado por indivíduos mágicos para se definirem com um termo diferente de *witch* (bruxa). Embora a linguagem pareça mudar e se adaptar aos tempos e aos estilos de cada indivíduo, é de grande ajuda manter uma certa distância entre algumas dessas palavras para não omitir seu contexto histórico e cultural.

Para o uso e a compreensão deste livro, os termos que serão usados com mais frequência são:

Bruxas: embora "bruxa" seja o termo que prefiro usar para aqueles que foram iniciados na religião da Bruxaria ou da Wicca, também é um termo abrangente para aglomerar e generalizar todos os anteriores em um único apelido. Existem muitos tipos de Bruxas; algumas seguem a

3. Cross, *American Brujeria.*
4. Davila, *Mexican Sorcery.*
5. Monteagut, *Brujas.*

Bruxaria Tradicional Britânica, enquanto outras são adeptas da Bruxaria Moderna Americana. Entretanto, pelo menos para mim como praticante, os dois principais tipos são:

> ***Bruxas de Coven:*** são bruxas que fazem parte de um grupo que se reúne para realizar feitiços e rituais e que, geralmente, praticam magia ou celebram os Sabbats em conjunto.
>
> ***Bruxas solitárias:*** são praticantes que atuam no campo da bruxaria de forma eclética, sem vínculo com nenhum grupo, juramento sagrado ou cerimônia iniciática.

Brujos: em minha terra, usamos o termo *brujos* para todos aqueles que praticam alguma forma de cura, magia ou adivinhação. Entretanto, para o benefício do leitor e do praticante moderno, gosto de definir *brujo*, ou *bruja*, como o praticante de qualquer forma de arte oculta que as exerce em um contexto latino-hispânico ou em uma prática mágica da América Latina. Embora o termo seja traduzido para o inglês como *witch* (bruxa), a origem linguística de ambas as palavras é completamente diferente, e o peso cultural de cada uma delas também é diferente. O problema de presumir que *brujo* deve ser traduzido simplesmente como "bruxo" é que a bruxaria tradicional e moderna é fortemente influenciada pelo Paganismo britânico primitivo, enquanto a prática da *brujeria* reúne práticas e crenças mágicas, religiosas, nativas, culturais e indígenas pré e pós-colonização. A suposição de que "todos os *brujos* são bruxos" apaga e ignora séculos de escravidão, branqueamento cultural, imposição religiosa e trauma geracional.

Espíritas: na América Latina, temos uma certa divisão com relação ao termo espiritismo que não é mencionada nos livros em inglês. Há aqueles que praticam o espiritismo tradicional (uma forma de magia, adivinhação e mediunidade ligada inteiramente ao mundo dos espíritos), e há também os kardecistas, que praticam o espiritismo de Allan Kardec. Embora Kardec seja um dos autores mais respeitados sobre o assunto, ele não era latino-americano e não era médium. Em vez disso, ele era um bom pesquisador e sua perspectiva sobre o assunto está bem distante da prática moderna.

Feiticeiros e lançadores de feitiços: são indivíduos que praticam qualquer forma de magia e feitiçaria sem o compromisso de serem iniciados em um caminho esotérico ou de fazerem parte de um culto ou religião ligados à bruxaria. Segundo Alexis Arredondo e Eric Labrado, em seu livro *Magia Magia: Invoking Mexican Magic*, "A diferença entre *hechicería* e *brujería* está no fato de que a primeira se concentra unicamente em feitiços, enquanto *brujería* é uma prática de magia mais abrangente."[6]

Médiuns: são pessoas com habilidades psíquico-espirituais que são usadas para entrar em contato com o mundo dos espíritos, seja por si mesmas ou com a ajuda de vários itens e práticas. Na Venezuela se diz: "Não é preciso ser médium para ser bruxo", enquanto na Amazônia, especificamente, diz: "Não é obrigação do médium servir de intermediário para todos, mas ele tem um dom que não deve ser desperdiçado".

Ocultistas: provavelmente você tem um daqueles amigos que gosta muito de bruxaria, carrega amuletos, acumula livros sobre magia e ocultismo e sabe um pouco de tudo sobre o esotérico, mas não pratica feitiços nem realiza rituais de nenhum tipo. Ele também não celebra as fases da Lua, tampouco as mudanças das estações, e certamente nunca viu um fantasma na vida. Esse é o ocultista: um acumulador de conhecimento, com ampla compreensão do esotérico, mas não é a pessoa a quem você vai recorrer para fazer um feitiço, encomendar um amuleto ou pagar por uma leitura de tarô.

Trabalhadores de energia ou trabalhadores mágicos: este termo se aplica a terapeutas holísticos, curadores, acupunturistas e quiropráticos. São pessoas que trabalham de diferentes maneiras com a energia e sua manifestação, mas que não recorrem ao uso de feitiços e amuletos, ferramentas comuns na feitiçaria.

---

6. Alexis Arredondo e Eric Labrado. *Magia Magia*.

Hechiceria (feitiçaria) é o termo usado em vários países da América Latina para se referir a dois tipos de práticas esotéricas (dependendo de cada país). Pode muito bem ser a prática de um feiticeiro ou a prática de alguém que lida e faz contratos com espíritos, como, por exemplo, São Cipriano, o Mago.

Warlock: embora derive do inglês antigo e possa ser traduzido como "quebrador de juramento" ou "mentiroso", na América Latina muitos praticantes do sexo masculino usam esse termo para se referir a si mesmos como um feiticeiro não iniciado em nenhum caminho esotérico e que vive sob suas próprias regras. Por muitos anos, esse termo foi usado para representar "bruxos masculinos"; no entanto, atualmente, ganhou popularidade na comunidade LGBTQIA para se referir a um bruxo *gay*, *bi* ou *queer*.

Definições de sonhos

Assim como na bruxaria, também podemos encontrar muitos significados diferentes para a palavra "sonhos". Ao escrever este livro, consultei pelo menos doze enciclopédias diferentes, alguns livros de Freud (que realmente não ajudaram muito) e a livraria local de Nova Iorque. Em um determinado momento, devo confessar que não aguentei e recorri à fonte mais fácil para qualquer pesquisa moderna: a Wikipédia. Também não gostei de sua definição de sonhos. Então, optei pela minha definição favorita do *American Heritage Dictionary*:

> **Um sonho é uma sucessão de imagens, ideias, emoções e sensações que geralmente ocorrem involuntariamente na mente durante determinados estágios do sono.**[7]

Gosto muito dessa definição. Ela é completa, compreensível e breve. Começando por ela, podemos agora trabalhar com uma visão mais individual. O que são sonhos? Ou melhor, o que são sonhos para um feiticeiro ou trabalhador energético?

Sonhos são um resumo complexo de imagens, conceitos, sensações, memórias, visões, mensagens e experiências que ocorrem em nossa mente de forma quase involuntária enquanto dormimos. Digo principalmente involuntária, porque hoje existe o termo "incubação de sonhos", que se refere ao que se tornou um método muito popular para induzir ideias e imagens em nosso subconsciente. Por exemplo, assistir a uma maratona de filmes de

---

7. "Dream", *The American Heritage Dictionary of the English Language*, Quarta Edição, 2000, acessado em 1º de outubro de 2022, https://www.ahdictionary.com

terror pode nos levar a ter pesadelos interessantes, assim como ler poemas românticos antes de dormir pode nos levar a ter sonhos felizes.

Os sonhos funcionam como pequenos filmes que passam em nossa cabeça e depois se tornam experiências fáceis de esquecer. A experiência do sonho pode ser tão vívida e tão completa que, enquanto dormimos, nos convencemos de que estamos vivendo essa experiência e a confundimos com a realidade, mas, quando acordamos, nos lembramos somente de alguns fragmentos dessa experiência, como peças de um quebra-cabeça. O problema é que não nos lembramos de como é o quebra-cabeça completo – não nos lembramos nem mesmo da tampa da caixa, só de algumas peças.

Repletos de mensagens que chegam de uma forma ou de outra, os sonhos vêm como visões do passado e do futuro, lembranças e fotografias de vários momentos de nossa vida, bem como alertas e avisos de eventos futuros.

Os sonhos podem agir como uma manifestação de nossa energia psíquica, permitindo que nos movamos entre mundos e experiências, até mesmo navegando entre os sonhos de outras pessoas e suas mentes, ou podem agir como uma interessante fonte de poder.

Durante as horas em que estamos acordados, estamos mais conscientes de nossas ações. Somos naturalmente ativos em todos os nossos sentidos, percebendo informações de todo o ambiente, como cores, formas, distâncias, datas, números, nomes, aromas, sensações, texturas, temperaturas, etc. É incrível a quantidade de informações que nosso cérebro está percebendo hora após hora.

Quando dormimos, o cérebro tem a oportunidade de processar todas essas informações e descansar. O tato se limita a perceber aqueles lençóis confortáveis e aquele colchão caro; os ouvidos estão em repouso porque você não está (pelo menos não voluntária e conscientemente) ouvindo música ou conversando com alguém; e os outros sentidos, inclusive o paladar e a visão, estão completamente em repouso. Seu cérebro agora está percebendo apenas um mínimo de informações, como certos sons que o colocam em alerta ou a sensação de que alguém pode estar no quarto e acordá-lo de repente.

Enquanto seu cérebro está em funcionamento e seus sentidos estão, em grande parte, em repouso, sua intuição e todos os sentidos do seu corpo astral ou espiritual estão ativos – agora mais do que nunca. Eles continuam a perceber, processar, enviar e receber informações como sensações, emoções, conversas, visões, experiências, etc.

Essas informações se manifestam como visões de lugares que nunca visitou ou conversas com um ente querido que já faleceu. Uma quantidade imensa de informações está sendo processada na forma de sonhos, e esses sonhos estão carregados de enorme simbolismo e poder.

Fora do espectro mágico, os sonhos podem ser simplesmente uma visão ocasional que se torna um tópico interessante de conversa no local de trabalho. Para o ocultista comum ou o mais curioso, os sonhos carregam mensagens que devem ser decifradas com um de seus manuais de interpretação de sonhos. Para aqueles que se movem dentro do espectro mágico, aqueles que praticam as artes ocultas, os sonhos são mais do que precognições ou visões do futuro ou do presente que podem ser interpretadas. Para nós, os sonhos são visões poderosas de enorme significado. Seus símbolos podem estar carregados dos mais diversos tipos de mensagens ocultas, passíveis das mais variadas interpretações. Um sonho pode ser uma visão clara de um evento traumático do passado que nos ajuda a compreender os acontecimentos do presente; um aviso sobre eventos prestes a acontecer no futuro, que podem ser evitados – ou, às vezes, simplesmente inevitáveis – ou, como sempre acontece com minha mãe, uma visita dos feiticeiros familiares que já partiram e que vêm trazer todo tipo de feitiços e segredos mágicos.

Para um feiticeiro, os sonhos podem desempenhar um papel fundamental na prática mágica. Eles podem responder a perguntas que ainda não conseguimos esclarecer com um baralho de tarô. E também podem ser um instrumento de feitiçaria poderosa e uma forma de entrar nos sonhos de um ente querido e conquistá-lo, ou nos sonhos de um inimigo para exauri-lo e enfraquecê-lo durante o repouso (ataque psíquico).

Os sonhos podem ser usados como uma ponte para que o feiticeiro se mova entre diferentes mundos, realidades e linhas do tempo por meio da projeção astral; para se conectar e fazer pactos com todos os tipos de espíritos e entidades, como se faz no espiritismo e na evocação; para retornar ao passado e compreender situações familiares, como nas retrocognições; ou até mesmo para, temporariamente, desprender seu espírito e possuir corpos humanos e animais durante a noite, como ocorre na metamorfose.

Sonhos Diferentes e Magias Diferentes

Nesta seção, vou definir, identificar e separar conscientemente várias formas de sono e suas características básicas. Isso será muito útil à medida que você avança na leitura e começa a aplicar os exercícios propostos ao longo do livro.

Sonhos Comuns

São aqueles sonhos em que seu papel se limita a ser um observador de eventos e momentos. Talvez sejam os mais comuns, ou pelo menos presumimos que seja, devido à falta de evidências em contrário. São os sonhos mais fáceis de interpretar. Geralmente representam um resumo de eventos recentes em um ambiente bastante familiar.

Sonhos Vívidos

Os sonhos vívidos, que definirei detalhadamente mais adiante neste livro, fazem parte da família do sonho ativo, assim como o sonho lúcido. Esses sonhos estão repletos de informações sobre eventos que aconteceram conosco, seja recentemente ou em um passado distante. São aqueles sonhos que nos permitem refletir sobre o passado e nossas decisões. Eles também nos levam a recordar memórias antigas que, por algum motivo ou outro, enterramos no inconsciente.

Sonhos Lúcidos

É outra forma de sonho ativo. Nesses sonhos, somos capazes de perceber informações com nossos sentidos como se estivéssemos conscientes. Em uma minoria de casos, as pessoas se lembram de um sonho lúcido no qual estavam conscientes, mas, para a maioria dos sonhadores, eles se apresentam como sonhos comuns nos quais algum evento ou gatilho leva o indivíduo a acordar dentro do mesmo sonho e reagir e, uma vez consciente, ele pode agir dentro do sonho e verificar sua origem ou propósito.

Os sonhos lúcidos são os mais complexos e difíceis de interpretar porque, quando nossa consciência assume o poder neles, a maioria dos eventos, objetos e pessoas presentes no sonho é influenciada por nossa mente consciente. Isso prejudica qualquer tipo de interpretação posterior.

Pesadelos

Os pesadelos podem ser causados por estresse, transtornos de ansiedade, transtorno de estresse pós-traumático, apneia do sono ou abuso de substâncias alucinógenas. São sonhos que merecem ser interpretados por especialistas. Nessas visões perturbadoras, encontramos simbolismos associados a lembranças que preferimos ignorar para nosso próprio bem-estar; situações traumáticas que geralmente estão relacionadas à nossa própria infância; ou visões de eventos que não aconteceram, mas que ainda nos causam ansiedade, como sonhar com um terremoto ocorrendo em sua cidade ou com a morte de um ente querido.

Na cultura esotérica, os pesadelos são comumente considerados uma previsão de algo abominável que está prestes a acontecer e que devemos evitar.

Sonhos Diurnos

Há duas visões holísticas modernas com relação aos sonhos diurnos. A primeira conclui que os sonhos que ocorrem durante o dia são influenciados pelo Sol e pela busca da verdade e da luz. Isso contrasta com os sonhos que ocorrem à noite, que estão ligados à Lua e seus movimentos, o que nos permite investigar visões noturnas que nos levam às profundezas do nosso subconsciente.

A segunda crença de sonhos diurnos foi muito influenciada pelas tribos nativas da América Latina. Nessa visão, os sonhos diurnos compartilham mensagens dos vivos, daqueles que ainda caminham à luz do dia, e são visões inconscientemente compartilhadas de eventos diários.

Para o intérprete, os sonhos são pura informação e são extremamente importantes. No entanto, a importância não está apenas no sonho; a hora do dia ou da noite em que a visão ocorre pode ter um significado poderoso para o sonhador e o intérprete. Se uma pessoa tem um emprego noturno ou, por qualquer outro motivo dorme e sonha durante as horas do dia, entre o nascer e o pôr do sol, seus sonhos são considerados sonhos diurnos. Eles são diferentes dos sonhos realizados à noite. Observe que isso não é sonhar acordado, que é definido mais detalhadamente na seção a seguir.

Sonhos Acordados

Devaneios são sonhos que ocorrem enquanto estamos conscientes e podem surgir de forma inesperada. Em sua maioria, esses sonhos são influenciados principalmente por fantasias, desejos, objetivos pessoais ou frustrações que nos levam a nos desconectar da realidade repentinamente. Eles podem ser usados como um sistema de defesa para nos fazer sentir bem quando precisamos ou para nos motivar a atingir determinados objetivos.

Sonhos Coletivos

Esses sonhos ocorrem quando duas ou mais pessoas compartilham uma visão de sonho durante o repouso. Eles podem ocorrer como resultado de um vínculo cultural, religioso, esotérico ou genético.

Sonho Comum *versus* Sonho Ativo

Em termos holísticos, há dois tipos gerais de manifestação do sonho: o sonho comum e o sonho ativo. O sonho comum é um processo totalmente inconsciente e passivo. Durante esses sonhos, nós nos rendemos à orientação e aos presságios contínuos e nos deixamos levar diretamente pelos estados oníricos. Como estamos em nosso estado mais submisso, percebemos e recebemos sem qualquer esforço da mente consciente para entender os presságios e sinais.

O sonho ativo é quando somos capazes de dirigir o sonho e agir como nosso próprio guia. Esse processo exige muita prática e treinamento constante. As pessoas devem ser pacientes e dedicadas, porque, embora algumas dominem esse processo em poucas semanas, muitas levam meses para alcançá-lo e muitas outras podem levar anos.

A regularidade e as horas de sono têm grande influência no processo do sonho ativo. Se suas horas de sono forem irregulares devido a problemas no trabalho ou mudanças constantes de horário, ou se sofrer de qualquer tipo de complicação relacionada às horas de sono, será mais difícil alcançar o sonho ativo. O domínio desse processo normalmente requer um longo período de descanso sem interrupções. Mesmo que o tenha dominado por muito tempo, se seu horário de sono começar a sofrer alterações irregulares, os resultados podem ser afetados e você pode perder vários meses de treinamento.

As horas de sono sempre podem variar de uma pessoa para outra, dependendo do nível de estresse e do esforço diário, dos relacionamentos pessoais, da dieta e do trabalho. Em média, a maioria das pessoas dorme cerca de oito horas por dia. Pessoalmente, nunca durmo mais de sete horas. Na verdade, geralmente vou dormir entre uma e duas da manhã e durmo de cinco a seis horas. Eu compenso com um cochilo de aproximadamente trinta minutos durante o dia. Sempre foi assim. Se tento dormir mais, inevitavelmente só consigo ficar deitado na cama com os olhos fechados, fingindo estar dormindo. O que nunca acontece. Meu cérebro simplesmente não aceita dormir mais.

No entanto, o sonho ativo ainda funciona para mim, apesar do que poderia ser considerado apenas algumas horas de sono. Também funciona para minha irmã Neyber, e ela dorme quase o dobro do que eu, deixando claro que o que realmente importa não é a quantidade, mas a qualidade do tempo de descanso.

É necessário entender as diferenças entre o sonho comum e a vivência de um sonho ativo. O sonho comum é um processo totalmente inconsciente durante o qual estamos, certamente, limitados a sermos guiados através dos sonhos por uma mão que não vemos. O sonho ativo consiste inteiramente em um processo ativo, que pode ser moderado ou totalmente consciente. Durante esse processo, assumimos o controle do sonho e somos capazes de tomar decisões dentro dele e nos mover com maior liberdade.

Estou Tendo um Sonho Ativo?

Aqui estão os sinais mais comuns de que você está vivenciando um sonho ativo. Se perceber um desses sinais conscientemente durante o sono, ou se acordar lembrando de ter presenciado um ou mais deles, anote. Isso será útil em práticas futuras.

- Você se lembra de ver seu reflexo em alguma superfície durante o sono. Essa é uma ação consciente que seu corpo mental executa para ter a certeza de que está vivendo um sonho e está totalmente presente nele.
- Você olha para suas mãos durante o sono. Essa ação é uma reação natural do corpo mental quando ele percebe que está em outro lugar e não está sentindo mudanças físicas. Olhar para as mãos é uma reação natural imediata para entender que estamos habitando o corpo.
- Você se lembra de conversas claras com outra pessoa, seja alguém que conhece ou um estranho. Se não for um sonho consciente, só se lembrará de ter conversado com alguém e não da conversa em si.
- Suas mãos estão extremamente frias ao acordar – especialmente se o resto do corpo estiver em uma temperatura diferente. Isso pode indicar que o corpo estava enfrentando um processo semelhante ao da experiência de quase morte e estava começando a esfriar porque os

batimentos cardíacos diminuíram. Não se trata de um aviso de perigo no sonho; é comum que praticantes de projeção astral acordem com as mãos incrivelmente frias pela manhã.

- Você se lembra de formas geométricas simples que são muito específicas (triângulos dourados, círculos prateados, hexágonos azuis, etc.). Lembrar-se delas é uma ação voluntária e consciente do corpo mental para, de alguma forma, "marcar" o caminho percorrido durante o processo.
- Você sonha com lugares específicos do seu passado onde vivenciou uma situação traumática ou fortalecedora. Isso é uma indicação de um sonho ativo e/ou despertar. Durante o processo do sonho, nossos guias espirituais podem nos levar a reviver esse tipo de situação para entender a causa e as consequências. Dessa forma, eles nos ajudam a nos desvencilharmos mais do passado e a nos livrarmos de velhas lembranças que não são mais úteis para nós.

Sensação de Queda Consciente durante o Sono

A sensação de queda, talvez a mais popular de todas as experiências de sonho lúcido, é muitas vezes confundida com a mioclonia do sono, ou espasmo hipnótico, que ocorre quando o corpo se sacode devido a contrações musculares enquanto dormimos. Muitas vezes, esses espasmos dão uma sensação semelhante à de queda; no entanto, podemos diferenciar esses espasmos inconscientes da queda consciente do sono lúcido com dois sinais fáceis de distinguir.

- Você sente que está caindo. Quando acorda, a sensação prevalece por alguns segundos e é acompanhada por batimentos cardíacos muito rápidos, suor frio e a sensação de ter as mãos muito frias.
- Você sente que está caindo. Quando acorda, percebe certos sons ou aromas relacionados ao que estava sonhando. Um exemplo seria sonhar que está em um campo de violetas ou lavanda e, ao acordar, descobrir que seu quarto tem uma fragrância floral, apesar de não encontrar nenhuma flor ou perfume semelhante por perto.

Se consegue identificar esses sinais regularmente, é provável que você esteja no processo de sonho ativo e entrando no sonho lúcido, consciente ou inconscientemente.

Há muitos métodos holísticos relacionados à arte mística dos sonhos. Se quiser treinar para o sonho ativo, embora essa seja uma função que geralmente ocorre por si só em alguns indivíduos com anos de treinamento psíquico, há vários exercícios complementares que poderá realizar uma ou duas vezes por mês, e alguns deles estão incluídos neste livro. Posteriormente, poderá aumentar a frequência com que os realiza, até um máximo de duas vezes por semana. O mais importante durante este processo é anotar tudo o que estiver fazendo em um caderno.

Exercícios de Sonho

A seguir, estão dois exercícios de minha própria criação para serem realizados em casa. Estes exercícios foram elaborados para ajudar você a se conectar com seu ambiente físico e espiritual e, ao mesmo tempo, prepará-lo para desenvolver uma base energética interna suficientemente firme para sustentá-lo em diversos tipos de práticas mediúnicas e místicas no futuro.

EXERCÍCIO
Bilocação Consciente

Este primeiro trabalho é baseado em um exercício de Ioga que foi muito útil e complementar à minha prática individual anos atrás.

Você vai precisar de:

- Almofada confortável para sentar (opcional)
- Cone de incenso de sândalo ou mirra
- Incensário, caldeirão pequeno ou prato resistente ao calor
- Isqueiro ou fósforos

Coloque o cone de incenso no suporte, acenda-o e mantenha-o em um local próximo o suficiente para sentir a incrível fragrância, mas longe o bastante para que a fumaça não incomode. No chão ou em uma almofada, sente-se de pernas cruzadas com os braços relaxados estendidos e as mãos apoiadas nos joelhos (essa é a chamada posição de lótus na Ioga). Feche os olhos e respire fundo.

Fixe seus olhos fechados no nada. Tenta entender o que não está vendo. Seus olhos estão cerrados, mas eles poderiam ver se não tivessem fechado. O que eles observam nesses momentos, assim como quando você está dormindo, é a completa ausência de luz.

Agora, com os olhos ainda fechados, faça duas visualizações. Primeiro, visualize seu ambiente. Visualize todos e cada um dos objetos que o cercam – plantas, livros, móveis, cores, eletrodomésticos. Agora visualize a si mesmo. Leve o tempo que for necessário; isso levará você a exercitar a memória dos sonhos, que é a sua mente inconsciente que entra em ação enquanto dorme. Dessa forma, poderá desenvolver a capacidade de visualizar seus próprios sonhos e se aprofundar neles com mais facilidade. Ao terminar essa visualização, respire profundamente e abra os olhos.

A segunda visualização pode ser realizada logo após a anterior ou em outro dia. Se for em outro dia, acenda outro cone de incenso no incensário, assuma a posição de lótus e feche os olhos como antes. Com os olhos fechados, visualize um reflexo de si mesmo se formando bem à sua frente. Não tenha medo de se distrair com os detalhes; dê a eles o tempo necessário. Visualize e projete nesse reflexo tudo o que sabe e vê sobre si mesmo, desde a posição em que está sentado até as roupas e os sapatos que está usando, seu penteado e sua maneira de respirar. Tente sincronizar sua respiração com a respiração de seu reflexo. Visualize como ambos respiram ao mesmo tempo e da mesma maneira. Agora, é hora de dificultar essa visualização e levá-la para o próximo nível.

Mantenha os olhos fechados, mantenha a respiração profunda e continue visualizando esse reflexo de si mesmo. Por um instante, vocês dois param de respirar. Segure o ar por um momento e, enquanto seu reflexo continua a segurar, solte o ar. Com seu reflexo ainda preso, respire fundo novamente. Enquanto segura o ar, visualize seu outro eu soltando-o. A partir desse momento, conte em completo silêncio até vinte respirações e, enquanto expira, seu outro eu inspira. Enquanto você inspira, seu outro eu expira, e assim por diante, até que ambos tenham completado vinte respirações.

Depois de dominar essa parte do exercício e executá-la com perfeição, poderá passar para o próximo nível. Se achar que ainda não dominou completamente esse exercício, não avance. Em vez disso, tente fazer o exercício novamente depois de algumas horas ou no dia seguinte. Se avançar para a próxima parte deste exercício sem ter conseguido visualizar totalmente esse ciclo de respiração, isso poderá ter consequências nas suas horas de sono nos dias seguintes. Você também acabará bloqueando sua própria capacidade de visualizar os sonhos adequadamente.

Se tiver dominado totalmente esse exercício, a próxima etapa é repetir a respiração simultânea entre você e o seu eu visualizado por cinquenta respirações. Depois que você e seu outro eu tiverem terminado de respirar cinquenta respirações, inspire novamente. Abra lentamente os olhos e visualize seu outro eu expirando à sua frente. Continue respirando e faça mais vinte respirações. Enquanto respira, não pare de olhar fixamente para os olhos dessa projeção de si mesmo. Quando tiver completado vinte respirações, diga em voz alta para seu outro eu: "Obrigado por se fazer presente". Feche os olhos, respire profunda e lentamente, visualize seu outro eu coberto de luz e desapareça nela enquanto prende a respiração. Quando esse outro eu tiver desaparecido, abra os olhos. Você perceberá que ele não está mais lá. Agora, levante-se, alongue-se, beba um pouco de água e espere pelo menos uma ou duas semanas para repetir o exercício.

EXERCÍCIO
O Labirinto

Este exercício foi algo que aprendi pessoalmente por meio da prática no mundo dos sonhos e é feito para desenvolver uma visão e uma perspectiva mais clara dos sonhos que testemunhamos. Com a prática constante, ele nos levará a ter sonhos mais claros, bem como a identificar os sinais neles contidos e a entender a origem de nossos pesadelos. Para este ritual, usaremos um diário de sonhos, ou seja, um diário destinado exclusivamente a armazenar seus sonhos e anotações sobre eles. Este tópico é abordado no capítulo 9, "Diário dos Sonhos".

Você vai precisar de:

- Quatro colheres de sopa de sal grosso
- Almofada confortável para sentar
- Caneta ou lápis
- Copo de água
- Diário de sonhos
- Incenso de mirra em bastão
- Isqueiro ou fósforos
- Papel colorido (pode ser amarelo, azul ou roxo, mas não branco).
- Suporte para incenso
- Vela azul ou branca em um castiçal

Em qualquer horário entre meia-noite e meio-dia, coloque a almofada no chão e use o sal grosso, que é um purificador, para marcar quatro pequenos pontos no chão ao redor da almofada. No papel, desenhe uma série de linhas para formar um pequeno mapa. Acrescente linhas para formar corredores e transforme o mapa em um pequeno labirinto de sua própria criação. Marque um ponto no centro do labirinto (esse ponto é você). Quando o labirinto estiver pronto, acenda a vela e o incenso. Coloque o copo de água à sua frente e sente-se na almofada.

Não leia o restante deste exercício se não tiver feito o desenho; caso contrário, estará muito mais consciente da atividade e não conseguirá deixar o subconsciente fazer o trabalho corretamente.

Quando estiver pronto, segure o mapa com uma mão e o copo de água com a outra. Visualize o mapa por vários minutos em completo silêncio e sem nenhum tipo de distração. Tome um gole da água, feche os olhos e tente se lembrar e visualizar o mapa em sua mente. Concentre-se nele pelo tempo que achar necessário e não abra os olhos.

Ao sentir que o mapa está completamente formado em sua mente, abra os olhos e observe-o com atenção em suas mãos. Não importa se ele parece exatamente igual ao que imaginou – isso também faz parte do exercício. Em seguida, coloque o copo de água no chão e segura o mapa com as duas mãos.

Segure o mapa entre você e a vela de modo a perceber a luz através do papel sem ver o fogo. Agora, continue a estudar detalhadamente o labirinto que desenhou. Observe a direção e a forma das linhas. Mantenha esse foco por dois minutos. Em seguida, abaixe as mãos e feche os olhos.

No espaço de sua mente, desenhe o mapa novamente. Lembre-se das formas e linhas e de suas direções. Decifre as formas e as sequências que usou inconscientemente para desenhar o mapa. Coloque e visualize os símbolos que formaram essas linhas, veja para quais estradas elas estão se dirigindo. Lembre-se: você está no centro desse labirinto. Todas as estradas levam a você, e todas as estradas são moldadas em torno de você.

Abra os olhos novamente, coloque o mapa no chão e medite. Respirando profundamente e em completo silêncio, decifre qual é a direção certa para você. Memorize essas linhas e caminhos. Esse mapa/labirinto é uma manifestação de seu subconsciente e dos caminhos de sua mente e de seus sonhos, portanto, memorizá-lo é fundamental para que possa se mover entre os sonhos com mais liberdade.

Ao final desta meditação (cinco a dez minutos), dobre o desenho e guarde-o em seu Diário dos Sonhos, perto da sua cama. Anote em seu Diário o dia em que realizou este exercício. Espere cerca de seis meses para fazer isso novamente, desenhando um novo mapa. Este exercício pode ser repetido a cada seis meses ou feito uma vez por ano.

Resultados de curto prazo deste ritual: sonhos mais claros; menor tendência a ter pesadelos; maior número de sinais, rostos e símbolos identificáveis nos sonhos.

Resultados a longo prazo deste ritual: uma presença mais ativa em seus próprios sonhos e estados de sonho mais profundos e mais longos.

Magia dos Sonhos

CHÁ PARA UM SONO REPARADOR

de DAWN AURORA HUNT

Sou uma pessoa que tem dificuldades para dormir. Uma vida agitada e um pouco de ansiedade muitas vezes fazem do meu sono um parceiro noturno esquivo. Ao longo dos anos, empreguei muitas estratégias para me ajudar a dormir, não apenas para descansar meu corpo, mas também para que, na profundidade do sono, sonhos, guias e espíritos pudessem alcançar minha mente consciente e subconsciente. Sonhar lúcido é muito bom, mas se seu corpo não conseguir dormir o suficiente para sonhar em primeiro lugar, você não terá sorte.

Encontrar a paz antes de colocar a cabeça no travesseiro pode ajudá-lo a ter um sono mais profundo mais cedo e a permanecer nele por mais tempo. A seguir, apresento uma receita de chá noturno e meu ritual noturno simples para ajudá-lo a preencher sua mente com gratidão antes de adormecer. Certifique-se de usar somente ervas orgânicas para consumo (não ervas tratadas com pesticidas ou secas de forma inadequada). Ao preparar este chá e o feitiço antes de dormir, é uma boa prática desligar ou guardar o celular e outros dispositivos antes de fazer o trabalho; não os verifique novamente até a manhã seguinte para obter melhores resultados.

Você vai precisar de:

- Duas colheres de sopa de camomila seca
- Duas colheres de sopa de folhas secas de hortelã-pimenta
- Duas colheres de sopa de lavanda seca
- Duas colheres de sopa de passiflora seca
- Duas colheres de sopa de raiz de valeriana seca
- Caneca grande
- Caneta marcadora comestível
  (normalmente usada para decorar bolos e biscoitos)
- Mel (a seu gosto)
- Recipiente hermético e opaco
- Saquinho de chá de papel descartável
- Tigela grande

Para fazer o chá de folhas soltas, basta adicionar todos os ingredientes e misturá-los em uma tigela grande para que as ervas sejam distribuídas uniformemente. Uma vez feito isso, poderá armazenar o chá em um recipiente hermético e opaco por até um ano.

Cerca de trinta minutos antes de ir para a cama, coloque água para ferver. Enquanto a água estiver fervendo, prepare o saquinho de chá. Usando sua caneta comestível, escreva três coisas pelas quais sente gratidão no saquinho de chá de papel. Podem ser coisas simples como "calor", "comida" ou "meu gato", se não conseguir pensar em mais nada. Coloque a quantidade desejada de chá solto no saquinho, feche-o adequadamente e coloque-o na caneca. Nesse momento, adicione o mel. Ao pingar ou colher o mel, visualize a doçura das coisas pelas quais agradece e como elas enriquecem sua vida.

Quando a água ferver, despeje-a ainda quente na caneca. Mexa o chá no sentido horário até que o mel se dissolva e a escrita no saquinho de chá desapareça. Deixe o chá em infusão por no mínimo três minutos. Remova o saquinho de chá e jogue-o fora.

Tome o chá com atenção, pensando em como se sente em relação às coisas que tem gratidão. Se tiver tempo ou se desejar, escreva uma página em um diário descrevendo por que sente gratidão pelas coisas que escreveu no saquinho de chá. Deixe que esses pensamentos sejam os últimos antes de entrar em um sono profundo e tranquilo depois de ter bebido todo o chá cheio de gratidão.

CONTOS TRIBAIS
O Povo Wayúu e o Povo Guajiro

Os povos Wayúu e Guajiro vivem principalmente entre a Colômbia e a Venezuela. Eles fazem parte do grupo étnico Arawak. Esse grupo é dividido em mais de uma dúzia de clãs, em mais de sessenta territórios, e são o maior grupo étnico indígena da Colômbia e um dos maiores grupos étnicos indígenas da Venezuela, onde vivem quase trezentos mil membros.

Grande parte de sua religião e muitos de seus mitos giram em torno de Maleiwa, o Criador de tudo, especialmente de tudo que se move, vive e respira, bem como o fundador da sociedade e da ordem. Seus companheiros (ou filhos, de acordo com algumas versões), Pulowi e Juya, representam o equilíbrio que habita todos os seres vivos. Pulowi é a feminilidade, o vento devastador e a brisa, enquanto Juya é a masculinidade, manifestando-se como um caçador selvagem e nômade. Ambos são apresentados juntos, como um casal, simbolizando a procriação, a continuidade e a vida. Uma parte de ambos habita tudo o que existe.

Juya geralmente aparece em sonhos como um caçador nativo vestido com peles coloridas e com o rosto pintado de preto. Ele atua como um guardião para que ninguém entre nos sonhos, incluindo os mortos que foram cremados e não enterrados (o que os diferencia da maioria das tribos amazônicas) ou os Javi, que atuam como demônios noturnos feitos de sombra e sangue animal.

Quando Pulowi não está presente nos sonhos, Wanülu, o espírito que personifica o mal, a inveja, a doença e a morte, pode entrar nos sonhos. Isso cria todos os tipos de pesadelos e visões horrendas, privando os seres humanos do sono e criando mais desconforto físico, o que pode levar a doenças, irritabilidade e insanidade.

Lapü significa "sonho" em Wayuunaiki, o idioma dos Wayúu. Esse termo é usado para identificar duas coisas. Primeiro, Lapü é a divindade ou espírito nativo que transmite sonhos de um indivíduo para outro. Segundo, o termo identifica todas as visões que se movem entre a liminaridade do mundo material e o mundo dos sonhos. É por isso que, na Venezuela e na Colômbia, a Península de Guajira é considerada o território mágico e onírico onde os sonhos nascem e são enviados para o resto do mundo. É também o lugar mais popular para encontrar os famosos Wajes, ou intérpretes de sonhos, que são descendentes dos Wayúu.

Para os Wayúu, sonhar com a alma de uma pessoa falecida significa que seu túmulo não foi consagrado ou que seus ritos não foram concluídos. Isso significa que o corpo deve ser exumado, perfumado e preparado para receber uma segunda sepultura em uma noite em que a Lua não esteja no céu.

É de vital importância seguir os mandatos da Oütshii, Outsu ou Jarima, uma mulher da tribo preparada e treinada para ser a médica e fitoterapeuta tradicional. Ela é a pessoa que melhor conhece a arte de curar com ervas e pode curar todos os tipos de venenos. Ela também sabe como interpretar sonhos e decide quem será o próximo na ordem.

Normalmente, as Piachi e as Alijunas (jovens donzelas da tribo que circulam pela cidade, embora ambos os termos também se apliquem a crianças pequenas e idosos) recebem sinais de seus ancestrais por meio de sonhos. Quando elas narram esses sonhos para a Jarima (considerada, nesses casos, uma Alta Sacerdotisa), ela saberá quem foi escolhida. De acordo com a tradição, todos eles recebem o mesmo sonho com a mesma mensagem, e essa mensagem é passada de geração em geração por meio de sonhos.

Para os descendentes do povo Wayúu, especialmente aqueles que ainda praticam a antiga religião tradicional, o *alapujawaa* (ação de dormir) não se refere apenas a fechar os olhos e descansar até a manhã seguinte. É também o trânsito de *aa in* (a alma) pelo *Japu*, ou *Japira*, (mundo dos sonhos) enquanto nosso corpo físico descansa e, a partir daí, temos a virtude de nos comunicar com nossos guias espirituais e com cada um de nossos antepassados.

Há seis perguntas que devem ser feitas para o Wayúu que interpreta sonhos, sempre na mesma ordem. Elas representam os seis passos que a alma dá no mundo dos sonhos antes de acordar novamente no mundo dos vivos:

1. Como foi seu sonho mais recente?
2. Você já teve esse mesmo sonho antes?
3. Há algo que lhe pareça familiar nesse sonho?
4. Você se viu ou viu um parente falecido no sonho?
5. O que você acha que esse sonho significa e por quê?
6. O que acha que está ignorando ou esquecendo sobre esse sonho?

CAPÍTULO 2
O MAIOR REINO

Os sonhos guiam você para descobrir seu verdadeiro potencial mágico; neles estão todas as memórias de seus poderes espirituais de vidas passadas. O mundo dos sonhos é seu maior reino. Os sonhos agem como criaturas selvagens que vêm e vão sem que tenhamos nenhum controle sobre eles. São criaturas noturnas, visitantes do instinto que se movem entre mundos sem precisar de permissão. Quando os forçamos a vir, eles riem e escapam, por isso um mago jamais tenta controlar os sonhos. Ele busca compreendê-los e persegui-los, invocá-los e estudá-los, mas nunca os controlar. De fato, tentar controlar os sonhos é como tentar controlar o oceano com uma mão. A magia, na verdade, é mergulhar na experiência – como acontece tanto nos sonhos quanto no oceano.

Ninguém pode ensiná-lo a sonhar, assim como ninguém pode ensiná-lo a sentir amor. Os sonhos são sensações que vêm e vão, como passageiros, e devemos deixá-los chegar, abraçá-los quando estão aqui e agradecer quando os vemos partir. Eles nunca são estáticos; são mutáveis, alquímicos, transmutadores internos que podem influenciar seu humor e seu dia simplesmente por se manifestarem como uma bela visão ou como um pesadelo assustador.

O que você pode controlar são as visões que escolhe ter dentro do sonho quando ele chega. Com um pouco de prática, pode mergulhar nele, prolongá-lo, torná-lo mais claro e até mesmo se mover dentro dele com mais facilidade, mas nunca terá controle sobre tudo o que é o sonho. É no processo que reside seu poder.

Muitas pessoas acreditam que nosso cérebro se desliga para dormir, mas é o contrário. Quando o mecanismo do sono é ativado, o cérebro passa por uma série de operações orgânicas muito elaboradas, nas quais ocorrem duas coisas:

Primeiro, seu cérebro processa e armazena todas as informações recebidas durante o dia. Quando você está dormindo, completamente inconsciente, seu cérebro pode trabalhar sem nenhuma distração.

Em segundo lugar, seu cérebro lida com todos os tipos de situações emocionais que aconteceram durante o dia. Acredito que não há nada melhor do que uma boa soneca entre um dia e outro para ajudar a tomar uma decisão, pois durante os processos do sono, nosso inconsciente finalmente lida com a realidade e decide o que fazer. Ao acordar de manhã, mesmo depois de uma noite estressante ou de um dia agitado, você se sente muito melhor e livre de certas tensões, porque seu cérebro processou uma enorme quantidade de informações e emoções, levando você a gerar melhores decisões, que trarão melhores resultados.

Processamento de Estímulos

A menos que seja um médium ou vidente experiente, você perceberá que enquanto está acordado é quase impossível receber sinais e captar certos presságios, mesmo que esteja claramente procurando por eles. Sua mente está afiada quando você está acordado, portanto, seus sentidos estão processando todos os estímulos do mundo externo e enviando todas essas informações para o cérebro. O cérebro está capturando e armazenando tudo enquanto você lida com suas emoções e reações a esses estímulos. Tudo isso está acontecendo a cada segundo em que está acordado. É difícil captar um sinal dessa forma.

Quando está dormindo e visitando seu eu interior no mundo dos sonhos, seus olhos permanecem fechados, seus sentidos de tato e paladar estão praticamente em repouso e, portanto, você só consegue perceber algumas sensações e sons externos. Seu cérebro ainda está funcionando, mas seu eu consciente está descansando ou, pelo menos, trabalhando menos. É então que você, seu eu mais íntimo, essa entidade individual que se move entre o eu consciente e o eu inconsciente, pode entrar no mundo dos sonhos e, então, receber e interpretar todos os tipos de mensagens e sinais.

Uma vez imerso no processo dos sonhos, todas as informações que recebe vêm do inconsciente, de modo que você é plenamente capaz de receber presságios e todos os tipos de sabedoria provenientes de outros reinos. Todos esses reinos se conectam com o mundo dos sonhos e é importante que você entenda que esses mundos são habitados por todos os tipos de mensageiros. Há espíritos que, uma vez manifestos, são facilmente confundidos com anjos, fadas, ninfas, dríades, sereias e até duendes, além de muitas outras criaturas do nosso reino. Muitos deles podem até ser, mas muitos não – portanto, mantenha a mente aberta. Em vez de se assustar com o que vê ou tentar entender por que essas criaturas e seres têm a aparência que têm, apenas siga com eles.

Você está vivendo muitas vidas ao mesmo tempo em muitos mundos diferentes. Não se esqueça de que, ao acordar neste mundo, estará simplesmente dormindo nos outros.

O Reino dos Sonhos

O reino dos sonhos funciona como uma estação de trem. Todos os outros reinos se conectam a ele, pois é o pilar central que os une. Você já praticou projeção astral ou duplicação? Se sim, já viu aqueles túneis rápidos de luz no início, dos quais precisa se desprender para poder avançar?

Independentemente de tê-los visto ou não, esse é o trânsito que você está fazendo. Esses túneis fazem parte do reino intermediário, o mundo dos caminhantes dos sonhos, onde as almas despertam depois de morrer e antes de se deslocarem para qualquer outro reino ao qual pertençam.

O reino dos sonhos atua como o reino intermediário pela simples razão de que a consciência é capaz de entrar nele praticamente sem esforço. Os espíritos e as almas dos falecidos, uma vez inconscientes, entram lá na primeira tentativa. Outros reinos, como o reino astral ou o reino dos espíritos, exigem muito mais trabalho e determinação para serem violados.

Esse reino talvez seja também o mais confuso de todos, pois todos passam por ele em algum momento, até mesmo os animais. Você já sonhou com um cachorro, gato ou pássaro? Isso nem sempre são apenas visões; muitas vezes são almas que se cruzam em sonhos. Os sonhos estão repletos de sinais, histórias, lembranças e experiências, almas falecidas, Deuses e, como mencionado, todos os tipos de espíritos, como anjos, fadas e outros seres que só habitam esses reinos, o que torna difícil aprender sobre eles nos livros.

O acesso consciente a esse reino enquanto dormimos nos levará a entrar em contato com todos os tipos de guias e professores espirituais. Muitos deles estão esperando por um discípulo a quem concederão os segredos místicos e esotéricos nunca revelados em vida. Outros professores estão esperando por alguém específico e não revelarão seus segredos a você, por mais que insista.

É nos sonhos que nosso poder psíquico provavelmente atinge seu maior potencial. Quando sua mente consciente está livre de todas as distrações e descansando, seu subconsciente consegue operar com sua potência máxima e, por essa razão, os ataques psíquicos ocorrem principalmente à noite. As pessoas que procuram prejudicá-lo por meio do uso de feitiços, amuletos ou obras mágicas enterradas vão se aproveitar disso e atacá-lo enquanto você dorme. Essa energia será sentida com mais força à noite por vários motivos, incluindo os fatores básicos mencionados na maioria dos livros de bruxaria. Também pode haver pessoas que desejam lhe causar mal ao entrarem em seus sonhos. Essas pessoas esperarão até um momento da noite em que você deve estar dormindo e inconsciente do que está acontecendo ao seu redor.

Se sua mente não tiver o treinamento adequado, é muito fácil receber esses ataques em suas horas de descanso. Esse é outro motivo pelo qual devemos nos concentrar em aprender a dominar a forma como nossa energia se manifesta, mesmo enquanto estamos dormindo. Você pode usar a energia que seu corpo emana durante a noite para carregar amuletos, usar escudos de energia e realizar certos feitiços que fizer antes de dormir.

Muitos praticantes e estudiosos de vidas passadas que trabalham com o tema das regressões não sabem que grande parte desse processo energético ocorre no mundo intermediário. Durante o processo de regressão, um indivíduo experiente pode usar seu poder para empurrar sua consciência além dos limites do plano físico e levá-la ao mundo intermediário. É apenas uma questão de esperar um curto período de tempo para que você se conecte com suas vidas passadas. Entretanto, esse processo energético é exaustivo para ambos e pode exigir várias sessões para que você se conecte totalmente com uma visão completa do seu eu passado.

A Terra dos Sonhos e o Caminho dos Sonhos

Todos nós nos conectamos com o mundo mágico dos sonhos, visões e ilusões, independentemente de idade, gênero, orientação sexual, etnia, localização ou idioma. Somos todos partículas minúsculas da existência. Desde os bebês mais novos até os idosos mais velhos, quando entramos no mundo dos sonhos, somos todos participantes dessa majestosa aventura.

Meus pais me disseram que os sonhos eram as portas para o mundo espiritual, um mundo de visões e memórias que somente os mais dedicados poderiam entender. Cresci concordando com essa visão por muitos anos, mas depois de uma certa idade, comecei a discordar. Percebi que os sonhos não eram portas ou portais para o mundo dos espíritos, mas as chaves para muitos mundos e planos de existência diferentes. Entendi, depois de muito estudo e dedicação, que o mundo dos sonhos funciona como uma estação de transferência, como aquelas entre trens. Você chega, compra sua passagem, localiza o trilho correspondente e embarca no trem na direção correta.

Antes de entender isso, eu só via o mundo dos sonhos como um vale paradisíaco de flores com um céu espesso e nublado. Agora, o mundo dos sonhos me lembra mais a Estação Central (Grand Central Terminal) da cidade de Nova Iorque. Se já esteve em Manhattan, deve ter visitado esse lugar e, certamente, como muitos, ficou impressionado com a criatividade selvagem de sua arquitetura. É uma das maiores estações de trem do mundo, com paredes gigantescas de granito, decorações de mármore creme e rosa entre plataformas e pisos, escadarias e arcos suntuosos e plataformas e corredores que se misturam. Na entrada, há estátuas dos Deuses Pagãos Vulcano e Minerva observando um Mercúrio nu erguer-se acima deles, segurando seu caduceu e pisando em um grande relógio de ouro em um arco de glória. Outras estátuas e enormes águias de aço atuam como guardiãs em determinados pontos da estação. E não posso deixar de mencionar a estrela central, um teto de abóbada de barril azulado coberto de estrelas brilhantes representando as constelações que são visíveis durante o inverno. É claro que os visitantes mais recentes e os passageiros menos frequentes param para contemplar esse céu encantador e se perdem em suas estrelas, muitas vezes esquecendo a passagem do tempo – como em um sonho.

Da mesma forma, quando você adormece, encontra-se em um mundo tão diverso que as palavras não conseguem descrevê-lo. Ao acordar, pode tentar colocar tudo em palavras, detalhe por detalhe, mas, por mais que visualize e se esforce para se lembrar, o sonho muda. Às vezes, você até começa a se lembrar e a observar detalhes que talvez nem estivessem lá no início.

Entrar no mundo dos sonhos não é e nunca foi uma tarefa fácil. De fato, é muito mais fácil se frustrar na tentativa. No entanto, isso não acontece porque não consegue fazê-lo, mas porque estamos acostumados a conseguir as coisas mais rapidamente. Pedimos comida porque é mais rápido do que cozinhar; pedimos roupas on-line porque é mais fácil do que fazer compras em uma loja. Quando você finalmente mergulha em um mundo em que o tempo não é condicionado pela sua mente e aceita que, na maior parte do tempo, não terá controle sobre o que acontece, é natural que surja a frustração. O segredo é se deixar levar pelo sonho. O sonho sabe perfeitamente onde precisa levá-lo. Ele não está controlando você. Ele está guiando você.

Lembre-se, novamente, de que os sonhos não estão em um único lugar. Eles são as chaves que abrem as portas para diferentes mundos: o inconsciente, o mundo das memórias, o mundo escuro, onde armazena seus traumas e mágoas do passado, o futuro por meio de visões, o mundo dos espíritos e o mundo astral. Esse último mundo talvez seja o maior de todos, e isso se deve ao fato de não ser um mundo de fato – é um conglomerado e reflexo de todos os mundos, feito de pura energia e em constante expansão.

Escrevi este poema espiritual, intitulado "A Deusa da Ayahuasca", após uma visita ao Rio Orinoco.

Seus olhos eram feitos de rio e luar
Seus cabelos eram tecidos de noite e estrelas
Sua pele, feita de sal e carvão

Entre homens e animais, ela caminhava descalça
Todos se ajoelhavam à sua chegada
Seus pés tornavam fértil a terra por onde passava
Seus seios, transbordando leite, nutriam o solo ao entardecer

Quando a última perdição cruzou o grande rio
E grandes nuvens carregadas de morte cavalgavam as ondas
Seu nome foi escondido na boca da última serpente
E seu precioso nome cortou a língua da serpente em duas
Para que nunca mais pudesse invocá-la

Ela se escondeu nas profundezas da terra
Seus cabelos cresceram e cobriram as florestas e os rios
E o aroma inebriante de seu cabelo, abriam as portas
para um mundo que as almas não podiam alcançar sem sua bênção.

Perspectiva Religiosa

Diversas culturas consideram os sonhos sagrados, indo além de sua associação com a noite e os despertares subsequentes. Isso se deve à sua conexão com uma divindade superior e com os reinos da morte – com o processo de transformação, que chamamos de "mortalidade". Durante longos períodos, os sonhos eram considerados algo pelo qual se devia agradecer nas manhãs. Isso porque nunca sabemos com total certeza se iremos despertar depois de fecharmos os olhos para dormir.

Comunidades Indígenas Venezuelanas

Entre os descendentes dos Arawaks, que são basicamente 1,5% da população venezuelana, os sonhos constituem uma fuga para o mundo divino, um mundo composto por seres aquáticos e divindades. É um mundo subaquático, ao qual somente os espíritos e os ancestrais têm acesso, o que significa que os mares e os rios são um reflexo dele no mundo terreno. Para eles – ou mais especificamente para os grupos étnicos da Amazônia que incluem os Kurripako, os Wanikua, os Wenaiwika ou Piapoco, os Warekena e os Bari – os sonhos são uma forma misteriosa de os ancestrais enviarem mensagens do além e nos lembrarem de que estão lá, esperando por nós.

Grupos Étnicos Indígenas Extintos da Amazônia

Os povos extintos e os grupos étnicos evangelizados dos Jirajara, Ayoman, Gayones, Waikerí e Máku (estes últimos vindos do Brasil) tinham um folclore rico em elementos naturais que contemplava partes da vida como aspectos da divindade. Entre esses vários povos mestiços, incluindo os descendentes dos Waraos e dos Jirajaras, os sonhos formavam um sistema detalhado de estudo religioso que era devidamente interpretado por sacerdotes e cujos segredos e métodos eram transmitidos oralmente de um sacerdote para um iniciado, para que guardassem os segredos para si mesmos.

Embora esses grupos étnicos e seus idiomas estejam extintos, há muito a ser dito sobre eles nos livros de história. Eles eram pescadores, guerreiros e fazendeiros que interpretavam os sonhos como presságios do destino e como lembranças de seus ancestrais transmitidas de geração em geração.

Cristianismo

Entre os seguidores do cristianismo, os sonhos são vistos como proféticos e como uma representação da conexão divina entre os seres humanos e Deus. A Bíblia menciona os sonhos e faz alusão a eles como visões místicas repletas de mensagens de Deus em pelo menos vinte e quatro versículos. Incluí alguns deles aqui apenas para mencionar algumas das visões sagradas.

Gênesis 20:3

Mas Deus veio a Abimeleque em sonho, de noite, e lhe disse: "Eis que estás morto por causa da mulher que tomaste, pois ela é esposa de um homem."

Gênesis 28:12-14

12 E sonhou: eis que uma escada estava posta sobre a terra, cujo topo tocava o céu; e eis que os anjos de Deus subiam e desciam por ela.

13 E eis que o Senhor estava sobre ela e disse: "Eu sou o Senhor, o Deus de Abraão, teu pai, e o Deus de Isaque; esta terra em que estás deitado, eu a darei a ti e à tua descendência."

14 E a tua descendência será como o pó da terra, e te estenderás para o Ocidente, e para o Oriente, e para o Norte, e para o Sul; e em ti e na tua descendência serão benditas todas as famílias da terra.

Para os interessados em saber mais sobre essas fontes no aspecto bíblico, convido-os a consultar Gênesis 37:5-10 e Mateus 1:20.

Filosofia Hindu

Segundo o médico indiano Charaka, que viveu por volta dos séculos 1 e 2 da Era Comum e a quem se atribui o *Charaka Samhita* – um dos textos fundamentais da medicina ayurvédica (a medicina tradicional da Índia) –, os sonhos, ou *Swapna*, são uma parte essencial da vida humana. Nós, como seres humanos, mergulhamos em um mundo de sonhos que reflete grande parte de nossas atividades conscientes.[8]

De acordo com os ensinamentos sagrados de Charaka, há um total de sete classes de sonhos, e os sinais neles contidos podem ser de boa ou má sorte. As classes são as seguintes:

1. *Dṛṣṭa*: a pessoa que está dormindo sonha com algo que viu em sua vida diária.
2. *Śruta*: a pessoa que está dormindo sonha com algo que entrou em sua mente pela via auditiva.
3. *Anubhūta*: os sonhos são gerados por sensações externas captadas durante o sono.
4. *Prārthita*: os sonhos sao criados ou influenciados por desejos internos.
5. *Kalpita*: os sonhos são fantasias geradas pela mente.
6. *Bhāvita*: os sonhos são premonitórios.
7. *Doṣaja*: os sonhos são causados por um estado mental alterado. Esse tipo pode ainda ser dividido em físico (*phala*) ou psicológico (*aphala*).[9]

Pensamento Judaico

De acordo com o Talmud, os sonhos são de enorme importância para uma vertente do povo judeu. Eles são considerados uma prova da existência da vida após a morte, bem como um lugar onde o médium é capaz de se comunicar com os outros. A seguir, um exemplo dessa crença, conforme descrito no artigo "Dreams in the Talmud and in Depth Psychology" (*Sonhos no Talmude e na Psicologia Profunda*), de Susan Vorhand, PhD:[10]

8. Eranimos e Funkhouser, "The Concept of Dreams and Dreaming".
9. Varela, *Sleeping, Dreaming, and Dying*.
10. Vorhand, "Dreams in the Talmud and in Depth Psychology".

Há uma ideia no Talmud de que todas as realidades espirituais têm uma contrapartida no mundo físico, para que possamos experimentar um vislumbre delas. Assim, os sábios talmúdicos afirmam que "o sono é um sexagésimo da morte" e "os sonhos são um sexagésimo da profecia" (Talmude Babilônico, Berachot, 57b). Quando o corpo repousa, abdica do controle, enquanto a alma se separa um pouco e vagueia livremente. Imediatamente ao acordar, a cada manhã, o judeu piedoso recita a seguinte oração: "Sou grato a Ti, ó Rei vivo e eterno, pois devolveste minha alma dentro de mim com compaixão – grande é a Tua misericórdia." (Sidur, 1984, p. 2).

Entre os seguidores do caminho místico da Qabalah, encontrar-se frente a frente com os falecidos não é possível, pois esses encontros não ocorrem no plano físico, mas sim, alma com alma. Por isso, o médium é treinado para encontrá-los e entrar em acordo com eles por meio dos sonhos.[11]

O Talmude conta a história de um rabino que caminha entre os sonhos, e neles aparece um sábio. O velho sábio fala com o rabino em seus sonhos e lhe revela coisas que ele não saberia ou que não poderia descobrir no mundo dos vivos.[12]

Entre os judeus na era medieval, os sonhos eram considerados de tal importância que podiam ser usados para quebrar ou modificar a lei, como mostra o seguinte exemplo:

Em Havre, em 1637, o tribunal da cidade declarou uma criança legítima quando a mãe jurou que seu marido, desaparecido por quatro anos, a havia abraçado em um sonho. A crença judaica, porém, não chegava a tais extremos. No entanto, um voto ou um decreto de excomunhão pronunciado em um sonho era considerado real e obrigatório, ainda mais do que um pronunciado durante o estado de vigília, pois este último podia ser anulado diante de um tribunal de três homens, enquanto aquele exigia uma congregação completa de dez. A ideia era que, como a divindade de alguma forma estivera envolvida na ação

11. A Cabala judaica surgiu como uma forma religiosa de misticismo baseada no estudo da Torá, enquanto a Qabalah mística, escrita com Q, é uma prática hermética que explora diferentes aspectos da vida, da magia, da alquimia e do cosmo.
12. O Talmude é uma antiga coleção de textos que constitui o coração e o núcleo da lei religiosa e da teologia judaica; também é conhecido como Talmude Babilônico.

onírica, apenas um *minyan*, sobre o qual pairava a Shechinah, tinha o poder de libertar o sonhador.[13]

Mas o Talmude também diz: "Nada acontece ao homem, seja para o bem ou para o mal, sem que antes ele tenha tido alguma indicação disso em sonho." Isso serve para mencionar, ainda que brevemente, que tudo o que acontece – seja bom ou ruim – é, e sempre foi, anunciado em sonhos como uma profecia, codificada para a compreensão e interpretação únicas dos sábios mais experientes e conhecedores.[14]

Magia e Sonhos

A magia e os feitiços ligados ao mundo dos sonhos são altamente relevantes para aqueles que praticam a adivinhação ou para aqueles que são abençoados com o dom da clarividência. Os médiuns e bruxos podem se beneficiar do uso dos símbolos e das mensagens ocultas nos sonhos para ancorar sua própria magia entre os sonhos e a realidade, para prever o futuro e até mesmo para entender o passado. Neste campo específico, se você aprender a trabalhar com seus sonhos, a se mover mais confortavelmente dentro deles e a se lembrar deles, terá muitas ferramentas excelentes na ponta dos dedos.

Os sonhos são uma fonte infinita de informações e conectam você com a sabedoria mais profunda. Quando está dentro deles, consegue acessar mundos dos quais pode coletar todos os tipos de informações sobre si mesmo, sua vida, o Universo, o passado e o futuro. Para os especialistas, é possível até mesmo coletar informações sobre vidas passadas.

O que você percebe como sonhos são, na verdade, véus muito tênues por meio dos quais vislumbra outros mundos. É uma cortina fina que mantém seu subconsciente em uma área segura, dizendo "não passe desta linha" para evitar que se perca. É por essa razão que, neste livro, você aprenderá a canalizar um guia no mundo dos sonhos que o conduzirá pela mão.

Com prática constante, aprenderá a dormir melhor, mergulhar mais rapidamente nos sonhos, desenvolver mais clareza e compreensão dentro deles, direcionar seu percurso e caminhar por antigas memórias de vidas

---

13. Trachtenberg, *Jewish Magic and Superstition.*
14. Epstein, *Babylonian Talmud.*

passadas. Os praticantes mais avançados aprenderão então a mergulhar cuidadosamente nos sonhos de outras pessoas, a se proteger contra ataques psíquicos e mágicos que possam ocorrer enquanto dormem e a se desdobrar nesses mundos etéreos, manifestando neles seu próprio corpo energético.

O Mundo Intermediário

Outra razão pela qual chamo o mundo dos sonhos de mundo intermediário é porque ele funciona como a área de descanso perfeita. Nele, você pode mediar entre os diversos outros mundos, o que o facilita o contato com diferentes espíritos. Há três razões pelas quais essa é uma prática importante:

1. O mundo intermediário é o lugar de mais fácil acesso entre todos os mundos, como já foi dito no capítulo anterior. Ele permite que os vivos entrem em contato com seres de outros mundos, inclusive os mortos.
2. É a maneira mais rápida de encontrar e fazer um pacto com guias espirituais e espíritos guardiões. Embora sejamos mais vulneráveis no mundo intermediário, estamos mais seguros nele do que no plano astral ou em outros mundos de energia, que exigem mais estados de consciência.
3. Meditar no mundo intermediário leva a expandir seus sentidos para além do corpo e, quando isso acontece, você consegue desenvolver os sentidos correspondentes ao corpo espiritual.

Navegando Acompanhado

Navegar no mundo dos sonhos por conta própria pode parecer muito complicado nas primeiras vezes. Entre a meditação e outros exercícios, é necessário um trabalho constante e, muitas vezes, leva várias semanas ou meses até que alcance os resultados esperados. Digo isso sem a intenção de desanimar o leitor, mas porque vivemos em uma sociedade em que apreciamos resultados rápidos, mesmo que sejam medíocres, e sentimos um enorme desprezo pelo trabalho constante e pelo compromisso de realização. Entretanto, quando se trata de magia e ciência, o compromisso é o que traz os verdadeiros resultados.

À medida que progredir, sentirá que está aprendendo a nadar muito mais rápido e, depois de algum tempo, deixará de nadar na piscina, por assim dizer, e passará a nadar em rios e praias sem nem mesmo saber quando fez a mudança.

Dito isso, é importante que conheça os perigos que existem nessas águas e os problemas que podem surgir. Aqui está o que pode esperar:

- Na menor parte dos casos, terá uma dor de cabeça forte e constante.
- Um problema muito mais comum é se deparar com vários tipos de ilusões, como espectros e projeções, que estão lá para assustá-lo e afastá-lo.
- Em alguns dos piores casos, poderá ficar cara a cara com espíritos e espectros não gentis que assumem todos os tipos de formas para enganá-lo, como a forma de um ente querido ou de alguém que você idealiza muito.

Só depois de pelo menos dois ou três meses de prática e meditação constantes que deverá avançar para o próximo nível, que é o de invocar um espírito guardião. Você pode realizar essa prática totalmente sozinho. Não precisa de um professor formal.

Com um espírito guardião ao seu lado, você terá uma entidade que o conduzirá praticamente pela mão e o guiará de forma intuitiva por todo o caminho. Embora muitos não vejam o guia espiritual projetar-se em seus sonhos ou meditações, ele permanece ali, pairando e movendo-se discretamente para agir e proteger, caso a situação exija.

O guardião nunca é escolhido, ainda que todos nós provavelmente quiséssemos conjurar aquele que pareça ser o mais poderoso entre todos. Os rituais funcionam como um poderoso ímã, atraindo o espírito disposto a oferecer apoio e orientação, o que, por sua vez, ajuda você a ancorar uma conexão individual e a perceber sua presença cada vez mais próxima.

Embora qualquer pessoa possa pegar um ritual e modificá-lo, ou até mesmo reescrevê-lo completamente na tentativa de atrair um guardião espiritual muito mais poderoso do que realmente seria necessário (como alguns livros e seus autores incentivam a fazer), é muito mais apropriado agir com calma, sabedoria e disciplina e entender que o espírito guardião que vem até você está no seu nível de aprendizado ou um pouco acima. Nunca deve ser um espírito que possa assumir o controle ou abusar de você energeticamente, forçando-o a fazer o trabalho dele.

A Profunda Sabedoria dos Sonhos

Além de nos conectar com os espíritos, os sonhos também nos conectam com a profunda sabedoria da criação e com a divindade (seja qual for o nome que se dê a ela). Embora o acesso aos sonhos nos permita esclarecer certas emoções e situações, a compreensão adquirida por meio deles nos permite aprofundar-nos nesses campos de magia e sabedoria e entender a razão por trás de todas as situações que ocorrem em nosso ambiente. Isso inclui emoções que permanecem bloqueadas e que buscam se manifestar, situações cármicas que estão forçando eventos ao nosso redor, promessas do passado que buscam ser cumpridas e até mesmo feitiços e maldições realizados por um magista que busca mover certas circunstâncias a seu favor.

Todos os indivíduos conscientes são capazes de sondar e entrar nesses mundos, e todos nós temos acesso a uma grande variedade de ferramentas energéticas nessas dimensões. No entanto, isso exige enorme prática e dedicação, especialmente para ser capaz de compreender os sonhos, interpretar as mensagens que os acompanham e reter lembranças claras deles.

A magia é talvez a forma mais direta de aprofundar a compreensão dos processos do subconsciente. Enquanto a ciência moderna se concentra em explicar os processos do sono e seus estados, os grandes filósofos e pensadores nos concederam séculos de vantagem na busca por entender os sonhos, seu propósito, sua razão de ser e suas origens.

Os sonhos, devaneios e visões que recebemos durante uma meditação diurna são formas de realizar essas jornadas interiores – exatamente onde estão as portas para esses outros mundos. A chave para entrar no mundo dos sonhos, assim como no mundo dos espíritos, é parar de procurar esses mundos do lado de fora; o acesso a eles está dentro.

Uma antiga lenda do folclore Wayúu venezuelano, que tive a alegria de traduzir anos atrás, diz:

> **Então, após concluir a obra, pintando o último pôr do sol com seu sangue, empilhando montanhas e rios com as próprias mãos, o grande espírito criador partiu. Elevou-se aos céus, onde colocou o Sol. Seguiu adiante, carregando a lua feita de fogo, barro, leite materno e rocha. Continuou a subir alto, mais alto que o Sol, alto como as estrelas, onde então criou outros mundos, e mais mundos que dançavam entre esses mundos.**

Essa antiga lenda, da qual existem muitas interpretações modernas, fala sobre como o grande espírito criador sacrificou-se após seu último sonho. Ao despertar, ele pintou o mundo e os céus, e elevou-se até eles para criar outros mundos, que só podem ser alcançados durante o sono.

O Mundo dos Sonhos e o Plano Astral

O mundo dos sonhos é um mundo intermediário entre muitos outros mundos. Ao contrário da crença popular, ele não é o mesmo que o plano astral, assim como os Estados Unidos da América não são todas as Américas. É apenas uma pequena parte de tudo o que o universo energético abrange.

Existem mais informações nas comunidades indígenas sul-americanas sobre o mundo dos sonhos do que sobre o mundo astral, que é frequentemente discutido nos Círculos Mágicos. Sonhamos em diferentes níveis, mas nunca entramos conscientemente no plano astral. Ao contrário do sonho, aqueles que trabalham no plano astral se lembram de suas experiências.

No entanto, dos dois, o mundo dos sonhos, ou o mundo intermediário, como eu o chamo, é o mundo em que entramos mais facilmente, seja durante a meditação profunda pela manhã ou dormindo profundamente à noite. Para ajudar a esclarecer, imagine que você mora em um apartamento e quer sair para ir ao mercado. Ao sair, você se encontra em um longo corredor com muitas portas. Depois de entrar no elevador no final do corredor e chegar ao andar principal, você vai até a porta da frente do prédio. Assim que atravessá-la, estará na rua, que representa todo o universo energético ou uma série de planos de existência que coexistem entre si em harmonia quase perfeita. No entanto, os corredores em diversos andares do seu edifício representam os muitos planos astrais, que são acessíveis a partir de vários lugares e de várias dimensões. O elevador é o seu espaço de sonho, um pequeno submundo que permite que você entre em todos os outros. É o mundo onírico, intermediário, o mundo dos sonhos, aquele que conecta todos eles entre si.

Aqueles que têm mais experiência ou conexão com o plano astral passam por esses mundos de sonho sem perceber, sem prestar muita atenção aos detalhes. Aqueles que estão praticando constantemente para alcançar o despertar consciente nos mundos astrais caminham brevemente por esses longos corredores que se conectam virtualmente com os sonhos dos outros. Dessa forma, esses corredores nos permitem estar totalmente conectados enquanto descansamos.

Múltiplos Planos Astrais

O universo energético é construído inteiramente de energia; ele é essencialmente energia e frequência. Dentro do universo energético estão os mundos astrais, que são incontáveis, infinitos, embora os seres humanos acessem apenas três deles em nossos processos de mediunidade.

Primeiro, há o plano astral "superior". Este plano não é chamado de "superior" porque está acima, mas simplesmente devido a um conceito errôneo que cresceu ao longo dos séculos sobre relacionar o céu com o bem e os mundos inferiores com o mal. O plano astral superior é um lugar de luz e energia infinitas; é como navegar dentro de um arco-íris. A quantidade de luz é tal, que pode resultar em uma experiência tão viciante quanto avassaladora para os seres humanos simples. Esse plano é o lugar onde vivem os seres espirituais de luz (anjos e deuses criadores muito antigos), bem como os mestres ascensos. Poderíamos dizer que, de certa forma, Jesus, Buda e os grandes mestres, como Saint Germain e Serapis Bey, pertencem a este plano.

O plano astral intermediário é, em todos os aspectos, o plano astral que muitos de nós conhecemos e sobre o qual lemos em livros. É um lugar eterno e antigo feito inteiramente de energia, para onde convergem todos os tipos de criaturas e seres, desde fantasmas e espíritos até divindades, professores e as chamadas larvas astrais, que são entidades menores sem consciência que geralmente escapam desses planos e agem como larvas que aderem à nossa energia e a roubam. Este plano astral está energeticamente ligado ao mundo dos sonhos, e eles estão ligeiramente separados um do outro pelo que parece ser uma rede sutil, que é descrita por professores e espíritos como uma cortina tecida como uma rede de pesca com um fino fio dourado. Ao descobri-la, sentirá como se tivesse andado por todo o mundo com uma bandagem transparente sobre os olhos e nem tivesse percebido.

Já o plano astral inferior, mal interpretado pela concepção cristã moderna do Submundo – emprestada dos mitos Pagãos da Grécia antiga –, é o terceiro plano astral que os seres humanos podem acessar. Ele é conhecido como o recinto sagrado do outro mundo. Aqui vivem todos os indivíduos que passaram por uma vida muito traumática e que não tiveram a oportunidade de trabalhar essas experiências – ou nunca aproveitaram tal oportunidade quando ela lhes foi apresentada. São indivíduos que viveram tão cheios de arrependimento, ódio e tristeza que, quando morreram, não conseguiram avançar no mundo espiritual, porque todas essas correntes os mantêm presos ao mundo físico. Depois de algum tempo, eles acabam submersos no plano inferior, como pedras pesadas que afundam no mar e, depois de algum tempo, são esmagadas pelo peso profundo do oceano.

Minha mãe, que tem mais de quarenta anos de prática da *brujeria* e do espiritualismo tradicional venezuelano, disse que quando a pessoa tentava se comunicar com o além e conjurar uma alma específica, mas só via escuridão ou sentia um peso terrível nos ombros, isso significava que a alma correspondia a alguém que havia morrido em desgraça ou que tivera uma vida muito difícil até o fim. Ela aconselha a orar aos espíritos de luz e a São Miguel Arcanjo para libertar essas pessoas e ajudá-las a ascender. Mas ela também me disse que ajudar essas almas exigia muito mais comprometimento do que algumas orações e algumas velas.

Existem infinitos planos de existência, ou mundos astrais, aos quais apenas outros seres (não humanos) podem ter acesso, por serem espiritualmente mais avançados. Esses seres estão mais desconectados do mundo físico e são mais iluminados do que nós e nossa raça.

Uma Convergência de Seres

Como o mundo dos sonhos conecta todos esses planos, é um lugar para onde todos os seres conscientes podem convergir e, se há uma mente consciente, há também um lado inconsciente, um lugar profundo dentro da mente onde memórias, emoções, informações e experiências são armazenadas. Portanto, se ele é consciente neste ou em algum outro mundo, nesta ou em outra vida, ele também deve ter um ser inconsciente que se manifesta no mundo dos sonhos – uma extensão energética de si mesmo.

Enquanto o mundo físico é habitado por seres humanos, plantas, animais e bactérias (e talvez alienígenas, mas essa é uma tarefa para outro autor), os mundos astrais são habitados por outras espécies que, ao contrário de nós, não são feitas de carbono, mas de outros elementos totalmente diferentes. Assim como os anjos foram forjados da luz e os djinns do fogo, segundo a crença árabe pré-islâmica, cada um de seus mundos também deve ter sido forjado.

Algo ensinado na metafísica moderna – especialmente nas escolas de Saint Germain, na metafísica contemporânea e na metafísica cristã de Conny Méndez – é que o mundo físico que conhecemos é aquele ao qual nos adaptamos. De acordo com esse sistema de crenças, o mundo é enxergado sob duas perspectivas distintas.

Assim como os sonhos são livres de regras físicas, nosso mundo físico é governado por uma série de regras e características, como gravidade, tempo, espaço, matéria e temperatura. Essas regras determinam praticamente tudo o que nos rodeia, enquanto os sonhos são independentes dessas diretrizes que forçam nossa visão e perspectiva.

Os seres humanos, como seres andantes, aprenderam a ver o mundo horizontalmente, e ouso dizer que até pensamos horizontalmente, provavelmente como resultado de estarmos sujeitos à força da gravidade. Se tentarmos ver e entender a palavra de uma perspectiva espiritual, que é a visão das fadas e de outros seres espirituais, poderemos entender a liberdade dos sonhos. Quando entende algo tão simples como isso, os sonhos imediatamente se transformam em um poderoso aliado para você como bruxa. Esses seres podem ter uma perspectiva vertical e profunda do mundo e, por isso, em muitas tradições esotéricas – incluindo a tradição de *La Corte de las Brujas* (O Tribunal das Bruxas), uma das tradições nativas da Venezuela – o mundo é compreendido como uma estrutura vertical, com planos de existência acima e abaixo, que se elevam e se aprofundam em diferentes frequências energéticas.

- ***Exemplo 1:*** quando você dirige e estaciona um carro, não está olhando para baixo e para cima. Em vez disso, está sentado atrás do volante e um conjunto de espelhos devidamente localizados nas laterais e à sua frente serve como guia para entender o ambiente ao seu redor o tempo todo, ou pelo menos o ambiente horizontal. Ao dirigir por uma grande ponte com várias pistas, você não se preocupa em colidir com o teto, porque sabe que ele estará levantado. O que o preocupa são os carros em ambos os lados.
- ***Exemplo 2:*** você vai alugar ou comprar um imóvel. Quando foi a última vez que o vendedor ou o proprietário do imóvel mencionou a altura do teto? Com certeza eles mencionaram as medidas horizontais do apartamento, casa ou quarto, a distância entre uma parede e outra e, com base nessas medidas, você pode ter procurado uma cama, mesa ou outra peça de mobília adequada ao espaço. No entanto, novamente, em todas essas conversas, ninguém provavelmente mencionou ou perguntou sobre a altura do teto. A menos que esteja pensando em pendurar aquele lustre vitoriano gigantesco de 200 lâmpadas que herdou da enorme fortuna da sua avó, saber a altura do teto provavelmente não parece ser relevante para você.

Isso não quer dizer que a altura não seja importante, mas esse exemplo serve para que compreenda que as regras que regem o campo físico ao seu redor não governam nem atuam sobre o mundo dos sonhos. Mesmo quando está acordado, ele também o cerca. Assim como a humanidade descobriu que a Terra é redonda, nossos mestres mais antigos descobriram que todos os planos de existência obedecem às suas próprias regras. Na maioria das vezes, eles não seguem as nossas regras.

Na metafísica cristã, por exemplo, segundo a autora, poeta e folclorista venezuelana Conny Méndez[15], o universo físico se assemelha mais a um campo de experimentação e estudo, onde as regras e leis humanas são fundamentais para a nossa existência, assim como as leis da física e da química.[16] "Nada se cria, nada se destrói, tudo se transforma" é uma frase atribuída ao alquimista francês Antoine Lavoisier, que indica que todos os elementos do universo, inclusive a água, simplesmente mudam sua estrutura molecular para passar de uma forma a outra.[17]

Por sua vez, os seguidores da perspectiva metafísica de Méndez reinterpretam seriamente suas palavras, indicando que este universo é repleto de regras, o que o torna diferente de todos os outros universos.[18] Esse modelo de pensamento coincide não apenas com as tradições espirituais e o folclore oral dos povos indígenas, que consideram o outro mundo como um mundo feito de água e espírito, mas também com os ensinamentos atribuídos ao mestre ascensionado Saint Germain, um alquimista europeu que se tornou famoso por aparecer e desaparecer constantemente de diferentes lugares sem usar portas, chegando até a surgir em vários lugares ao mesmo tempo, além de contar curiosidades sobre viagens ao futuro e ao passado – o que indicava que as leis da física, especialmente as do tempo e do espaço, lhe eram alheias. Ele possuía uma grande compreensão do universo e dos mundos astrais.

Os planos de existência acabam se assemelhando a uma *matrioska*, ou boneca russa, que é oca e contém outra boneca em seu interior, que por sua vez contém outra, e assim sucessivamente, chegando a ter cinco ou mais bonecas dentro (sempre terminando em um número ímpar). Os planos de existência espelham de perto essas bonecas. Cada plano existe em cima de outro. Nosso mundo físico, sendo um dos planos internos mais jovens, permanece coberto por outro plano, e esse plano é coberto por outros. Examinar os planos de existência é mais um modelo de pensamento de dentro para fora, não de cima para baixo ou da esquerda para a direita.

---

15. Méndez, *La chispa de Conny Méndez.*
16. Méndez, *El Librito Azul.*
17. "1783. Lavoisier y los estudios sobre combustión animal", *Editorial Médica Panamericana*
18. Méndez, *Metafísica al alcance de todos.*

Isso demonstra que os planos de existência estão todos conectados uns aos outros e, fora deles, há apenas o nada primordial, uma escuridão silenciosa e eterna que envolve tudo até o fim. Enquanto isso, os universos continuam se expandindo entre eles. Os planos astrais e os mundos continuam a nascer um após o outro, cobrindo-se uns aos outros como uma nova pele, como se estivessem colocando a boneca russa dentro de uma boneca mais nova a cada vez.

Conforme esclarecido anteriormente, o mundo dos sonhos é o lugar para onde todos convergem, e isso nos dá o poder de interagir com todos os tipos de divindades no mesmo lugar. Em resumo, o mundo dos sonhos é um lugar que todos os seres sencientes podem acessar.

Conceitos Metafísicos

Durante o século 19, o teosofista britânico Alfred Percy Sinnett e seu colaborador William Scott-Elliot compartilharam em seus escritos metafísicos a ideia de que nosso mundo físico resultava em um conglomerado de habitantes que ia além dos seres humanos. Eles escreveram que esse mundo em que habitamos estava sendo compartilhado simultaneamente com vários seres não físicos, visitantes de diferentes planos de existência, que apareciam sob as mais diversas formas. Essas formas eram capazes de se apossar de pequenos seres, como plantas e alguns animais domésticos, até se manifestarem na forma de seres humanos altamente inteligentes que eram comumente confundidos com médiuns, clarividentes e feiticeiros.

Sinnett, que se dedicou a estudar o mundo a partir da perspectiva esotérica e com uma visão bastante ampla, estabeleceu que os vários mundos e planos de existência convergem entre si simultaneamente e de forma tão sutil que nem percebemos. Por exemplo, sempre que estiver sentado sozinho em uma sala, é importante lembrar que não está sozinho, mas constantemente cercado por vários indivíduos de vários mundos. Muitos deles provavelmente estão cientes do que está acontecendo e muitos outros não.

As ideias e os conceitos esotéricos de Sinnett e Scott-Elliot, que se desenvolveram por volta de 1900, foram apoiados por Rudolf Steiner, esotérico e filósofo austríaco que trabalhou por vários anos com Charles Webster Leadbeater em pesquisas relacionadas à clarividência e à leitura de auras. Sinnett, que logo seria respeitado como uma voz firme e concisa em questões esotéricas, acreditava e promovia que nosso mundo era compartilhado simultaneamente com muitos outros, e que os mundos dos sonhos (plural) eram a ponte pela qual podíamos acessar outros mundos. Entretanto, as pessoas precisam primeiro aprender a encontrar a ponte e, mais tarde, ser habilidosas e cautelosas o suficiente para poder atravessá-la.

As ideias apresentadas por esses filósofos, pesquisadores e ocultistas eram realmente grandiosas e avançadas para sua época. Todos eles falharam apenas em um detalhe sutil: a maioria não era composta por clarividentes experientes ou praticantes de magia, e simplesmente presumiu (como muitos ainda fazem) que os seres humanos eram os únicos seres conscientes da equação – os únicos capazes de ver, sentir, perceber e compreender os mundos sutis que nos cercam. A verdade, porém, é que, na maioria dos planos de existência, muitos dos seres que os habitam também estão confusos, sem saber quem são ou onde estão.

Uma Breve História Curiosa

Certa vez, tive a oportunidade de escrever um breve artigo para uma revista local em Caracas, na Venezuela. No artigo, escrevi:

> **Quando chorar por alguém que partiu, lembre-se de que alguém também chora do outro lado. Esse alguém é aquele que te deixou aqui – e que provavelmente está assustado, porque não entende, porque não consegue compreender, por que se sente só, triste, com frio e abandonado, em um mundo imaterial e desolado, onde o tempo não passa e todas as figuras se parecem com lembranças distantes de um sonho antigo. E, ao contrário de qualquer filme de Hollywood, nenhuma figura familiar envolta em luz veio buscá-lo.**[19]

Em geral, a maioria dos meus textos tende a receber feedback, mas esse artigo em particular teve mais leitores do que o normal. Logo após a publicação, os leitores entraram em contato comigo por e-mail para me contar sobre suas experiências mediúnicas e fazer perguntas sobre seus sonhos ou sobre seus entes queridos que haviam deixado este mundo, mas que, de certa forma, ainda estavam presentes em casa e pareciam não saber como partir ou como seguir em frente. A maioria desses e-mails repetia o sentimento de "Desde que morreu, não parou de aparecer em sonhos e visões", com pequenas variações.

19. Leafar, "Elhoim's Column".

Esse breve período de tempo entre a morte e a ascensão a outro plano temporal geralmente varia, sempre de acordo com diferentes fatores emocionais e metafísicos. Durante esse período de tempo, é comum que as almas dos falecidos se sintam confusas, tristes, desoladas e ansiosas, pois essa é obviamente uma experiência nova.

A morte não vem com um manual de instruções. Quando a alma deixa o corpo, os sonhos são a maneira mais fácil de o falecido acessar, de certa forma, o mundo dos vivos e se manifestar, mas esse processo também não vem com instruções. Isso pode custar ao falecido um enorme esforço, tempo e energia, e o mundo dos sonhos é, para ele, a porta mais fácil de abrir.

EXERCÍCIO
Saquinho de Feitiços para Guiar seus Sonhos (e os de Outras Pessoas)

Faça uso deste feitiço tradicional para incubar um sonho em si mesmo ou em outra pessoa. Este feitiço pode ser repetido e modificado conforme as necessidades do feiticeiro. Por mais simples que ele seja, é eficaz e conduz o praticante a ganhar experiência ao transitar entre os mundos das visões noturnas, permitindo-lhe assim trabalhar sua energia enquanto dorme.

Você vai precisar de:

- Um pedaço quadrado de tecido roxo não maior do que sua mão
- Uma pitada de sal, alecrim, pimenta-branca, canela em pó e anis em pó
- Uma pitada de terra (opcional; use-a se quiser recriar uma visão em relação a um local específico que tenha visitado anteriormente)
- Fio prateado, roxo ou preto
- Lápis
- Papel
- Pedaço de ônix ou quartzo-fumê
- Raminho fresco de coentro
- Tesoura

A qualquer momento entre o pôr do sol e a meia-noite, corte o papel no formato de uma estrela de cinco pontas, escreva seu nome no centro da figura e desenhe uma seta do seu nome até as pontas da figura (conforme mostrado no desenho).

Segurando esse pequeno talismã em suas mãos, recite três vezes:

Em todas as direções que desejo seguir, eu me movo,
Em todos os mundos que busco percorrer, eu caminho,
Os quatro pontos cardeais guiam minha mão,
Eles me levam a entender aquilo que preciso saber,
Levam meu olhar ao caminho que desejo percorrer.

Coloque o talismã no meio do tecido. Agora, enquanto visualiza em sua mente o sonho que deseja ter ou lembrar, ou o sonho que deseja dar a outra pessoa, coloque todos os outros ingredientes ao lado do talismã, um a um. Faça isso com calma, enquanto continua visualizando aquilo que está buscando.

Depois de adicionar todos os elementos do seu feitiço ao tecido, recite mais uma vez o encantamento anterior. Em seguida, feche o tecido, juntando as pontas para formar um saquinho. Amarre este saquinho mágico com o fio, dando sete nós.

Coloque o saquinho sob a cama ou sobre o criado-mudo e toque-o com a ponta dos dedos antes de dormir. É improvável que o talismã comece a agir na primeira noite, mas a partir da segunda, a visão deve começar a surgir em fragmentos.

Magia dos Sonhos

A ARTE DOS SONHOS/ VIAGEM ASTRAL DOS MASCARADOS,

de ONCLE BEN

Na região onde moro (Provence, sudeste da França), chamamos as bruxas de "Masco/a" – em francês padrão *Masque*, que pode ser traduzido como "Máscara". Se elas forem boas, nós as chamamos de *Desmacaire* (Aquela que remove a máscara), e se forem más, de *Emmascaires* (Aquela que usa a máscara). Os Masco/a têm a capacidade de viajar no mundo astral ou no mundo dos sonhos para ir ao Sabbat ou lançar feitiços. Essa prática/crença está presente em todo o Sul da Europa. Os Masco/a também podem visitar pessoas que estão dormindo. Isso é chamado de *vesita* no idioma provençal e se traduz como "a visita".

Feitiço de visita, um feitiço de viagem astral do Sul da França

Assim, a visita é uma arte particular da jornada astral/onírica do Masco/a. Ela permite que você vá até uma pessoa adormecida para ajudá-la, realizando orações e gestos de cura, ou, do lado mal, para amaldiçoá-la. Esse feitiço deve ser realizado enquanto a pessoa que você deseja visitar estiver dormindo (por isso, é necessário conhecer previamente seus hábitos de sono).

Você vai precisar de:

- Água salgada
- Foto ou objeto pessoal da pessoa que deseja visitar
- Incensário
- Incenso composto de cânfora, anis, papoula, semente de aipo e artemísia
- Isqueiro ou fósforos
- Objetos de proteção de sua escolha
- Pomada de Populeum
- Ramo de funcho, se desejar ajudar; ou ramo de sorgo, se desejar causar mal
- Varinha de aveleira
- Vela branca em um castiçal

Para este feitiço, prepare primeiro um espaço sagrado. De acordo com a tradição, você deve ter alguns objetos de proteção ao seu redor e deve se ungir com pomada de Populeum. Purifique o cômodo antes de realizar qualquer trabalho. Para fazer isso, dê três voltas ao redor do cômodo, borrifando água salgada e dizendo:

Heregot Gomet Hunc Gueridans Sesserant Deliberant Amei.

Em seguida, faça um círculo nesse espaço ao seu redor com a varinha de aveleira. Trace-o três vezes e diga:

Eloïm, Essaïm, Frugativi et Appelavi.

Seguido de:

Ó Pai Todo-Poderoso!
Ó mãe das mães, ternura infinita!
Ó exemplo admirável, dos sentimentos e da ternura materna!
Ó filho, flor de todos os filhos!
Ó forma de todas as formas!
Alma, espírito, harmonia e número de todas as coisas!
Conserva-nos, protege-nos, guia-nos e seja propício a nós.

(Ô Père tout puissant!
Ô Mère la plus tendre des mères!
Ô exemplaire admirable des sentiments de la tendresse des mères!
Ô fils la fleur de tous les fils!
Ô forme de toutes les formes!
Âme, esprit, harmonie et nombre de toutes choses!
Conservez-nous, protégez-nous, conduisez-nous et soyez nous propice).

Em seguida, reze três Pai-nosso (a Oração do Senhor), três Ave-Marias e três Glórias.

Sente-se no chão, no centro do círculo que você formou, de frente para a direção da pessoa que deseja visitar (por exemplo, se ela dorme em uma cidade a sudeste de você, fique de frente para essa direção).

Coloque a foto ou o objeto pessoal à sua frente e junte o incensário com o incenso e a vela branca.

Entre as mãos, segure o ramo de erva-doce ou sorgo, dependendo de sua intenção.

Acenda a vela e queime a mistura de incenso no incensário.

Segure a foto ou o objeto pessoal em sua mão, bata no chão três vezes e diga:

Pelo demônio e por Deus, que o ritual seja realizado.
Que meu espírito voe e gire em direção a _______ (nome da pessoa).

(Par le Diable et par Dieu, que le rite s'accomplisse.
Que mon esprit vole et virevolte vers _______ Nom de la personne.)

Olhe fixamente para a vela até que seus olhos se fechem naturalmente. Visualize-se voando para fora do seu corpo e para o céu, passando por uma janela ou chaminé.

Mantenha essa visualização e veja-se voando até a pessoa que deseja visitar. Se sentir que está perdendo o foco, simplesmente repita:

Pelo demônio e por Deus, que a viagem seja realizada.
Que meu espírito voe e gire em direção a ______ (nome da pessoa).

(Par le Diable et par Dieu, que le voyage s'accomplisse
Que mon esprit vole et virevolte vers ______Nom de la personne.)

Voe até o local onde a pessoa mora e entre pelo telhado, janela ou porta do quarto dela. Veja-a deitada, dormindo tranquilamente. Sente-se ao lado dela, em sua cama, e diga de maneira suave, calma e serena:

_______ (nome da pessoa), fique calmo, sou eu, ______ (seu nome),
Confie em mim, pode continuar dormindo,
Sou apenas um sonho doce e agradável,
Estou aqui apenas para fazer uma visita,
Sou apenas um sonho doce e agradável,
Continue dormindo porque você confia em mim,
Sou apenas um sonho doce e agradável,
Você sabe que estou aqui apenas para o seu bem,
Sou apenas um sonho doce e agradável,
Tudo isso é apenas um sonho doce e agradável.

(____ NN, reste calme, c'est moi ______ votre nom,
Aie confiance, tu peux rester endormi,
Je ne suis qu'un rêve doux et agréable,
Je suis ici simplement pour te rendre visite,
Je ne suis qu'un rêve doux et agréable,
Reste endormi car tu as confiance en moi,

Je ne suis qu'un rêve doux et agréable,
Tu sais que je suis là que pour ton bien,
Je ne suis qu'un rêve doux et agréable,
Et tout cela n'est simplement qu'un rêve doux et agréable.)

Agora diga suas orações de cura ou aquilo que deseja deles. Diga o que quer que façam por você, transmita a mensagem que deseja que permaneça em sua mente inconsciente. De fato, você pode pedir algo a eles enquanto dormem – algo que o subconsciente deles lembrará e realizará ao despertarem.

Repita seu pedido com calma, dizendo várias vezes o nome da pessoa e o desejo com clareza.

Em seguida, retorne ao seu corpo. Permaneça imóvel até sentir que está completamente dentro dele.

Abra os olhos, bata três vezes no chão enquanto diz:

Pelo demônio e por Deus, o rito foi cumprido.
Que este cômodo volte a ter sua função original.

(Par le Diable et par Dieu, Le rite c'est accompli.
Que ce lieu reprend sa fonction initiale.)

Apague a vela e purifique o cômodo novamente.

CONTOS TRIBAIS
Os Ritos Iniciáticos da Amazônia

Quando lhe perguntarem sobre iniciações, lembre-se de que o dia em que nasceu foi sua primeira iniciação – e a mais poderosa e legítima. Você veio de um período de gestação de nove meses, sendo nutrido diretamente no ventre de uma Deusa da Terra. Todas as iniciações que vêm depois são apenas escolhas – belos complementos.

Muitas tribos vivem na Amazônia. O número real é praticamente incontável, uma vez que dezenas de tribos se referem a si mesmas com nomes diferentes que acabam sendo específicos de cada localidade, razão pela qual as investigações muitas vezes acabam listando uma ou outra tribo mais de uma vez. Às vezes, pequenas tribos surgem à margem como resultado da formação de novas famílias por exilados de outras tribos menores.

Embora encontrar as tribos que insistem em permanecer escondidas seja uma tarefa difícil para quem vem de fora, não é impossível, especialmente quando se tem contato com outras tribos locais, cuja principal missão é manter essas tribos e grupos étnicos protegidos.

A Iniciação Perdida dos Yuri

Um desses grupos é o povo indígena Yuri (Yuriinas), originário das terras da Amazônia que atualmente fazem parte da Colômbia. Os Yuri estão estreitamente associados a outras tribos locais, como os Ticuna (de onde originalmente vieram), os Passee (dos quais se separaram) e os Uainuma (com os quais se reuniram novamente por razões religiosas e culturais).

Os Yuri são compostos por menos de trezentos habitantes, e sua proteção é considerada uma prioridade por diversas tribos amazônicas. Eles possuem uma tatuagem distinta, de cor marrom-escura, que se estende do topo da boca até as orelhas. Costumam andar nus, especialmente as mulheres, que não usam roupas exceto durante celebrações religiosas.

Durante essas celebrações, os sacerdotes da tribo (Carojeoje) usam o *Agague*, uma longa coroa feita de pequenas penas que se estende até cobrir toda a costas. Eles se enfeitam com os *Arojie*, colares feitos de dentes de animais selvagens, e com os *Jabbe*, guizos feitos de dentes e sementes, amarrados aos tornozelos para produzir diversos sons enquanto dançam ao redor do fogo ritual.

Os ritos dos Yuri não são secretos ou proibidos. Eles são realizados abertamente e acontecem durante longos dias para celebrar a chegada da primeira menstruação nas mulheres, que agora serão doadoras de vida, e para homenagear os homens jovens que já estão na idade de serem pais (três luas cheias após a primeira ejaculação voluntária do homem).

Um desses rituais em que as pessoas de fora são convidadas a participar, especialmente se forem das tribos locais, é o *Araje Ujann Ujae* (o sonho do falecido que retorna). Trata-se de um rito de iniciação do qual todos os sacerdotes do povo ou da tribo estão destinados a participar.

Em idade de ser pai, um jovem que já foi caçar em várias ocasiões e dormiu nos arredores da tribo por seis noites seguidas é simbolicamente convidado a retornar. Durante essas seis noites, o homem tem que encontrar um lugar para dormir, caçar, pescar, treinar e comer. Esse lugar deve estar do outro lado de um rio espesso, onde uma seleção de plantas locais foi plantada a cada lua cheia durante meses.

Depois de passar seis noites dormindo ao relento, o jovem retorna completamente nu. Ele carrega apenas três longas tiras de pele com sinos pendurados em sua perna esquerda e um longo colar de ossos que se estende do pescoço até abaixo do membro.

Um enorme buraco no chão aguarda o jovem. Nele, será enterrado vivo. Uma fila de sacerdotes fica de cada lado, formando um caminho largo para guiar o jovem com cânticos e pequenos tambores de pele enquanto ele caminha entre eles. Os sacerdotes cobrem os olhos do jovem com um longo pedaço de pele escura que foi seca ao sol nos galhos de uma árvore sagrada por vários dias. Uma vez que seus olhos estejam vendados, o jovem é apoiado por três sacerdotes e colocado no buraco, onde se deita longitudinalmente e é completamente coberto de terra do pescoço aos pés.

O chão é então coberto com flores colhidas naquela mesma manhã por uma donzela virgem que está (ou esteve recentemente) menstruada. A jovem nua dança sobre o corpo enterrado, derramando flores sobre ele. Em seguida, os sacerdotes umedecem o solo com um licor agridoce feito de ervas e frutas, um licor com sabor de terra e álcool com mel e um gosto tão amargo que queima a garganta.

Os sacerdotes fazem com que o jovem de olhos vendados beba esse licor. Em seguida, continuam a derramar mais desse líquido em seu corpo, simbolizando a chuva amarga que cai quando aqueles que mais amamos morrem.

Uma longa dança ritual ao ritmo dos tambores atravessa o jovem em todas as direções. Do anoitecer ao amanhecer (da última luz do dia à primeira luz do dia seguinte), o jovem permanece imóvel, bebendo o licor amargo que o sacerdote lhe dá de uma tigela feita de casca de coco e esculpida com símbolos rituais que representam Kio (o primeiro homem a emergir da montanha) e Ajg (o grande espírito da noite que criou as estrelas). Ajg ensinou a Kio a arte de ler as estrelas à noite e as nuvens durante o dia; ensinou-o a curar com ervas, fazer licor, invocar o fogo, caçar animais e mover-se à noite sem ser notado pelas nuvens, que são as almas dos mortos, forjando, assim, aquele que seria o primeiro sacerdote da primeira tribo da primeira montanha.

Ao amanhecer, entre cantos e tambores rituais, o jovem é desenterrado. Ele agora está intoxicado pelo licor e foi simbolicamente trazido do mundo dos mortos, de onde trouxe os segredos do antigo idioma, os segredos para curar os doentes. Ele ganhou o *Kugjo* (também *Jukgo* ou *Kojgo*), a linguagem simbólica do mundo espiritual usada para interpretar sonhos.

As imagens que apareceram em sua cabeça durante as últimas horas são consideradas mensagens divinas enviadas pelos ancestrais. Agora, o jovem tem a missão de guardar essas mensagens e símbolos até o fim de seus dias, usando esses segredos a seu favor, sem nunca os revelar.

Durante as noites seguintes, e até que a próxima iniciação seja realizada em outro jovem, todos os sonhos que visitarem o iniciado serão considerados presságios divinos. Ele deve se esconder na floresta e desenhar esses símbolos de sonhos nas partes mais baixas das árvores – tão perto das raízes que a terra os cubra – para que seus segredos fiquem escondidos até o momento em que ele morrer novamente. O iniciado passará esses segredos para o próximo sacerdote e assim por diante. Desta forma, os segredos mágicos da religião da tribo são preservados geração após geração, sem que esses mistérios jamais sejam revelados.

CAPÍTULO 3

A ARTE DA INTERPRETAÇÃO DOS SONHOS

Os sonhos têm sido objeto de investigação e interpretação há milênios. Cada cultura, cada civilização os interpreta à sua própria maneira. Os psicanalistas Sigmund Freud e Carl Jung encontraram suas próprias interpretações sobre o mundo dos sonhos e seus simbolismos, mas mesmo seus estudos e análises mais profundos foram limitados por duas razões claras: a barreira cultural, que evidentemente não lhes permitia compreender o que certos símbolos e elementos presentes podem significar para indivíduos de outras culturas, e os estudos científicos restritos à sua época, que simplesmente não lhes possibilitavam ir mais além em suas próprias análises.

Nesse sentido, a ciência costuma se limitar a provar apenas aquilo que o cientista busca provar – e nada além disso. Por exemplo, se o cientista está tentando demonstrar que o carvão pode se transformar em diamante, ele pode facilmente deixar de notar que, ao lado da mina de carvão, há uma caverna repleta de ouro, prata e outras pedras preciosas, porque seu foco está estreitamente voltado a um único propósito: provar que o carvão pode virar diamante.

Os sonhos têm sido interpretados, em diversas culturas, como avisos do destino, presságios do futuro e também como memórias de vidas passadas. Em algumas tradições, são até mesmo tratados como uma linguagem divina que transmite os desígnios e os desejos dos deuses.

A Linguagem dos Sonhos na América do Sul

Nos cultos espiritualistas da América do Sul (Colômbia, Brasil, Venezuela), os sonhos são uma linguagem única e individual que nos conecta com as altas cortes espirituais e com seus desejos e avisos para o futuro. Eles também são um meio de comunicação com o mundo dos espíritos, com os ancestrais e com o nosso familiar bruxo.

Na Colômbia, por exemplo, é comum encontrar bruxas criando todos os tipos de feitiços e amuletos que fazem uso da magia dos sonhos para se protegerem durante a noite e ganharem o favor dos espíritos. Elas colocam um número ímpar de moedas de ouro ou prata debaixo do travesseiro, bordam os nomes de seus ancestrais no verso da fronha para obter proteção durante o sono, ou tomam diversos tipos de tônicos e chás de ervas antes de dormir, para um sono sem incômodos e sonhos felizes. E podem servir uma xícara de chá de camomila com algumas flores da própria planta no chá, girando a xícara sete vezes antes do primeiro gole para mover a energia e atrair bons presságios durante a noite.

Embora a interpretação dos sonhos seja um tema bastante comum nas conversas cotidianas das grandes cidades, a magia relacionada aos sonhos na Venezuela certamente se limita às bruxas e aos feiticeiros que trabalham nas montanhas, como no famoso reservatório La Mariposa, nas proximidades da capital, ou ao redor da Montaña de Sorte, que é dedicada à Deusa María Lionza. Nesses lugares, a relação entre os sonhos e as bruxas vai além da interpretação: as bruxas se concentram principalmente em realizar encantamentos com fadas das montanhas para atrair sonhos felizes e, nesses sonhos idealizados, encontrar certos presságios e avisos sobre o futuro.

Em lojas de ervas e esotéricas de Barquisimeto e Caracas, é comum encontrar todos os tipos de amuletos pendurados, feitos para serem colocados na cabeceira da cama à noite com o intuito de ajudar a sonhar com os números da loteria. Também há pequenas medalhas douradas com fios vermelhos, destinadas a serem escondidas debaixo do travesseiro de alguém querido, para que essa pessoa tenha sonhos felizes com a imagem da bruxa que escondeu o amuleto. Vendidas em saquinhos, as ervas aromáticas são usadas para serem colocadas entre os lençóis como forma de proteção contra ataques psíquicos noturnos. Outro amuleto popular, fácil de encontrar nas loja de ervas da cidade, consiste em um saquinho de pano marrom ou azul-escuro (uma bolsa mágica) recheada com terra coletada de um túmulo recente e ervas colhidas na entrada de um cemitério próximo. Esses ingredientes então são misturados com uma pitada de pimenta-branca e uma pitada de sal marinho, para equilibrar e purificar. O amuleto é colocado dentro do travesseiro para afastar espíritos malignos e fantasmas enviados para fazer o mal por ordem de alguma bruxa.

Se os estudiosos dos sonhos na América Latina têm algo em comum, é o fato de os sonhos serem uma manifestação de uma linguagem que é universal e individual. Em outras palavras, os sonhos são uma manifestação visível de uma linguagem universal que nos conecta com outros mundos, outros tempos e outras realidades, mas, por sua vez, também fazem parte de uma linguagem individual. Os sonhos atuam como mensageiros e transmitem cada mensagem em uma linguagem que o intérprete/sonhador pode entender.

É por isso que comumente sonhamos com coisas, lugares e pessoas que nos são familiares, porque os conhecemos desta ou de outras vidas e desta ou possivelmente de outras realidades alternativas. Quando sonhamos e mergulhamos nesse mundo interno, que conecta todos nós, é comum que os sonhos tentem se conectar com você, enviando e recebendo mensagens. Quando acordamos, mesmo depois de ter sonhado com o rosto de alguém que achamos que não conhecemos, sempre temos aquela sensação de "esse rosto me parece familiar" ou "acho que o conheço de algum lugar".

A Linguagem Universal dos Sonhos

Como mencionado, os sonhos são mensageiros de uma linguagem universal, e as coisas que sonhamos estão relacionadas não apenas a nós mesmos, mas também a todos os fragmentos do universo que nos cercam e a toda a sua realidade. Quando Deuses, Deusas, Orixás, espíritos, mestres ascensionados, anjos e outros seres de planos superiores ou inferiores tentam entrar em contato conosco por qualquer motivo, os sonhos funcionam como a internet: conectando-nos uns aos outros.

As mensagens viajam por longos períodos de tempo, e os sonhos que sonhamos hoje podem ter levado séculos, milênios ou eras para serem tecidos antes de chegarem até nós. Eles podem ter sido enviados anos, eras atrás, ou séculos no futuro, como passos e guias para nos orientar.

Escrever isso me faz lembrar de minha mãe comentando sobre seus sonhos com meu pai pela manhã. Essa era a rotina diária em casa. Não precisávamos de despertador, ou pelo menos eu não precisava, porque todas as manhãs, antes de preparar o café, minha mãe falava com meu pai, ainda na cama, sobre o que havia sonhado durante a noite. Sua voz acordava todos em casa. Minhas irmãs e eu, do outro quarto, ríamos, dizendo: "Será que vai haver um dia em que mamãe não acorde de manhã com um sonho para contar e nos deixe dormir?"

Os sonhos são uma manifestação de várias atividades que ocorrem em seu subconsciente e estão alinhados com três tipos de mensagens diferentes, vindas do mundo interno, do mundo intermediário e do mundo espiritual.

Mundo Interno

Mensagens de vidas passadas são deixadas como sinais relacionados ao seu propósito de encarnação – uma espécie de cápsula do tempo onírica. Quando morremos e podemos fazer um resumo do que foi nossa vida, especialmente do que fizemos e deixamos de fazer, temos a oportunidade de deixar algumas mensagens em forma de visões e sensações que nos permitem tentar novamente em um futuro distante.

Essas mensagens do passado, ou retrocognições, funcionam como cápsulas do tempo, pois permaneceram armazenadas no mundo dos sonhos por décadas, séculos ou milênios, devidamente "marinadas" em energias antigas e novas. Isso permite que se manifestem tanto em visões diurnas quanto noturnas, levando você a experimentar uma sensação de nostalgia, tristeza ou alegria. Quando você se depara com um lugar ou situação vinculada a uma mensagem armazenada no mundo interno – como ao visitar um local onde sente que já andou antes, ou ao cruzar com alguém na rua que juraria conhecer de algum lugar –, uma visão pode surgir. Isso já me aconteceu mais de cem vezes, eu juro, especialmente com clientes que vêm até mim para uma leitura de tarô ou um banho mágico e imediatamente me perguntam de onde me conhecem.

Mensagens de outros momentos no tempo (passado e futuro) são do tipo com o qual pode se alinhar facilmente no mundo dos sonhos. Essas mensagens não chegam simplesmente. Na verdade, na magia, nada acontece sem um motivo apropriado; algo ou alguém enviou essa mensagem para você como precaução – e, muitas vezes, foi você mesmo.

Mundo Intermediário

Se você for um feiticeiro, um magista ou qualquer pessoa que trabalha com energia e pratica exercícios esotéricos, seus desejos e sua mentalidade estarão carregados de grande poder. Esse poder cresce com a prática constante, como um músculo, e tende a perder o progresso já alcançado se você deixar de praticar por algum tempo, exigindo que recomece do zero. Imagine tentar entrar em contato com um espírito aliado para pedir ajuda, com o qual não se comunica nem dá atenção há mais de dois anos, ou tentar colocar em prática um determinado feitiço de proteção, que não realiza há mais de dez anos e do qual se lembra vagamente.

Se você se arrepender de alguma decisão que tomou ou de certos passos que deu em uma situação criada ou gerada por você mesmo, não seria estranho que seu "eu do passado" fizesse uma visita ao seu subconsciente e deixasse ali uma mensagem. Essa mensagem, evidentemente, não chegará a tempo de mudar os fatos, mas trará aquela rara sensação de *déjà vu*: "era exatamente isso que eu tinha sonhado".

No fim das contas, no mundo intermediário onde habitam os sonhos, é importante lembrar que as leis da física não se aplicam – isso também vale para o tempo, o espaço, a gravidade, a forma e a matéria, tal como conhecemos em nosso mundo.

Veja isso como um corredor ou como um quebra-cabeça com várias peças de memórias, sonhos, arrependimentos e emoções – todas elas tentando se encaixar. Você está tentando entendê-las, mas, para isso, precisa juntá-las todas.

Mundo Espiritual

Todos nós podemos acessar o mundo dos sonhos, mas nem todos conseguem entrar naquele pequeno pedaço de terra onírica onde seus próprios sonhos dominam. Somente você pode – a menos que alguém tenha um bom feitiço para isso. Da mesma forma, ninguém pode ou deve entrar em sua casa sem sua autorização. Apenas dois tipos de seres podem deixar mensagens para você nos sonhos: um é você mesmo, como já mencionado, e o outro são os seres espirituais e os guias ancestrais. Se, por algum motivo, esses seres precisarem deixar uma mensagem, é o seu subconsciente que decide se ela deve ou não ser entregue.

Uma mensagem em seus sonhos pode ter sido deixada por seus guias espirituais para avisá-lo de algo ou porque você estava conscientemente pedindo sinais. Quando isso acontece, seu corpo espiritual reage às mensagens como uma espécie de intervenção. Podemos chamar isso de "intervenção divina" ou simplesmente de uma "mensagem do além".

Essas mensagens são altamente perceptíveis durante as noites próximas à lua nova, quando a influência gravitacional e energética da Lua se faz menos intensa sobre o nosso corpo sutil – momento em que, segundo o espiritismo esotérico, até mesmo espíritos e fantasmas desfrutam de maior liberdade para se mover, se apresentar e se manifestar entre os vivos. Essas mensagens servem a um propósito específico: ajudar-nos a tomar uma decisão, agir ou indicar que devemos nos afastar de algo ou alguém. Em suma, essas mensagens costumam funcionar como uma precaução necessária em nosso favor e benefício.

Verificando esses Sinais

Quando se tenta interpretar um sonho, seja ele seu ou de outra pessoa, há três fatores principais que devem ser analisados: as pessoas e os símbolos presentes no sonho, o momento e a fase da Lua envolvidos no sonho e as emoções vividas recentemente que podem ter influenciado o sonho.

Os símbolos e as pessoas representam a mensagem e sua direção. O momento (dia ou noite, início da manhã ou fim do dia) e a fase da Lua (nova, crescente, cheia, minguante) podem representar um início, um tempo intermediário ou um fim para o qual o sonho está se dirigindo. Por fim, as emoções recentes podem ter grande influência sobre os sonhos. Por exemplo, uma experiência traumática pode levar a pesadelos e ter um dia ótimo e alegre pode levar a sonhos felizes.

É importante analisar esses três aspectos quando tentamos interpretar um sonho. Você também pode tentar desenhar e detalhar seus sonhos por escrito, contá-los cuidadosamente a um especialista ou meditar em frente a uma bola de cristal tentando visualizar o sonho nela. Embora esses métodos bastante comuns possam ser eficazes, eles geralmente se concentram apenas em adivinhar o futuro que o sonho está pressagiando, e isso pode ignorar as razões do sonho e o simbolismo mais profundo.

Baratas e Casamentos: o Contexto Cultural dos Sonhos

Desde que cheguei aos Estados Unidos, entendi que, para muitos ocultistas e intérpretes de sonhos que vivem aqui, sonhar com ratos, baratas e outros insetos é um sinal de doença; representa que uma enfermidade chegou à casa. Por outro lado, na Venezuela, sonhar com baratas é normalmente um sinal de riqueza e boa sorte. Significa que o dinheiro está tentando entrar nos cantos da casa, mas, por medo, estamos mantendo-o afastado.

Certa vez, minha mãe sonhou com baratas. Especificamente, ela sonhou que um grande número desses insetos estava no rosto dos meus sobrinhos. Minha mãe passou uma semana inteira repetindo várias vezes o quanto estava assustada com isso. Nove dias depois de ter tido esse sonho, um dos meus sobrinhos, que tinha apenas seis anos de idade na época, tirou uma panela de água fervente da mesa, que caiu sobre ele e queimou seu rosto. Foram necessários cerca de sete anos de consultas médicas e tratamentos dermatológicos para reparar essa situação a ponto de deixar as menores marcas possíveis.

O que normalmente esperaríamos não se cumpriu, mas o que o sonho poderia ter previsto para outra pessoa em outro lugar se tornou realidade. Esse sonho mostrou que o que sabemos e o que achamos que sabemos é pouco comparado ao que ainda temos de aprender.

Outro exemplo é sonhar com casamentos. Embora muitas pessoas nos Estados Unidos possam facilmente ver o sonho de uma jovem de se casar em um elegante vestido branco como um sinal positivo, para nós, em países como Venezuela, Chile, Peru e Colômbia, pelo menos, sonhar com um casamento representa um presságio de morte, enquanto sonhar com um funeral é um presságio positivo que representa mudança, compromisso e ascensão.

Uma das minhas irmãs, Jennifer, está sempre sonhando com diferentes situações envolvendo as pessoas mais próximas, e a maioria das premonições desses sonhos tende a se concretizar. Ela acabou se tornando a vidente da família. Certa vez, liguei para minha mãe e ela me contou que tinha conversado com minha irmã, que mora no mesmo país, mas em outra cidade. Jennifer tinha tido um sonho horrível, em suas palavras: "Sonhei algo terrível. Espero que todos os santos cuidem disso."

Ela não me deu muitos detalhes, então decidi ligar para Jennifer para saber mais. Minha irmã me disse que havia sonhado que estava participando de um casamento com um vestido branco longo coberto com lindos bordados e mangas longas com detalhes em pérolas e nácar (madrepérola). O véu, longo, tinha tantos enfeites que ela teve de tirá-lo para caminhar até o altar, pois o véu não permitia que ela visse o caminho. Ela tentou ver o noivo, mas não conseguia ver seu rosto. Em suas palavras, "o rosto dele estava embaçado, como se fosse uma massa que derrete sob a água". Ela viu nas mãos dele um lindo buquê com seis enormes rosas brancas e cinco longos laços. Na frente deles estava uma mulher vestida de azul, com o rosto coberto de flores, e atrás dela brilhava uma lua cheia resplandecente. Essa última me fez lembrar da carta da Alta Sacerdotisa no baralho de tarô. Minha irmã então ouviu um som semelhante ao de um telefone antigo sendo desligado e acordou.

Cerca de três semanas depois, em 5 de junho de 2020, uma noite de lua cheia brilhante, recebi uma ligação dizendo que minha avó havia ascendido (ela havia falecido). O mais curioso é que minha mãe tinha acabado de falar com ela ao telefone. Vinte minutos depois de se despedir, minha tia ligou de volta para minha mãe do mesmo telefone, chorando e dizendo que minha avó havia desligado a ligação, deixado o telefone cair no chão e parado de respirar. Eles já haviam ligado para o pronto-socorro, mas minha tia sabia que era a hora dela e que não havia mais volta.

A interpretação dos sonhos vai além da interpretação dos símbolos e de vários fatores externos, inclusive fatores culturais, conforme explicado no ponto anterior. Os símbolos podem influenciar a maneira como os sonhos são apresentados, e eles estão lá para serem decifrados e compreendidos; é por isso que todos os fatores externos (cultura, história, lugar) devem ser considerados, pois podem desempenhar um papel fundamental na maneira como uma pessoa interpreta os símbolos em seus sonhos.

Sugiro que adquira um livro sobre a interpretação de símbolos e uma agenda de sonhos. É importante levar em conta que o Universo (Deus, Deuses, Deusas, anjos, fadas e outros seres) procura se comunicar em uma linguagem energética e não em uma linguagem verbal ou escrita. Esses sinais ou mensagens, uma vez recebidos em nosso inconsciente, são traduzidos em uma linguagem que podemos entender.

Os reinos astrais, assim como o mundo dos sonhos, são reinos de emoção e energia. A linguagem é uma forma de comunicação que os seres humanos usam para transmitir ideias, perguntas e soluções, mas isso corresponde ao corpo físico. Nos reinos formados por energia, as mensagens podem se mover e ser transmitidas dessa forma, mas também podem ser mostradas como dois pássaros trocando mensagens através do movimento que suas asas fazem no vento. É algo que escapa completamente ao nosso plano físico e, por isso, os sonhos tendem a ser traduzidos, adaptados e até interpretados para que possamos compreendê-los.

Interpretações Diferentes para Culturas Diferentes

As mais diversas culturas nos ofereceram meios variados de interpretar os sonhos, desde meditar sobre eles enquanto se toma uma xícara de chá até escrevê-los em papel e queimá-los na janela.

O Problema do Tempo

Nesses mundos de energia, a noção de tempo é praticamente inexistente, enquanto para nós, humanos, a concepção de tempo é um fato linear (passado, presente, futuro), o mundo espiritual é totalmente atemporal, e isso pode causar certos equívocos na hora de interpretar os sonhos.

Os sonhos viajam na forma de emoções feitas de energia e, uma vez que alcançam nosso campo energético (no inconsciente), essas mensagens são captadas, desconstruídas e reinterpretadas de um modo que possamos compreendê-las. Quando a mensagem assume a forma adequada – imagens, eventos, sons e sensações –, ela pode então ser percebida. Como seus sonhos são um espaço compartilhado entre seu eu presente e todos os seus outros eus, incluindo suas vidas passadas, é normal que essas mensagens muitas vezes não sejam compreendidas.

Se esse espaço energético que você compartilha com todas as outras versões de si mesmo é o lugar onde todas essas mensagens se encontram, não duvide da sua própria compreensão quando, de repente, sonhar com pessoas que não conhece ou com lugares que não se lembra de jamais ter visitado. Muitas vezes, seu eu do passado pode ter deixado um aviso em seu subconsciente, como "cuidado com essa pessoa" ou "prometemos ajudar tal pessoa e ainda não cumprimos". Em sua mente, você tem a imagem da última forma física que aquela alma assumiu ao vir à Terra. Após muitas décadas, ou talvez séculos, você reencarnou – e a mensagem ainda está ali –, mas é provável que nem saiba quem é essa pessoa agora, nesta nova vida e neste momento diferente no tempo.

Portanto, talvez o melhor conselho que eu possa lhe dar para entender os sonhos e a arte da interpretação deles seja começar a interpretar seus próprios sonhos e entender seu próprio idioma e cultura. Isso o ajudará a entender que seus sonhos provavelmente não simbolizariam a mesma coisa para outra pessoa. Informe-se sobre si mesmo, procure terapia profissional em algum momento de sua vida e explore sessões de regressão a vidas passadas para entender mais sobre si mesmo. Esses métodos serão muito úteis para entender a linguagem que seus sonhos estão usando para comunicar mensagens passadas, atuais e futuras a você.

Por trás de cada sonho há um ensinamento, uma mensagem, uma memória ou um guia que estamos solicitando consciente ou inconscientemente. É por isso que compreender o que sonha é fundamental, mas também é importante registrar esses sonhos para que possam ser interpretados corretamente. Busque os sinais em cada sonho. Que memórias ele desperta em você? Que sentimentos ele traz? Como você se sentia no sonho? Estava sozinho ou acompanhado? E, se havia outra pessoa, por quem estava acompanhado?

Use sua Intuição

Aprender a interpretar seus próprios sonhos é uma prioridade tão importante quanto aprender um segundo idioma ao se mudar para um país estrangeiro. Os sonhos são nosso caminho direto para outros mundos. Uma bruxa que não é capaz de interpretar seus próprios sonhos é como uma árvore que não sabe como mover a água de suas raízes para nutrir suas folhas. Comece com livros e investigue seu passado e seu eu interior, como sugeri anteriormente. Mas saiba que a melhor ferramenta para guiar seu processo de interpretação é a sua intuição.

Quando confiar em sua intuição, será capaz de entender o que outros psicanalistas não captam nos sonhos. Enquanto alguns livros nos levam a entender o significado de um símbolo ou o motivo da presença naquele local, sua intuição pode lhe dizer como esse símbolo chegou ali, por que está aparecendo agora e de onde veio.

Os livros dedicados à interpretação de sonhos são um bom complemento para o estudo de nossa psique, mas não devem ser tomados como nossa principal ferramenta. Muitos desses livros foram escritos a partir de uma perspectiva analítica e individual, que ignora completamente os elementos culturais, individuais e religiosos que podem ter uma enorme influência na forma como seus sonhos se apresentam.

Usando sua intuição diariamente para analisar essas visões noturnas, você poderá não apenas colocar em prática sua própria habilidade psíquica todos os dias, mas também ver além do que é evidente e entender os significados ocultos em cada símbolo, cada momento e cada pequeno detalhe presente no sonho.

Os filósofos e estudiosos gregos viam o sonho como uma visão onírica composta de três partes: a cena ou o lugar visível no sonho, os objetos inanimados ou plantas e animais presentes e o indivíduo inserido no contexto para recriar o sonho com símbolos ou palavras. Considere estas palavras de Ovídio em *Metamorfoses*, Livro XI:

> **Não há porta em toda a casa, para que nenhuma dobradiça girando venha a ranger; não há guardião na soleira. Mas no espaço central da caverna, há um leito alto de ébano, macio e felpudo, em tons de negro, coberto com uma manta escura. Ali repousa o próprio Deus, com os membros relaxados em um lânguido descanso. Ao seu redor, por todos os lados, jazem formas vazias de sonho, imitando diversas figuras, tantas quanto espigas de grãos na época da colheita, folhas nas árvores ou areias lançadas na praia.**[20]

Lembrando-se de seus Sonhos

O primeiro passo para uma boa interpretação é conseguir se lembrar dos sonhos. A seguir, apresento uma receita de incenso e um feitiço que podem ajudar nesse processo. O feitiço é realizado durante a lua nova, fase que, na magia, está associada à compreensão de novos começos e processos. A lua também está ligada ao nosso lado mais sombrio, ao trabalho com as sombras e à ação profunda de mergulhar na escuridão para compreender o que a habita e permanece oculto.

20. Ovid, *Metamorphoses*.

EXERCÍCIO
Incenso Lunar para Lembrar dos Sonhos

Lembrar dos sonhos é uma tarefa bastante difícil para muitas pessoas. Eu, por exemplo, preciso anotá-los imediatamente, porque depois de algumas horas nem me lembro de ter tido um sonho. Já tentei todos os tipos de remédios, incensos, amuletos e pequenos rituais para me ajudar a lembrar. Muitos falharam, alguns foram altamente eficazes, e a receita a seguir é uma das que funcionaram maravilhosamente bem para mim.

Você vai precisar de:

- Flores secas (use bulbos de jasmim, camomila, papoula e rosa)
- Isqueiro ou fósforos
- Pedaço de carvão vegetal
- Prato resistente ao calor ou caldeirão pequeno
- Varinha longa de madeira ou colher de cozinha
- Vela branca em um castiçal
- Vela preta em um castiçal

Fase da Lua recomendada: lua nova

Comece acendendo a vela branca (clareza, compreensão) e a vela preta (limpeza interna, purificação). Em um prato resistente ao calor ou dentro de um caldeirão, prepare uma mistura de partes iguais de flores secas associadas ao sono e à Lua, incluindo jasmim, camomila, papoula e bulbos de rosa.

Acenda cuidadosamente um pedaço de carvão (fácil de encontrar em uma loja esotérica local) e coloque-o ainda quente sobre a mistura de flores secas. Com a ajuda da varinha ou da colher de cozinha, mova essa mistura dentro do caldeirão com a mão firme, mantendo um movimento constante, porém lento, para mover todas as partes desse incenso e permitir que a fumaça emane adequadamente.

Repita esse ritual de duas a três vezes por semana para começar a desenvolver uma memória melhor com relação a seus sonhos.

Magia dos Sonhos

FEITIÇO DE INTERPRETAÇÃO DE SONHOS

de TEMPERANCE ALDEN

Os sonhos são as janelas da nossa mente subconsciente, um reino onde residem as verdades e os desejos ocultos. Neste feitiço, usaremos as propriedades mágicas da artemísia, do verbasco e da hortelã para criar uma mistura de incenso que nos ajudará a interpretar nossos sonhos.

Você vai precisar de:

- Almofariz e pilão
- Artemísia, verbasco e hortelã secos
- Caneta e papel ou diário de sonhos
- Disco de carvão vegetal
- Isqueiro ou fósforos
- Recipiente resistente ao calor

Antes de iniciar o ritual, encontre um local silencioso e confortável onde não será incomodado. Reserve um momento para se estabilizar e definir sua intenção. Em seguida, acenda o disco de carvão e coloque-o no recipiente resistente ao calor. Esmague a artemísia, o verbasco e a hortelã usando o almofariz e o pilão e polvilhe-os sobre o disco de carvão. Quando o incenso começar a queimar, inspire profundamente e permita que a fumaça o envolva e se espalhe pelo espaço em que está sentado.

Recite o seguinte feitiço inspirado no poder das ervas e na natureza mística da interpretação dos sonhos:

Artemísia, verbasco e hortelã a arder,
Mistura de incenso, chave do saber,
Revelam sonhos que vêm e vão,
Um mundo oculto em revelação.

Com este incenso, minha mente preparo,
Para atravessar reinos sem amparo,
Guiado pela alquimia das ervas, tão fina,
Minha alma se eleva, livre e cristalina.

A clareza da hortelã, visão afiada,
Rasgando o véu da noite encantada,
A proteção do verbasco, escudo cerrado,
Guia-me pelo voo dos sonhos alados.

Através do véu do sono e do escuro,
Flui o poder de hortelã, verbasco e artemísia, puros,
Desbloqueia os segredos da alma que sou,
Um tear de sonhos, onde a vida se bordou.

Com este feitiço, o desconhecido abraço,
Interpreto os sonhos que ganham espaço,
Artemísia, verbasco e hortelã, com magia sem fim,
Busco a verdade que agora vem até mim.

Ao recitar o feitiço, permita que sua mente se concentre na intenção de interpretar seus sonhos. Depois que o incenso estiver queimado, reserve um momento para registrar seus sonhos em seu diário ou em uma folha de papel.

Reflita sobre os símbolos, as emoções e os eventos que ocorreram em seus sonhos e tente interpretar o significado deles. Lembre-se de que a interpretação dos sonhos é um processo pessoal e pode variar de pessoa para pessoa, portanto, confie em seus instintos e em sua intuição!

Para concluir o ritual, apague o disco de carvão com água (ou deixe-o queimar naturalmente) e descarte-o com segurança depois que ele esfriar completamente. Reserve um momento para agradecer ao espírito das ervas pela ajuda e pelos insights que elas proporcionaram.

CONTOS TRIBAIS
O Ciparacoto / Os Índios da Costa

Os Ciparacoto estão entre os povos indígenas menos conhecidos da Venezuela. Embora seja comum encontrar seus descendentes vivendo hoje nos estados de Yaracuy e Mérida (Venezuela), eles são mencionados apenas em alguns livros, incluindo *El Dorado and the Quest for Fortune and Glory in South America*, de Peter Koch, e *The Witch's Dream: A Healer's Way of Knowledge*, de Florinda Donner-Grau, ambos convenientemente de caráter esotérico.

Tribo de nativos americanos da família Caribe, os Ciparacoto eram frequentemente encontrados vivendo nas áreas costeiras dos estados de Falcon e Carabobo, na Venezuela. Eram exímios agricultores – cultivando principalmente mandioca e milho – e também grandes comerciantes de sal, peixe, pérolas e milho. Suas bebidas fermentadas, à base de milho e mandioca, tinham um propósito ritualístico, conectando-os aos espíritos ancestrais e permitindo que transportassem e recebessem mensagens de outros mundos.

Suas armas (arcos, flechas e clavas) eram muitas vezes envenenadas com uma solução de ervas que agia como paralisante. Eles também eram canibais. Para eles, o canibalismo era um ritual sagrado por meio do qual devoravam os inimigos para absorver sua força, sua coragem e os espíritos de seus ancestrais.

Os anciãos são altamente respeitados como líderes da tribo, não por causa de sua força e destreza física, mas devido a sua sabedoria e experiência adquiridas ao longo dos anos. Os anciãos atuam como curandeiros e feiticeiros da comunidade e interpretam os sinais ocultos na linguagem das nuvens e nas entranhas das serpentes. Eles também preveem gestações e mortes observando a superfície da água e ensinam a criar venenos à base de ervas e a se comunicar com o mundo espiritual para obter conselhos e assistência.

Para eles, os sonhos são mensagens diretas do além enviadas pelos Obeba, os espíritos de ancestrais tão antigos que estão prestes a renascer. Os sonhos são cheios de sinais e devem sempre ser interpretados por um ancião. Um sonho que não é interpretado ou que foi esquecido é um mau presságio. Se um sonho for esquecido, a pessoa que o esqueceu ou deixou de ir ao ancião para fazer a interpretação deve dormir embaixo das árvores e fora da cabana até receber o sonho novamente e poder interpretá-lo.

Para os Ciparacoto, um dos métodos mais convencionais para realizar a interpretação dos sonhos é olhar para a superfície da água. Entretanto, há um procedimento mais elaborado. Primeiro, você (o sonhador) não deve comer nada desde o amanhecer até o meio-dia e só deve beber água e suco de frutas. Em seguida, o intérprete deve usar uma flecha longa para desenhar um círculo no chão em frente ao poço, rio ou mar. O sonhador deve se sentar dentro dele para meditar e esperar até o meio-dia sem ser incomodado.

Ao meio-dia, o indivíduo bebe uma bebida fermentada à base de mandioca ou, às vezes, de milho. Ele continua bebendo e olhando para a superfície da água durante as horas do meio-dia, quando a luz dourada do Sol é percebida como mais intensa na superfície da água. Os sinais e as visões para interpretar o sonho serão revelados.

Em seguida, o indivíduo deixa o círculo, agradecendo a Parahuayo (a luz do Sol ou o próprio Deus Sol). Eles se reúnem novamente com o intérprete ou o ancião da tribo para que, juntos, possam interpretar os símbolos e as visões do sonho, bem como os símbolos encontrados na água. Os sinais que encontram na água funcionam como ferramentas para complementar os sonhos. Sem essas ferramentas espirituais, o sonho não pode ser totalmente interpretado.

Para essa cultura indígena, hoje praticamente perdida, os sonhos são interpretados não apenas pela leitura, mas também pela busca de sinais e presságios na água. Isso se deve ao fato de a superfície da água ser considerada sagrada. Ela separa os três mundos: o mundo dos pássaros, o mundo das pessoas e outros animais e o mundo das águas.

CAPÍTULO 4

GUIAS ESPIRITUAIS DOS SONHOS

O mundo que habitamos está repleto de todos os tipos de seres vivos e não vivos, incluindo os chamados "espíritos". O mundo dos espíritos é habitado por fantasmas de pessoas que já partiram, espectros e todo tipo de aparições que transitam entre os dois mundos, incluindo *poltergeists* e uma imensa variedade de entidades que transcendem tudo o que já escrevemos sobre elas. É um mundo fascinante, onde todos esses seres vivem e se movimentam, e o espaço onírico é um dos mundos intermediários através dos quais podemos entrar em contato com eles.

Há uma variedade de espíritos tão diversa quanto a multiplicidade de plantas em nosso mundo: há espíritos benéficos, malévolos, neutros, espíritos de classe divina (um pouco abaixo das divindades) e espíritos ancestrais que transcendem todos os conceitos de bem e mal. Trabalhar com eles exige enorme prática (como tudo na magia), devoção (muitas vezes encontrará espíritos que buscam afeto ou algum tipo de validação), respeito (é essencial compreender que eles não trabalham para você, assim como você não trabalha para eles), e muita dedicação. Quanto mais fundo mergulha no seu próprio poder, maior é a variedade de espíritos com os quais poderá trabalhar.

Embora nosso próprio mundo (o plano físico) seja habitado por um número infinito desses seres, nem todos eles estão ao nosso alcance. Muitos desses espíritos transcendem o alcance de todos os nossos sentidos (físicos e místicos) e não são tão facilmente vistos. Como parte de sua prática espiritualista, os xamãs tradicionais do Peru e da Guatemala garantem e ensinam que muitos espíritos estão em planos de existência tão elevados que transcenderam o nosso e nem se lembram mais da existência do nosso mundo, a não ser como uma vaga lembrança de um sonho muito distante. No livro O *Evangelho Segundo o Espiritismo*, o autor Allan Kardec escreve:

> **A oração é uma invocação por meio da qual, através do pensamento, o ser humano entra em comunicação com o ser a quem se dirige. Ela pode ter como finalidade pedir algo, agradecer ou glorificar. Podemos orar por nós mesmos ou pelos outros, pelos vivos ou pelos mortos. As preces dirigidas a Deus são ouvidas pelos Espíritos encarregados de executar Sua vontade. Todas as orações dirigidas aos bons Espíritos são remetidas a Deus. Quando alguém ora a seres que não são Deus, estes servem apenas como mediadores ou intercessores, pois nada pode acontecer sem a vontade de Deus.**[21]

Certos filósofos de escolas antigas sugerem, em suas orações e rituais, que ao entrar em contato com o mundo espiritual é preciso insistir para ser ouvido ou atendido. Muitas vezes, pode-se passar horas orando aos espíritos sem ser plenamente ouvido. Tudo depende, obviamente, do espírito em questão. E isso é algo que a prática constante ajuda a resolver.

21. Kardec, *O Evangelho Segundo o Espiritismo*.

Trabalhando com os Espíritos

Se o mundo dos sonhos está conectado ao mundo dos espíritos como uma ponte, é natural esperar que espíritos, ancestrais e guardiões estejam presentes em nossos sonhos. Afinal, esses espíritos, assim como nós, estão de passagem – transitando entre mundos e aprendendo a se mover entre eles – assim como é natural esperar que um cervo cruze as estradas construídas entre parques, já que os parques são seu habitat natural.

Vários espíritos podem estar presentes em nossos sonhos. Para esta lista não ficar exaustiva, inclui apenas alguns:

- ***Animais guardiões:*** entidades protetoras – de um local ou de uma pessoa – que assumem a forma de um animal nativo da região.
- ***Espíritos divinos:*** dependendo do grupo ou da tradição religiosa, esses espíritos elevados podem ser anjos, fadas, ancestrais, mestres ascensionados da Nova Era ou outros. Atuam como mediadores e mensageiros entre a Divindade suprema e a humanidade, transmitindo suas mensagens por meio de visões, sonhos, premonições ou presságios.
- ***Espíritos familiares:*** entidades guardiãs ligadas a um grupo étnico ou familiar específico que atuam como protetores e guias para os membros desse grupo. Muitas vezes, podem ser espíritos dos ancestrais da família, um espírito guardião nativo que acompanha um grupo nômade ou (na tradição aborígine da Amazônia) a alma ou a consciência de um indivíduo não nascido que permanece próximo ao grupo familiar.[22]
- ***Espíritos:*** seres que incorporam a consciência e a memória daqueles que deixaram seu corpo no plano físico. Ao contrário dos fantasmas, eles não estão presos a um lugar físico e podem se mover livremente entre diferentes mundos. Na cultura asiática, é comum encontrar folclores e relatos sobre espíritos que acabam se tornando guardiões de templos e montanhas.[23] Já na cultura indígena local da Amazônia, especificamente entre os grupos étnicos aborígenes dos Guajibo, Ye'kwana, Baniwa, Werekena e Piapoco (descendentes diretos dos Arawak), os espíritos geralmente têm origem no mundo aquático e atuam como mediadores entre os humanos e os Deuses ou divindades superiores.

---

22. Van Cott, "Andean Ingidenous Movements and Constitutional Transformation".
23. Ballaster, *Fables of the East*. Gould, *Youkai and Kaidan*.

- *Fantasmas:* almas ou consciências de pessoas que já partiram, mas que mantêm algum assunto inacabado no mundo terreno, ou que sofreram uma morte trágica, talvez até traumática, o que as impede de avançar no mundo espiritual, mantendo-as presas ao local de sua morte. São frequentemente os que acabam habitando as chamadas "mansões assombradas" e locais de culto espiritualista.

Habitando um plano feito inteiramente de energia, os espíritos são capazes de se mover mais facilmente por esses planos, aos quais têm acesso a partir do mundo espiritual. Para nós, seres vivos, que estamos de passagem pelo plano terreno e temporariamente ungidos por um corpo de carne e osso, há uma certa dificuldade em entrar nesses mundos paralelos. É essa premissa que torna tão populares, entre as bruxas modernas, a prática constante da meditação e os diversos métodos de desdobramento e projeção astral. Por meio da aplicação dessas técnicas, uma bruxa, um magista ou um feiticeiro consegue transitar entre esses mundos com mais facilidade, permitindo-se não apenas acessar os próprios sonhos e os de outras pessoas para diferentes finalidades, mas também interagir com diversos espíritos e seres do mundo paralelo – seja para firmar pactos, seja para solicitar os mais diversos favores mágicos e espirituais.

Espíritos Guardiões

Os espíritos guardiões estão ali para serem seus aliados e companheiros de jornada. Quando começa a trabalhar com eles, passa a sentir uma sensação constante de proteção. Esse sentimento vem acompanhado de uma imensa responsabilidade. No final das contas, o fato de se sentir protegido por esses espíritos e outras entidades nem sempre é gratuito. Em geral, eles esperam a mesma atenção como resultado, antecipando oferendas e dedicações de tempo e espaço (orações e altares) para ajudá-los a prosseguir para a próxima etapa de sua evolução espiritual. Existem muitas maneiras de trabalhar com espíritos guardiões, e centenas de feitiços e rituais escritos para esse propósito, mas é importante lembrar três coisas que tive a oportunidade de aprender na Amazônia:

1. Seus espíritos guardiões são exatamente isso – espíritos. Eles se movem entre os mundos, ancorando-se em você para permanecerem próximos a este mundo. São guardiões que ajudam e protegem quando necessário. Eles não são animais de estimação e não são troféus.

2. Os espíritos guardiões exigem atenção constante, além de serem cumprimentados diariamente pela manhã, eles precisam se sentir respeitados por quem os invocou, e gostam de ser cuidados e tratados como os guardiões que são.
3. Um praticante espiritual é tão poderoso quanto seu espírito guardião e vice-versa. Os espíritos vivem muito tempo, talvez tempo demais, e não crescem no mesmo ritmo que os humanos. Em vez disso, eles transcendem e evoluem em uma velocidade totalmente diferente. A aquisição de poder também leva muito tempo. Portanto, à medida que um feiticeiro, xamã ou magista avança em sua prática, é importante ganhar novos guardiões ao longo do tempo. Esses novos guardiões refletirão o nível de sua prática e, aos poucos, uma pequena aliança de guardiões trabalhará *com* você (e não *para* você).

A diferença entre um espírito-guia e um espírito guardião (algo que levei anos de aprendizado para entender) é que o primeiro age independentemente de você e de seus desejos. Eles aparecem quando sentem que é o momento certo e o orientam nos processos místicos que consideram úteis. Quando um espírito-guia conclui seus ensinamentos, ele tende a desaparecer do seu ciclo e se dedica a ensinar outras pessoas. Depois de encerrar o ciclo, é muito difícil, quase impossível, encontrá-lo novamente.

Os espíritos guardiões, por outro lado, estão lá para prestar assistência quando necessário e para guiar e proteger você. Sua proteção é a prioridade deles. Concordar com qualquer tipo de acordo com você permite que eles saiam do mundo deles e se aproximem do nosso.

Não fique muito imerso na ideia de conjurar um espírito guardião como se isso fosse algo a ser feito apenas uma vez na vida. Pelo contrário, você fará isso muitas vezes. Um guardião responde ao seu nível de poder e, como diríamos em termos da Nova Era, ele responde à sua frequência, à sua vibração. Não importa o quão poderoso queira que seu guardião seja, ele responderá ao seu chamado de acordo com o nível de poder que você é capaz de manifestar.

À medida que avança nas meditações deste livro, poderá sentir que precisa de um novo guardião para lhe fazer companhia. Essa necessidade pode se manifestar de várias maneiras, como uma sensação de perigo iminente durante as meditações, calafrios seguidos de uma visão turva momentânea quando você acorda de uma sessão de trabalho mágico ou meditação, ou simplesmente a sensação de que está levando mais tempo para avançar em sua prática. Isso ocorre porque você está mergulhando em mundos cada vez mais profundos e complexos, onde às vezes perde a conexão com os sentidos e começa a sentir um peso enorme sobre você. É aí que um novo espírito guardião será útil, tanto para você quanto para o seu trabalho mágico – para ajudá-lo a se reconectar e a lidar com essas sensações, bem como para protegê-lo dentro desses mundos.

Depois que começar a trabalhar com um espírito guardião e criar um relacionamento de trabalho contínuo com ele, esse espírito estará ao seu alcance sempre que for necessário fornecer assistência e orientação ao seu invocador ou feiticeiro. O trabalho e a presença deles quando estão presentes, o apoio dos espíritos como intermediários entre nós e os mundos espirituais, podem fazer uma enorme diferença na vida de um feiticeiro.

EXERCÍCIO
Invocação de um Espírito Guardião

Muitas vezes, é em sonhos que recebemos a orientação que estamos esperando, obtemos respostas dos oráculos para nossos pedidos e conversamos com nossos entes queridos que partiram. Convido você a personalizar este ritual à sua maneira, se assim desejar.

Você vai precisar de:

- Carvão vegetal
- Copo com partes iguais de água e mel e um toque de licor de frutas
- Figura feita à mão que possa atuar como um totem ou corpo de canalização para o espírito
- Fita azul – entre 30 e 50 centímetros de fita de tecido azul com sete nós amarrados ao redor da figura como símbolo de aliança
- Folha de papel com o nome que será atribuído ao espírito guardião escrito nela
- Incensário
- Isqueiro ou fósforos
- Mistura de incenso feita com mirra, olíbano, folhas secas de hortelã, eucalipto, verbena e pétalas de rosa
- Prato com uma pequena oferenda de flores frescas e nozes (amêndoas, nozes, pistache, amendoim, avelãs, castanhas, etc.)
- Vela branca em um castiçal

Horário: pode ser realizado em qualquer dia em um horário entre o pôr do sol e a meia-noite, mas é preferível uma segunda-feira (um dia associado à Lua e a fantasmas, espíritos e outras aparições).

Comece colocando a figura ou totem de frente para você. Coloque todos os outros elementos, exceto a mistura de incenso, intuitivamente ao redor da figura, formando um pequeno altar ou espaço devocional.

Acenda a vela e o carvão. Quando o carvão parecer intensamente vermelho ou branco, despeje o incenso sobre ele em pequenas porções. Recite o seguinte encantamento três vezes:

OOOH, grandes avatares e espíritos abençoados,
Ouçam meu humilde chamado e sejam bem-vindos.
Enviem a este lugar e momento sagrados um espírito protetor.
Que venha um espírito forte e consciente para cuidar de mim
em todos os momentos.
Que se apresente aquele que está destinado a guardar meus sonhos.
Que nada nem ninguém perturbe meu descanso ou minha energia.
Que nada nem ninguém interfira na manifestação dos meus sonhos.
Aqui aguardo para trabalhar com ele assim que chegar.
Que assim seja, hoje, amanhã e sempre,
Assim é.

Em seguida, pegue o papel com o nome a ser atribuído. Continue queimando-o pelos cantos na chama da vela e deixe-o queimar sobre o incenso enquanto recita:

Bem-vindo, tu estás aqui, ó grande espírito guardião,
a partir de hoje, teu nome será nosso segredo,
e nele estará selado nosso pacto.
Teu nome, a partir de agora, será (inserir nome). (repita três vezes)
Então serás tu quem dormirá enquanto eu estiver desperto.
E serás tu quem despertará e cuidará de mim enquanto eu dormir.
E então serás tu, (inserir nome), (repita o nome três vezes)
quem guardará para que nada nem ninguém perturbe meus sonhos.
E, a partir desta noite, serás tu quem acompanhará o meu
espírito viajante em todas as suas jornadas e empreitadas.
Que assim seja, hoje, amanhã e sempre.
Assim é.

Umedeça os dedos com a água do copo e borrife três vezes a estatueta e os quatro cantos da sua área de trabalho. Toque seus lábios com dois dedos da mão esquerda e diga:

Ó (insira o nome), seja bem-vindo a este lugar.

Em seguida, toque a figura com os dois dedos que levou aos lábios (de agora em diante este será o seu totem), feche os olhos por um breve momento e respire fundo três vezes.

Abra os olhos, levante-se e apague a vela sem soprar (isso pode ser feito com os dedos). Certifique-se de manter a vela e o restante do incenso em um local separado. Eles agora pertencem ao seu espírito guardião e só serão usados no futuro quando você ou seu guardião considerarem necessário.

Pegue a figura e coloque-a em um local onde ela possa ver a porta do quarto. Todas as noites, antes de dormir, beije os dois dedos com os quais consagrou o totem e encoste nele para indicar que ele deve acordar.

Cuidados com o Ritual

Você pode preparar mais da mistura de incenso combinando partes iguais dos ingredientes e queimá-la de tempos em tempos dentro da sala com o totem. Pode também servir uma pequena xícara de chá quente ao lado do totem e descartar a bebida na manhã seguinte.

Anulação do Ritual

Se, por algum motivo, desejar no futuro liberar esse espírito do seu contrato e encerrar este ritual, deverá recriar o rito com todos os seus elementos. Usando a vela original com a qual fez a invocação inicial, recite o seguinte encantamento e deixe a vela queimar até o fim.

Ó poderoso espírito, (insira o nome),
nosso pacto e nosso acordo foram fortes,
mas chegou tua hora de partir.
Eu te libero de nossas tarefas juntos.
E te deixo ir, livre de toda responsabilidade.
Agradeço por tua presença e tua força em todos os momentos.
Eu te deixo ir, (insira o nome), estás livre para partir.
Abençoada seja tua presença sempre.
Que assim seja!

Pequenos Espíritos

Os *kabis*, ou *aggiyis*, são uma espécie de espírito menor que vive em florestas, campos, parques e ao redor de lagos na região amazônica. Essas manifestações conscientes e individuais da natureza geralmente aparecem como figuras tão minúsculas quanto pequenas larvas que flutuam no ar ou tão grandes quanto folhas de babosa. Os kabis nunca aparecem um de cada vez; eles sempre chegam em pequenos grupos semelhantes a manadas. Alguns videntes afirmam ver esses pequenos espíritos como luzes que se movem rapidamente ao redor deles, semelhante a vaga-lumes velozes. Embora sejam espíritos da natureza e surjam dela, eles não têm outras habilidades ou conhecimentos além de proteger tudo o que é verde e vivo. Também não são os espíritos mais fortes. De acordo com os praticantes mais modernos ou progressistas, são espíritos criados a partir da energia residual de espíritos mais antigos e, por essa razão, não têm moral, conhecimento ou mesmo caráter próprio além de agir de acordo com sua própria intuição.

Há muitos espíritos da natureza. Os kabis, diferentemente de outros espíritos essenciais, como os *kabimaras* (espíritos das águas e dos rios), os *ozunbi* (espíritos das rochas e da terra) ou os *jiojio* (espíritos da fogueira), são uma classe de espíritos menores, geralmente subestimados no folclore local. Como sua presença é quieta e silenciosa, eles são hábeis em transitar entre as mentes e os sonhos das pessoas, levando mensagens na forma de sons e imagens de um lugar para outro.

De acordo com o folclore urbano dos vilarejos da Amazônia venezuelana, um feiticeiro habilidoso com um forte relacionamento com os kabis é capaz de conjurar fogo e chuva, ver vidas passadas por meio de sonhos, amaldiçoar seus inimigos com longas noites de insônia para levá-los à loucura e ao desespero ou possuir espíritos animais por meio dos kabis. Esses espíritos menores são tradicionalmente invocados como prática por feiticeiros e sacerdotes. Eles podem ser um aliado poderoso em grande número, mas leva tempo para dominar essa habilidade, como tudo no campo da feitiçaria, e sem prática e disciplina constantes, não se chega a lugar algum.

Os espíritos kabis são permanentemente fiéis ao feiticeiro. Quando o feiticeiro morre, os kabis o acompanham em sua jornada entre os mundos, pois se vincularam à energia espiritual do feiticeiro, e não à sua presença física.

É comum ouvirmos "Os kabis cuidam de você" quando uma pessoa sobrevive a um acidente ou quando ocorre alguma situação misteriosa. Supõe-se que esses espíritos estejam cuidando do feiticeiro.

Espíritos Guardiões dos Sonhos: Laaki e Lunera

Luna bonita, lunita, lunerá, custodia mis sueños y guarda mis noches, cuentame cuentos con regocijo y derroche. (Lua bonita, luazinha, luar, vela minhas noites e venha meus sonhos guardar, conta-me histórias com alegrias e maravilhas.)

Assim diz uma tradicional canção de ninar venezuelana, tradução de uma cantiga que foi originalmente cantada pelos Lokonos[24] em Maipure[25], o idioma Arawak, e esse é o único fragmento dessa canção preservado até hoje. A canção de ninar funcionava mais como uma oração à Lua nas três formas que assumia para os nativos: Atabey, a Lua como uma divindade; Karaya, a Lua como um elemento físico; e Akti, o luar que representa seu espírito.

Hoje em dia, essa canção de ninar é cantada bem baixinho enquanto se usa uma mão para cobrir os olhos da criança e a outra para descobrir uma pequena estatueta de madeira entalhada, chamada *Laaki*, com três olhos pintados a óleo. Essa estatueta é um totem que atua como guardião para impedir que espíritos malignos e pesadelos entrem nos sonhos da criança enquanto ela dorme.

Laaki é o que conhecemos no espiritualismo tradicional como "âncora". Nós o usamos para conectar os sonhos do bebê com o guardião e também para aproveitar o poder dos sonhos.

Se a criança tiver um pesadelo ou uma visão assustadora, ou se ocorrer alguma aparição no quarto, o Laaki é coberto com um pedaço de pano escuro para cegá-la. Acredita-se que o espírito ansioso enlouquecerá e fará maldades violentas para dissipar qualquer entidade negativa nas proximidades.

Um método mais moderno, no qual o Laaki ou espírito é tratado com mais respeito, é servir-lhe uma xícara de café doce e acender uma vela em sua homenagem para acordá-lo e convidá-lo a guardar o quarto.

O Laaki não é um espírito isolado; ele é um guardião dos bairros e das encruzilhadas que atua como protetor da criança. Em troca, a criança, à medida que cresce, poderá atuar como âncora para prender o espírito no mundo dos vivos, permitindo que o espírito fique entre nós por mais tempo.

---

24. Lokono significa "povo" na língua aruaque.
25. O maipure, como idioma, está mais próximo do aruaque ocidental falado na Venezuela, Guiana e Suriname do que do aruaque oriental falado na Guiana Francesa.

As medidas para criar o tótem de Laaki não são específicas. Embora a maioria dessas estatuetas seja tradicionalmente feita com praticamente qualquer tipo de madeira, alguns feiticeiros mais tradicionais acreditam que a figura deve ser esculpida a partir de um pedaço da raiz da árvore ou da floresta de onde foi extraída a madeira utilizada para construir a cabana ou o abrigo da criança. Outros seguidores menos tradicionais do folclore simplesmente compram essas estatuetas no mercado *guajiro* (um tipo de mercado de artesanato tradicional e indígena bastante comum em países como Venezuela, Colômbia e Argentina).

A *Lunera* representa um poderoso talismã aliado que pode ser usado na bruxaria como uma forma de as bruxas aproveitarem o poder de seus próprios sonhos à noite. De acordo com a tradição oral, esse espírito devora pesadelos e se engasga com as maldições que encontra nos arredores. O espírito cresce até ficar do tamanho de árvores compridas e adquire uma aparência tão imponente que outros espíritos menores se sentem intimidados.

EXERCÍCIO
Conjurando os Kabis

Este é um exercício para conjurar os kabis, conforme é realizado na Amazônia. Existem duas variações do mesmo ritual: uma delas é uma prática fechada e completamente hermética, reservada apenas àqueles que nasceram ou vivem na região; a outra é a versão que ensino aqui. Esta segunda forma costuma ser aplicada ocasionalmente com alguns turistas. O ritual exige prática constante, pois nas primeiras vezes em que é realizado, os efeitos costumam ser bastante breves.

Os kabis se comunicam por meio de uma linguagem que se baseia mais em emoções compartilhadas por meio do som do que em palavras e seu significado literal. É por isso que, mesmo que algumas dessas palavras sejam pronunciadas incorretamente, eles entenderão a intenção por trás delas; as palavras são simplesmente um veículo para transmitir a intenção.

Isso me faz lembrar de um dos meus muitos mestres do passado (RIP), Javier Alexander Cabas, um feiticeiro e sacerdote nativo do Amazonas, que disse: "Os espíritos falam muitas línguas, línguas que ainda não conhecemos na Terra, línguas que não é prioridade deles nos ensinar, portanto, o simbolismo e os sons devem representar nossas intenções".

Depois de serem invocados, os kabis estão presentes no local e esse tempo de interação silenciosa permite que eles reconheçam a autoridade do feiticeiro que os invocou. Embora isso seja totalmente diferente da versão mais comercial da feitiçaria, em que o conjurador convoca um espírito desconhecido e imediatamente lhe dá ordens, essa é a maneira como trabalhamos nas terras amazônicas. O relacionamento com os espíritos é baseado no respeito e no trabalho em conjunto, por isso passamos mais tempo invocando vários espíritos para formar alianças, em vez de simplesmente dar ordens e cobrar favores deles.

Você vai precisar de:

- Banquinho pequeno (opcional)
- Folhas e flores tocadas pelos primeiros raios de sol da manhã
- Pedras pequenas

Para começar, colete folhas e flores do solo que tenham sido tocadas pelos primeiros raios de sol da manhã – aquelas que não ficam na sombra ao amanhecer, mas que recebem diretamente a luz. Faça um pequeno círculo com as pedras (não precisa ser maior do que um prato de jantar) e coloque as flores dentro dele.

Uma vez que o círculo esteja montado, sente-se à sua frente – seja no chão ou em um pequeno banquinho. Relaxe, respire profundamente algumas vezes, feche os olhos e entoe o canto seis vezes:

OHH AHMM UHMA, UHMA AHMM OHH.

Abra as mãos com as palmas voltadas para o círculo e levante os braços até a altura dos ombros, mantendo as mãos abertas para o círculo de pedras cheias de folhas e flores.

Com os olhos fechados, repita o encantamento mais seis vezes. Respire profunda e lentamente e recite-o mais seis vezes; o encantamento terá sido realizado dezoito vezes no total até agora.

Em seguida, abra os olhos e coloque as palmas das mãos no chão para obter controle. Dessa forma, acreditamos que a energia do feiticeiro nutrirá a terra da qual esses espíritos estão se manifestando ao ouvir que são chamados em seu próprio idioma.

Continue a observar o espaço aparentemente vazio entre você e o pequeno altar de pedras e flores. Mantenha os olhos nesse espaço por cerca de cinco minutos, em completo silêncio, procurando notar ou perceber qualquer mudança no ar ou na brisa, qualquer leve lampejo de luz sem origem aparente ou qualquer som que pareça ser de origem animal, mesmo que saiba que não há animais por perto.

Quando esses espíritos são invocados em grande escala, podem ser ouvidos sons semelhantes ao miado de um gato. Também pode haver um som semelhante ao ruído feito por cães quando bebem água. Esses sons são bastante peculiares, mas são os mais próximos do som que provavelmente ouvirá. Ouça.

Passados os cinco minutos, pronuncie a seguinte frase seis vezes (você pode manter este livro por perto como guia ou anotar em um papel):

UUULAUH URAI ANNNUURIIIA.

A tradução moderna mais próxima dessa expressão na língua nativa seria algo como: "Reconheço tua presença, obrigado(a)" ou "Obrigado(a) por se fazer presente." Passados os cinco minutos, levante-se e recite novamente a primeira invocação:

OHH AHMM UHMA, UHMA AHMM OHH.

Em seguida, abra o círculo de pedras e liberte os espíritos que estiveram presentes. A essência das flores e folhas que utilizou para ajudar na manifestação no plano físico o acompanhará pelos próximos dias e noites. Os kabis seguirão essa essência, buscando interagir com ela e impregná-la com sua presença.

EXERCÍCIO
Método Avançado de Conjuração

Esta é uma versão um pouco mais elaborada do ritual anterior. Use os dedos para desenhar a forma de um círculo na poeira do chão. Em seguida, desenhe um diamante (a figura tradicional do diamante de quatro pontas nas cartas) com suas pontas saindo do círculo e uma figura curva semelhante a uma cobra dentro do diamante, como pode ver na imagem aqui:

Coloque as folhas e algumas das flores dentro do desenho e, em seguida, faça um segundo círculo com as flores restantes ao redor da figura desenhada. A sequência do procedimento ocorre exatamente da mesma forma que no ritual anterior.

Este ritual é realizado para trazer de volta todos os kabis que foram conjurados no passado. O símbolo representa os rastros dos deuses nativos. Todos os espíritos kabis que foram invocados antes e ao longo dos anos, que nos abandonaram por algum motivo e não sentimos mais sua presença ou que foram negligenciados e acreditamos que foram embora, atenderão a esse chamado.

Outros Exercícios e Experimentos

1. Depois de realizar qualquer um desses rituais pelo menos cinco vezes em dias diferentes (de preferência em lugares diferentes), substitua as flores e folhas por uma pena de algum pássaro que esteja com você. Isso manifestará os kabis usando a energia do pássaro em questão.
2. Realize o ritual novamente com um vaso de flores que tiver em casa. Observe como as flores começam a crescer e/ou a se deteriorar nos dias seguintes.
3. Realize o ritual em diferentes locais abertos, como em parques ou em um campo próximo.
4. Realize o ritual à noite, algumas horas antes de dormir. Preste atenção em como seus ciclos de sono se comportam nas noites seguintes.

Feitiços de Sonho Simples para Aliança Espiritual

Aqui está uma lista de feitiços fáceis e simples do folclore mágico venezuelano para seu uso pessoal. Essas receitas simples foram transmitidas oralmente em minha cidade natal por gerações e fazem parte de nossas tradições mágicas.

1. Uma xícara de café ao lado da porta pela manhã sinaliza aos espíritos e fantasmas que eles são bem-vindos na casa.
2. Uma bola de cristal ao lado de um copo de água ao lado da cama ajuda a revelar os rostos de nossos espíritos aliados e fantasmas familiares.
3. Um colar feito de barbante vermelho e grãos de café abençoados em uma lua cheia mantém os fantasmas familiares por perto.
4. Uma infusão de jasmim e centáurea deve ser bebida nove noites seguidas para abrir os olhos espirituais e o Terceiro Olho. Essa bebida é eficaz para quem pratica projeção astral ou se move entre o mundo dos sonhos e os outros mundos.

5. As flores secas de jasmim e centáurea podem ser misturadas com flores de crisântemo e queimadas como incenso votivo para ganhar o favor dos espíritos e fantasmas ao nosso redor.
6. Acenda algumas velas em nome de São Cipriano, o famoso e muito sábio bruxo/feiticeiro, e peça a ele clareza e clarividência todas as noites por onze noites seguidas.

Magia dos Sonhos

SAQUINHO DE FEITIÇO PARA CONHECER SEU FAMILIAR EM SEUS SONHOS

de ARIANA CARRASCA

Os saquinhos de feitiço são uma das formas mais subestimadas de feitiçaria e, por sua vez, estão entre as mais populares. De acordo com seu nível de experiência, você poderá criar esses amuletos e torná-los tão poderosos quanto possível.

Você vai precisar de:

- Um punhado de artemísia (como um espírito de sonho e adivinhação)
- Saquinho azul ou um pano azul amarrado com um cordão ou barbante (para representar a comunicação).
- Objeto amarrado ao sigilo de seu familiar ou espírito (para atuar como um *taglock* [vínculo] ou representação do espírito)

Faça três respirações profundas, inspirando e expirando três vezes. Isso alinha e acalma seu espírito interior para que você esteja preparado e no espaço mental certo para realizar o feitiço.

Pegue um punhado de artemísia e segure-o em suas mãos. Reserve um momento para inalar o aroma da erva e sentir sua energia. Como animista, costumo sussurrar suavemente para a artemísia, repetindo três vezes o seguinte:

Espírito da artemísia, trabalhe comigo nesta magia.
Conecte-me ao meu familiar, que (nome) (ou ele/ela)
apareça para mim em meus sonhos.
Permita que meu familiar encontre o caminho neste espaço liminar,
e que em meu sonho ele venha me encontrar.

Coloque a artemísia dentro do saquinho ou tecido azul. Em seguida, pegue o objeto que está vinculado ao seu familiar, visualize claramente o espírito dele em sua mente (se possível) e chame por ele, ela ou eles. Peça pela presença do espírito e aponte para o objeto como um símbolo dele.

Coloque o objeto dentro do saquinho azul ou do tecido e feche-o. Em seguida, apoie-o sobre a mesa e esfregue as mãos. Enquanto faz isso, reconheça a energia que está se acumulando e concentre-se em seu objetivo de encontrar seu familiar em seus sonhos. Pode entoar essa intenção repetidamente, murmurá-la ou dizê-la com firmeza em sua mente. Quando estiver pronto, empurre a energia para dentro do saquinho de feitiço e segure-o em suas mãos. Sele o feitiço beijando o saquinho três vezes.

Antes de dormir, tente evitar consumir qualquer tipo de mídia imersiva, como TV, ou navegar pelas mídias sociais. Isso permite que a mente fique vazia, por assim dizer, e garante que seus sonhos não sejam influenciados pelas informações absorvidas recentemente. Se costuma ter dificuldade para se lembrar de seus sonhos, dedique algum tempo para praticar técnicas que ajudem nisso antes de lançar o feitiço. Manter um ciclo de sono regular pode ajudar, assim como manter um diário dos sonhos para anotar os fragmentos de que conseguir se lembrar; com o tempo, perceberá que consegue recordar melhor o que sonhou.

Para finalizar o feitiço, coloque o saquinho debaixo do travesseiro ou da cama. Antes de dormir, repita o seguinte:

Espírito que é meu familiar,
venha aos meus sonhos me visitar.

Lembre-se de anotar o que sonhou e prepare-se, porque isso leva tempo; pode não acontecer na primeira tentativa. Fora do feitiço, não deixe de fazer oferendas regulares ao seu familiar para fortalecer o vínculo, pois isso incentivará a presença e a comunicação dele.

Bons sonhos!

CONTOS TRIBAIS
Povo Pacahuara

Os Pacahuaras são um dos grupos étnicos mais difíceis de se encontrar na Bolívia, sendo considerados parte da lista de povos isolados da Amazônia. Embora durante muitos anos se acreditasse que apenas quatro pessoas eram os remanescentes dessa tribo, hoje sabemos que outros cinquenta membros vivem nas fronteiras do Brasil, especificamente ao redor do Rio Negro.

Apesar de sua língua não ter forma escrita, ela é semelhante às línguas atuais derivadas do Arawak, assim como se assemelha aos idiomas falados pelos Wayúu. Pouco se sabe sobre sua cultura e tradições, porque eles preferem manter distância. No entanto, sabemos que praticam uma religião tribal tradicional e veneram o rio e os céus como divindades, cujos nomes não devem ser escritos, muito menos pronunciados fora da tribo, e acreditam que os animais foram criados por uma divindade de caráter feminino, enquanto as plantas e árvores foram um presente dos rios.

Em sua religião tradicional, os *inauibo*, ou "sonhos" (ao menos é assim que suponho que se escreva, pois só os ouvi ser mencionados oralmente), consistem em longas conversas que temos com os deuses enquanto dormimos. De acordo com essa visão, os sonhos ocorrem em uma linguagem divina que não podemos pronunciar com nossas línguas, e é por isso que são cheios de segredos e mistérios. A menos que um evento importante (nascimento, morte, terremoto) ocorra no sonho, as visões não devem ser compartilhadas com mais ninguém além dos pais e chefes da tribo, que são os únicos com o direito divino de conhecê-las e interpretá-las.

CAPÍTULO 5

SONHOS LÚCIDOS E CAMINHADA ONÍRICA

Seus sonhos estão conectados com cada um de seus propósitos de encarnação, com cada uma de suas vidas passadas e com cada caminho e decisão de suas vidas futuras. Os sonhos são perfeitamente projetados por seu subconsciente (e por seu inconsciente em cada uma de suas diferentes vidas) para serem guias e caminhos repletos de sinais. Esses sinais são descobertos passo a passo para ajudá-lo a alcançar o alinhamento que busca dentro de si, com seu propósito pessoal, com suas metas de evolução e crescimento e com tudo o que deseja.

Os sonhos lúcidos são mais comuns do que pensamos. Eles são aquelas visões que ocorrem enquanto dormimos, nas quais sentimos ou percebemos de alguma forma que temos controle sobre o sonho – sobre nossa presença nele ou sobre os elementos que o compõem.

Enquanto os sonhos ocorrem de forma praticamente instantânea e se apresentam como visões nas quais nos limitamos a seguir um papel (como assistentes da cena ou como um dos atores nela), nos sonhos lúcidos sentimos e percebemos que estamos conscientes de nossos pensamentos e ações. Temos plena consciência das intenções por trás deles e, além disso, somos capazes de conduzir o sonho na direção desejada, como recapitular uma memória passada ou avançar muito no futuro. Em um sonho lúcido, conseguimos romper as regras que nos limitam a sermos apenas visitantes passageiros durante o descanso, podendo entrar em contato consciente com nossos ancestrais e outros entes queridos que partiram.

Induzindo um Sonho Lúcido

Como mencionado no capítulo 1, o sonho lúcido é uma forma de sonho ativo. Isso não significa que estejamos realmente ativos durante esse período de sono, já que, ao acordarmos, provavelmente só conseguimos perceber a lembrança do que aconteceu como mais um sonho – ou talvez até nos convencermos de que nada do que ocorreu foi orquestrado por nós, mas sim pelo nosso subconsciente, que assumiu o controle de toda a visão.

Ter um sonho ativo implica que estamos conscientes durante o processo. Somos capazes de realizar certos exercícios conscientemente para diferenciar o sonho da realidade, e isso não nos afeta fisicamente. Por outro lado, um sonho lúcido nos leva a assumir o controle total da experiência onírica, deixando como consequência física uma sensação semelhante à insônia durante o dia. Isso ocorre porque, embora o corpo tenha descansado completamente, a mente continuou trabalhando de forma consciente por horas e horas. O cérebro passa a perceber o dobro, o que leva a uma sensação de cansaço físico e mental, além de irritabilidade.

Magistas já escreveram dezenas, talvez até centenas de rituais para serem realizados durante a jornada onírica, desde ritos de magia extática até rituais que se desenrolam em diferentes lugares enquanto o corpo físico permanece em repouso. A maneira de realizar esses rituais depende inteiramente do domínio ou do controle total da capacidade de ter um sonho lúcido, o que exige muita meditação e, frequentemente, anos de prática e disciplina para alcançar os efeitos desejados.

O obstáculo para essa realização mágica reside principalmente no fato de que, embora estejamos dormindo, nosso cérebro precisa continuar funcionando. Isso nos leva a assumir um estado em que, apesar de permanecermos adormecidos, uma parte do cérebro continua arquivando e compilando informações do dia recente, o que nos obriga a trabalhar em dobro para dominar os sonhos lúcidos com certeza e clareza.

EXERCÍCIO
Mapa dos Sonhos

Sonhos lúcidos ocorrem, em sua maioria, de forma espontânea, embora também possam ser induzidos por meio de exercícios, rituais e diversos métodos mágicos. Uma das formas mais comuns é criar um mapa de sonhos antes de dormir. Trata-se de uma folha de papel na qual se escreve em detalhes o que, onde e com quem deseja sonhar. Escreva esta lista várias vezes, com os mesmos detalhes. Em seguida, vá para a cama e certamente você sonhará com o que escreveu.

Experimente este exercício a qualquer momento. É fácil de fazer. Mas é provável que, na primeira vez, perceba apenas um leve indício de seus efeitos. Com disciplina regular, alcançará os resultados esperados.

Você vai precisar de:

- Caneta ou lápis
- Copo de água
- Folha de papel
- Símbolo do que deseja sonhar (opcional)

Pouco antes de ir para a cama, escreva em uma folha de papel aquilo com que deseja sonhar. Pode ser algo simples, como: "Estou me lembrando da minha viagem mais recente a Madri, e me recordo com toda certeza, clareza e detalhe; nada atrapalha meu sonho." Ou pode ser uma lista mais complexa, como: "Esta noite, ao fechar os olhos, sentirei em minhas mãos o metal frio dos corrimãos da escadaria da Torre Eiffel. Subirei os degraus um a um e sentirei a brisa em meu rosto. Sinto o aroma de café vindo dos turistas ao meu redor, e até mesmo o barulho das pessoas e a música em seus celulares não perturba meu sono."

Escreva essas mesmas linhas várias vezes e na mesma ordem. Pode ser três vezes, pode ser seis vezes, pode ser doze vezes – como quiser. Em seguida, leia as palavras em uma voz firme, decretando-as como uma ordem. Beba o copo d'água e continue a descansar.

Se desejar, pode colocar a folha de papel na mesa de cabeceira ao lado de algo que simbolize o que deseja sonhar, como um chaveiro com o símbolo da Torre Eiffel, algumas conchas ou uma fotografia de suas férias mais recentes. Mantenha o símbolo sobre a mesa por várias semanas ou meses, como preferir, e repita esse exercício de duas a três vezes por mês.

Outros Feitiços de Sonhos Lúcidos

Aqui estão alguns outros rituais bastante eficazes e trabalhos fáceis de fazer do meu gabinete pessoal para ajudá-lo a ter um sonho lúcido.

★★★★★

RECEITA
Chá de Ervas para Sonhos Lúcidos

Este feitiço promove um sono reparador e uma profunda atmosfera de sonho lúcido. Misture uma colher de sopa de tulsi, também chamado de manjericão sagrado, e escutelária em duas xícaras de água fervente. Deixe as ervas em infusão por dez a quinze minutos. Os melhores resultados ocorrem se o chá for ingerido antes de dormir, com o estômago vazio.

★★★★★

RECEITA
Saquinho de Feitiço ou Incenso para Promover Sonhos Lúcidos

Misture as folhas secas de ashwagandha (ginseng indiano), tulsi e escutelária com pétalas de rosa em partes iguais em uma noite de lua nova. Queime o incenso antes de meditar ou dormir, ou guarde a mistura em um saquinho azul ou índigo e mantenha-o na cama ou perto da cama duas ou três noites por semana.

★★★★★

RECEITA
Infusão Banho de Ervas para Dormir Bem e Profundamente

Faça uma mistura com seis colheres de cada uma destas ervas secas: catnip, valeriana, kava-kava, passiflora, lavanda e flor de camomila. Mantenha a mistura em um frasco de cristal ou em uma caixa de madeira para mantê-la fresca e limpa. Essa combinação proporciona um efeito suave e calmante que ajuda a adormecer mais rapidamente e a maximizar o ciclo de sono profundo e restaurador. Também é uma excelente mistura para adicionar ao banho e se deixar imergir, especialmente se estiver treinando para ter sonhos lúcidos sem despertar repentinamente durante a noite.

★★★★★

RECEITA
Tônico para Sonhos Lúcidos

Este tônico noturno calmante foi desenvolvido para aprimorar o sonho profundo, ajudar a acalmar o sistema nervoso e apoiar o sono reparador.

Você vai precisar de:

- Uma colher de chá de ashwagandha (ginseng indiano)
- Uma colher de chá de casca de canela
- Uma colher de chá de escutelária
- Uma colher de chá de gengibre
- Uma colher de chá de kava-kava
- Uma colher de chá de passiflora
- Dois copos de água
- Caldeirão ou tigela pequena
- Coador
- Colher de mistura
- Pote pequeno

Pode adicionar também (em doses futuras):

- Uma colher de chá de estévia (apenas para dar sabor)
- Uma colher de chá de gerânio rosa
- Uma colher de chá de pétalas de rosa

Na panela pequena, ferva todos os ingredientes com a água de um dos copos. Mexa a infusão continuamente e, quando estiver pronta (deve ter uma cor e aparência uniformes), coe a mistura e despeje-a no caldeirão ou tigela pequena e fria. Deixe a mistura descansar por quinze minutos. Em seguida, adicione o segundo copo de água fria.

Beba uma colher de sopa dessa infusão apenas uma hora antes de dormir. Mantenha o restante da mistura em um recipiente de vidro fechado e beba uma colher de sopa a cada duas noites.

★★★★★

RECEITA
Chá de Flores para Intuição

As flores de lótus azul e artemísia são flores de chá conhecidas por provocar meditação profunda e motivar o sonho lúcido. Os efeitos dessas plantas são eufóricos e, ao mesmo tempo, ajudam a resfriar o sistema nervoso e promovem uma sensação de relaxamento em todo o corpo. Para fazer o chá, misture as flores secas e use cerca de uma a duas colheres de chá da mistura por xícara de água. Deixe a mistura em infusão em água quase fervente por cerca de dez minutos.

★★★★★

RECEITA
Poção para a Intuição

As flores de lótus azuis induzem a sonhos profundos e aprimoram nossa visão psíquica neles. Ferva duas xícaras de água ou leite e adicione os seguintes ingredientes, um de cada vez, fazendo uma pausa de cinco minutos entre cada um deles enquanto mistura. Sirva em uma xícara e deixe esfriar por cinco minutos. Beba essa mistura com calma. Pode acompanhá-la com uma breve meditação ou música suave de fundo.

Você vai precisar de:

- Uma colher de chá de artemísia
- Uma colher de chá de flores de camomila
- Uma colher de chá de pétalas de rosa
- Uma colher de mel (opcional)
- Três colheres de chá de flores de lótus azuis

Caminhada Onírica

A caminhada onírica é uma habilidade extraordinária e incomum, manifestação de um talento psíquico individual. É considerada uma das formas de magia experimental no campo da magia dos sonhos. Os viajantes, ou caminhantes oníricos, também conhecidos como *caminantes* na América Latina, e *oneironautas*, segundo os estudiosos mais modernos, são aqueles indivíduos (humanos e animais) que manifestam a capacidade de se mover fora da rotina onírica habitual. Assim, são capazes de se mover entre mundos

– seja no mundo dos sonhos ou em mundos e universos com uma vibração energética diferente, como o mundo dos espíritos ou aqueles mundos que, segundo diferentes mitos, podem ser habitados por demônios, espíritos malignos e outras entidades de vibração energética baixa.

Enquanto o sonhador lúcido presencia os acontecimentos dos sonhos estando também consciente, *caminhante onírico* é o termo usado para designar indivíduos que, por ação voluntária ou involuntária, conseguem ir além do sonho criado. Imagine que há uma cortina que nos separa das demais realidades. O caminhante onírico atravessa essa cortina para outros planos e, uma vez neles, é capaz de vagar entre outras mentes, outros sonhos e outros mundos.

A maioria dos caminhantes oníricos reconhece que esses episódios ocorrem, em grande parte, de forma involuntária, e que a maior parte dos casos é esporádica, com intervalos de vários meses ou até mesmo anos entre um e outro. No entanto, quando os episódios psíquicos acontecem, costumam se repetir por várias noites seguidas, sendo a habilidade frequentemente desencadeada por eventos cósmicos ou situações de estresse.

Momento

Caminhantes oníricos geralmente descobrem essa habilidade no início da adolescência, embora não seja incomum que um adulto comece a vivenciar esse tipo de situação.

Assim como ocorre com os sonhos comuns, as experiências associadas aos sonhos lúcidos e à caminhada onírica são facilmente esquecidas ao despertar. Em certos casos, algumas dessas experiências podem ser tão traumáticas que o indivíduo as apaga inconscientemente da mente ou bloqueia completamente a lembrança delas.

Podemos presumir que todos nós, em algum momento, já experimentamos aquela estranha sensação de estar caindo de um prédio alto ao adormecer. Certamente existem uma dúzia de explicações científicas diferentes para isso, embora, convenientemente, a maioria delas não atribua o fenômeno às visões noturnas que ocorrem antes da experiência. Alguns exemplos incluem sonhar que está caminhando entre prédios, sobre nuvens ou até mesmo sobre a superfície da água, e então cair.

Quando essa experiência ocorre com crianças, e isso é algo com que tenho mais experiência do que gostaria por causa dos meus vários sobrinhos, as crianças sempre parecem se lembrar de todos os tipos de fenômenos monstruosos.

Ao contrário dos adultos, que lembram de quedas, as crianças lembram de criaturas estranhas com centenas de olhos e chifres, bestas aladas ou monstros com bocas grandes e muitos dentes – sempre em lugares bem escuros.

Isso parece ser uma experiência de caminhada onírica em que o viajante (no caso, a criança) cai ou desce para planos inferiores, onde vivem essas criaturas de baixa energia, despertando imediatamente. Embora muitas vezes nos limitemos a pensar que se tratou apenas de um pesadelo, devido à mente impressionável da criança, podemos estar ignorando um problema maior – possivelmente a lembrança de uma experiência traumática e desencadeadora. Após repetir a experiência algumas vezes, a criança passa a bloquear conscientemente esses sonhos problemáticos, de modo que parece não se lembrar mais deles. Nesse processo, bloqueia inconscientemente essas habilidades ou manifestações psíquicas, que podem ou não voltar a se manifestar na vida adulta.

A caminhada onírica é frequentemente considerada um talento herdado. No Caribe, a arte de caminhar entre sonhos e pesadelos é vista como um dom concedido por uma divindade ou alguma entidade superior, transmitido de geração em geração. Ainda assim, existem diversos rituais comuns no folclore e nas tradições orais da América Latina sobre como despertar essa habilidade e fazer uso dela.

Feitiços para o Caminhante Onírico

Aqui está uma coletânea de feitiços tradicionais fáceis da minha terra, levemente modificados e devidamente traduzidos para seu uso. Não incluí esta lista para que tente colocar todos em prática, mas para que escolha aqueles que considerar mais adequados à sua prática e ao seu alcance financeiro.

EXERCÍCIO
Saquinho de Feitiço Perfeito para um Caminhante Onírico

Prepare um saquinho de tecido azul ou roxo, menor que o punho da sua mão. Preencha-a com um pedaço de lápis-lazúli e partes iguais de artemísia e erva-de-são-joão. Sele o saquinho com linha dourada ou fita de tecido azul ou roxa e consagre-a dentro de um círculo de sal. Mantenha esse talismã com você – debaixo do travesseiro ou em um pires ao lado da cama – para clarear sua visão espiritual e oferecer proteção ao realizar esse tipo de trabalho mágico entre mundos.

EXERCÍCIO
Incenso Engarrafado para o Altar dos Caminhantes Oníricos

Se já tiver um altar e for um praticante regular de magia que busca aprofundar seu poder relacionado ao mundo dos sonhos, este exercício será de grande ajuda.

Para fazer o incenso:

- Uma parte de anis-estrelado
- Uma parte de artemísia
- Uma parte de copal
- Uma parte de flores de lavanda
- Uma parte de folhas de acácia
- Uma parte de folhas de louro
- Uma parte de lascas de cedro
- Uma parte de mirra
- Uma parte de pétalas de rosas vermelhas
- Almofariz e pilão

Misture as ervas secas no almofariz com o pilão. Feche a mistura em um frasco de vidro alto e mantenha-o em um local fresco com iluminação regular. Extraia duas colheres de sopa da mistura a cada uma ou duas semanas para queimar em carvão em um incensário.

Este incenso potencializado possui propriedades que protegem sua mente e suas emoções durante viagens astrais ou enquanto vivencia um sonho lúcido. Também relaxa e suaviza sua energia, permitindo que se mova com mais facilidade ou com ações mais conscientes entre os sonhos.

EXERCÍCIO
Feitiço de Vidência com Fogo e Água (para realizar após a Caminhada Onírica)

Se você despertou recentemente de uma experiência ligada à caminhada onírica – tão recentemente que ainda carrega algumas imagens e sensações na mente e no corpo –, recomendo que realize este feitiço nas horas seguintes. Isso porque as imagens e memórias do sonho que permanecem na consciência podem ser facilmente esquecidas ou alteradas ao longo do dia.

Você vai precisar de:

- Um punhado de alecrim
- Um punhado de erva-santa (*yerba santa / tarweed*)
- Copo com água
- Fita de tecido ou barbante grosso
- Isqueiro ou fósforos
- Recipiente ou prato à prova de calor
- Tigela escura, de preferência de madeira ou algum tipo de mineral
- Vela branca em um castiçal

Em um espaço confortável e livre de distrações, de preferência ao ar livre, onde possa se sentar sob a luz do dia, coloque todos os seus materiais à sua frente. Acenda a vela e use a fita ou o fio para amarrar as plantas, formando um pequeno buquê de ervas. Despeje lentamente a água na tigela e, enquanto observa a água preenchê-la, diga em voz alta:

Com meus guias, volto à noite a caminhar.
Na mais doce sombra, vou me aprofundar.
Deixo que os espíritos me mostrem o que é certo,
guiem-me além do que está encoberto.
Com os olhos da alma, volto a olhar
as profundezas mais escuras que vi com a noite chegar,
para que a verdade venha se revelar.

Depois de encher a tigela até um pouco mais da metade, segure o punhado de ervas com uma das mãos e acenda uma das extremidades com a chama da vela. Mova as ervas ao redor da tigela, criando uma fina cortina de fumaça, enquanto recita o encantamento mais duas vezes.

Coloque as ervas de lado sobre o recipiente resistente ao calor e concentre-se em observar a superfície da água na tigela. Observe as formas que a fumaça desenha sobre a superfície.

Ao final, quando a fumaça se dissipar, descarte a água do lado de fora e apague a vela. Deixe as ervas queimarem completamente, usando a fumaça como incenso natural para purificar o ar após o ritual.

Magia dos Sonhos

PARA AJUDAR A CONCILIAR O SONO (FEITIÇO DO DESCANSO E DO SONHAR)

de MARIA ELENA U.

Estas receitas mágicas do folclore venezuelano permaneceram nos diários e livros de receitas de minha família por pelo menos quatro gerações. Essas receitas são executadas para evitar que as visões noturnas se transformem em pesadelos e façam com que acorde, permitindo que aprofunde a experiência do sonho e permaneça dormindo um pouco mais.

★★★★★

RECEITA I

Você vai precisar de:

- Dois pedaços de algodão
- Cinco folhas de prodigiosa (*Brickellia cavanillesii*)
- Cinco folhas de pronto-alívio (*Lippia alba*)
- Cascarilla em pó
- Cordão branco
- Pequeno ramo de alecrim (opcional)

Após uma ducha fria e refrescante, coloque as folhas de ambas as plantas e o pó em um dos pedaços de algodão e, se desejar, adicione o pequeno ramo de alecrim. Cubra com um segundo pedaço de algodão e amarre com o cordão branco. Coloque esse amuleto de ervas dentro do travesseiro para melhorar o sono e o descanso profundo.

★★★★★

RECEITA II

Você vai precisar de:

- Um copo com água e um pouco de sal
- Quatro comprimentos de linha amarela ou branca
- Oito ramos de arruda fresca

Usando um pedaço de linha, amarre dois ramos juntos em seus centros, formando uma pequena cruz. Repita esta etapa com os outros ramos.

Coloque uma cruz de arruda embaixo do travesseiro, outras duas sob o lençol, nas alturas da cintura e dos pés, e a quarta debaixo da cama, sobre o copo com água e sal. Mantenha as cruzes ali por quatro noites seguidas, depois, descarte-as no lixo.

CONTOS TRIBAIS
Povo Ona/Onawo ou Selk'nam/os Xamãs

Os Selk'nam, ou Ona, eram um povo ameríndio que viveu até o início do século 20 no Norte e no centro da Ilha Grande da Terra do Fogo (Kárwkènká no idioma Selk'nam), no extremo Sul do continente sul-americano, na Argentina e no Chile. Originalmente, esses povos eram nômades terrestres, caçadores e coletores. Após um genocídio no início do século 20 e um processo de transculturação que durou mais de um século, os Selk'nam foram espalhados por todo o continente e algumas crianças foram vendidas em portos continentais. O idioma foi extinto há décadas. No entanto, atualmente, os descendentes de Selk'nam estão se esforçando para recuperar a cultura e revitalizar o idioma.

Durante os ritos de iniciação masculina dos Selk'nam, os anciãos revelavam segredos tribais aos jovens, ou *klóketen*. Esses ritos de iniciação, chamados *H'ain*, eram realizados por volta dos dezoito anos de idade e conferiam aos jovens a categoria de adultos. Os ritos eram baseados em um mito que narrava como, em uma época mítica, as mulheres mantinham os homens dominados ao se disfarçarem de espíritos. No mito, um homem chamado Sol descobriu a farsa e todas as mulheres, exceto sua esposa, Luna, foram assassinadas. Desde então, os homens se apropriaram da mentira e continuaram a representá-la para, por sua vez, dominar as mulheres. As mulheres nunca souberam que os homens mascarados não eram verdadeiramente espíritos.

Temáukel era a denominação de uma grande entidade sobrenatural que, segundo eles, mantinha o mundo em ordem. A divindade criadora do mundo era chamada de *Kénos*, ou *Quénos*. O Sol e a Lua, que eles chamavam de *Krenn* e *Kreen*, tinham grande importância para eles. O Sol era o marido da Lua, e ele corria atrás dela para castigá-la sem nunca a alcançar.

Os xamãs, chamados *xo'on*, ajudavam os caçadores e curavam doenças. Eles recebiam seu poder dos espíritos dos xamãs mortos, que apareciam para eles apenas em sonhos. Esses sonhos nunca deveriam ser interrompidos, e é por isso que o resto do *xo'on* era tão valioso e importante. Ele era protegido a ponto de preparar várias infusões de ervas e flores silvestres para apaziguar o médium e permitir mais horas de sono a ele.

As visões e os sonhos do *xo'on* eram de considerável importância para sua religião e cultura. Os sonhos eram narrados em público e interpretados repetidas vezes até se misturarem ao folclore oral. Os *xo'on* eram considerados tão respeitáveis quanto perigosos, pois possuíam os segredos dos sonhos e podiam causar a morte do inimigo a partir de seu interior.

Os sonhos eram considerados seu meio sagrado de comunicação não apenas com a vida após a morte (composta pelas almas de parentes falecidos), mas também com outros xamãs do passado, com espíritos divinos e protetores e com outras entidades superiores. Por meio dos sonhos, eles podiam invocar os espíritos animais que os protegiam dos guerreiros, bem como possuir a consciência e a vontade dos animais selvagens e usá-los como seu veículo noturno, uma crença esotérica que compartilhavam com muitas outras tribos sul-americanas.

A Hierarquia Espírita

De acordo com os antropólogos e etnólogos Anne Chapman e Martín Gusinde, os sacerdotes e feiticeiros do povo Ona eram formados por uma hierarquia espírita com três categorias: *xo'on, lailuka* e *cha-ain.*[26]

Xo'on (xamãs)

Os *xo'on* eram os sacerdotes que gozavam de grande prestígio. Eles se dedicavam a resolver todos os tipos de assuntos mundanos por meio da feitiçaria e de meios considerados sobrenaturais. Cada xamã tinha um aprendiz que atuava como novato e assistente por muitos anos. Eles eram elevados ao posto de *xo'on* quando o xamã mestre morria e visitava o novato em sonho para revelar os segredos que ele precisava conhecer.

Oficiantes de todas as cerimônias religiosas, ritos funerários e celebrações, os *xo'on* eram considerados os criadores do clima, pois acreditava-se que eram capazes de alterar o movimento natural das nuvens e conjurar a chuva e outros elementos. Para todas essas funções, eles usavam vários métodos à base de ervas para entrar em transe ou cair em um estado de sono profundo, pois seu poder era limitado pelo corpo físico. Eles tinham que se projetar fora do corpo (enquanto dormiam ou em transe) para liberar seu espírito e usar seu poder mágico e espiritual em todo o seu potencial.

---

26. Chapman, *End of a World*. Chapman, *Hain*.

A partir do mundo dos sonhos e dos espíritos, eles podiam se mover entre outros mundos, entrar em sonhos para curar ou manifestar pesadelos ou aprender segredos.

Lailuka (Sábios)

Considerados os sábios anciãos da tribo, os *lailuka* não cantavam nenhum tipo de música, oração ou feitiço, nem recebiam poderes mágicos ou eram treinados para entrar em transe.

Os sábios da tribo tinham três funções principais: conhecer e ensinar a mitologia, as tradições e a história da tribo; estudar e proteger sua língua, bem como a língua secreta dos espíritos, para que ela não se perdesse, e atribuir os nomes de cada membro da tribo (uma tarefa considerada sagrada). Ao atribuir nomes, os sábios designavam dois tipos diferentes: nomes comuns e nomes de alto escalão.

Nomes comuns eram atribuídos às pessoas da tribo de acordo com suas características físicas ou traços de caráter. E também a estrangeiros e visitantes que haviam conquistado o respeito da tribo.

Já os nomes de alto escalão, ou nomes de prestígio, foram atribuídos posteriormente para substituir os nomes comuns de crianças e adultos que demonstravam sabedoria e caráter superiores ou para membros da tribo que haviam realizado alguma façanha incrível, pois eram considerados seres humanos de natureza divina.

Cha-Ain (Profetas)

Os *cha-ain* eram os mais altos na hierarquia. Eles eram considerados superiores aos xamãs e sábios. Na mitologia, cada pessoa nascia sob o abrigo de uma estrela no firmamento, sendo cada indivíduo a alma encarnada dessa estrela. O trabalho do *cha-ain* era estudar os nomes e as histórias de todas as estrelas do firmamento; adivinhar quais correspondiam a cada pessoa e, por meio da leitura do movimento das estrelas, ler os eventos do passado e prever o futuro.

Embora nas duas primeiras categorias houvesse homens e mulheres igualmente, era muito raro, e talvez até incomum, que uma mulher fosse designada para o nível dos profetas.

CAPÍTULO 6

COMUNICAÇÃO ONÍRICA

Quando eu era criança, costumava encontrar todos os tipos de criaturas estranhas em meus sonhos. Meus pais não tinham os mesmos sonhos que eu, então era fácil para mim supor que era por assistir televisão. Comecei a desenhar as criaturas em meus cadernos, e foi apenas uma questão de tempo até que meus pais encontrassem esses cadernos e os jogassem fora. Eles não entendiam o que eu estava procurando ao desenhá-las, mas eu estava buscando uma conexão, uma explicação. Algo tão simples quanto isso.

Desenhei a Rainha Azul – era assim que eu me referia a essa entidade – que era uma mulher bastante robusta com um peito enorme. Sua pele parecia uma rocha azul com pequenas rachaduras em todos os lados, e sua cabeça flutuava, separada do corpo. Parecia uma rocha ainda mais azul, muito parecida com lápis-lazúli, com rachaduras profundas formando os olhos. Os longos braços da Rainha Azul nunca deixavam de apontar para o céu e, enquanto dançava, ela parecia mudar de tamanho a cada rodada, tornando-se, às vezes, tão pequena quanto um peixinho e, em outras, tão grande quanto uma torre.

Depois de um longo período de tempo, parei de sonhar com ela e com outras criaturas. Acho que inconscientemente me despedi delas e me afastei de todos esses seres interessantes que só apareciam quando eu estava dormindo. Anos depois, meus sobrinhos gêmeos, que foram diagnosticados com alto grau de autismo, começaram a desenhar criaturas semelhantes. Um dia, Yogelis, aos 11 anos, me disse: "Tio, a Dama Azul manda lembranças para você". Esse foi o gatilho, e eu tive que me sentar para trazer de volta todas as minhas lembranças. Depois de uma longa tarde, percebi que tudo o que havia vivenciado era tão real quanto a xícara de chá de camomila que eu estava tomando enquanto observava meu sobrinho desenhar aqueles estranhos amigos do passado.

Anos atrás, o Mestre Serápis apareceu para mim em uma meditação. Também chamado Sar Apis ou Serápis Bey, este é um dos Mestres da Sabedoria Antiga da Teosofia, um mestre espiritual ascenso e membro da Grande Fraternidade Branca. Ele é o senhor do Quarto Raio, que representa a pureza de Deus. Nessa meditação, ele disse:

> **O que vemos em nossos sonhos, na maioria das vezes, não tem relação com a realidade que vivemos, mas com a realidade que estamos destinados a manifestar – com memórias de vidas passadas que escapam para permanecer seladas e com uma sabedoria profunda que apenas nosso espírito imortal pode compreender.**

Eu não entendia isso quando era jovem e recebia visitas da Dama Azul e de outras pessoas.

A chave para se conectar com essa sabedoria é o diálogo, que é uma parte importante desse tipo de magia e feitiçaria. A cultura pop e alguns livros esotéricos têm se esforçado para fazer com que pareça "fácil e rápido" trabalhar com espíritos, sugerindo que os leitores façam pactos com espíritos de outras culturas e de outras terras sem nenhuma relação com o leitor, concentrando a maioria desses feitiços não praticados na coleta de ervas e elementos e se envolvendo em fazer pactos só porque sim – esquecendo completamente a importância de trabalhar em nosso relacionamento com essas entidades de outros planos e a importância do diálogo com elas.

O diálogo é a negociação na magia. É a conversa que um feiticeiro e uma bruxa têm com entidades espirituais e seres astrais de outros planos. Exemplos disso podem ser encontrados nas práticas da cerimônia do cacau e da ingestão de ayahuasca, que nos levam a entrar em nosso próprio mundo interior e, a partir daí, dialogar com nosso eu interior, com nossos traumas e medos, bem como com nosso espírito consciente.

Quando entendemos o poder do diálogo na magia, podemos nos abrir para uma compreensão mais elevada em geral e para uma compreensão cada vez mais ampla de nossos sonhos. A partir daí, podemos entender melhor os resultados de nosso trabalho mágico (nossas ações) e as causas que nos levam a fazê-lo (nossas intenções).

Regras do Jogo

O mundo dos sonhos não é regido pelas mesmas regras que o mundo físico, e isso é algo que sempre devemos levar em conta quando tentamos decifrar o significado oculto no mundo dos sonhos e quando tentamos usar os sonhos como meio de comunicação com o mundo espiritual e outros planos de existência.

Há quatro regras que regem o universo físico no qual nos movemos. É importante levar em conta esses conceitos, porque eles não aparecem no mundo dos sonhos. São eles: gravidade, tempo, espaço e forma.

Gravidade

A gravidade, em termos científicos, é a força que atrai vários corpos uns para os outros. Exemplos seriam os corpos na Terra sendo atraídos por ela ou os planetas sendo atraídos uns pelos outros por seus próprios campos magnéticos.

A gravidade nos leva ao estudo e à compreensão dos campos magnéticos da Terra e de outros planetas. O estudo da gravidade leva à existência de nosso próprio sistema solar e à compreensão de que todas as criaturas vivas do Universo têm um campo gravitacional denso próprio. Nosso campo gravitacional pessoal funciona e se conecta em perfeita harmonia com o restante das coisas, lugares e pessoas que nos cercam. Sem ele, estaríamos flutuando à deriva no Universo.

No mundo dos sonhos, a gravidade é tão relativa quanto as cores, que são muito variáveis. A gravidade só se reflete nos sonhos quando o importante a ser observado é um lugar específico. Se fechar os olhos por um momento e tentar se lembrar do sonho mais recente que teve, aposto que não se lembrará do chão com muitos detalhes. Talvez se lembre dos rostos das pessoas, das situações ou de determinadas cores em algumas roupas. Quando se trata do chão, você só o percebe se ele tiver uma cor singular e incomum (um chão amarelo ou um solo roxo, por exemplo). Se o chão ou o solo apresentar padrões e formas muito específicos, é porque há uma mensagem neles.

Somente nesses cenários muito específicos o chão será lembrado. Normalmente, nos sonhos, o chão não é vislumbrado, pois não é necessário para a interpretação do sonho ou para a mensagem que está tentando se manifestar no momento.

Tempo

O tempo é relativo – tanto no mundo físico quanto no mundo espiritual. No mundo dos sonhos, o tempo é praticamente inexistente.

Essa ausência do tempo parece ser um problema para os espíritos e divindades que habitam o reino onírico, pois eles não conseguem diferenciar entre o passado e o futuro. O mesmo acontece conosco. No mundo dos sonhos, é fácil se conectar com vários personagens que não conhecemos (principalmente ancestrais), e eles podem aparecer em formas e idades diferentes das que tinham em vida.

Você pode se conectar no mundo dos sonhos com seus avós ou pais e não os reconhecer, porque eles podem aparecer muito mais jovens do que se lembra. Mas também é possível encontrar espíritos que optam por usar suas aparências mais velhas, um aspecto que, à primeira vista, denota sua sabedoria e experiência.

O tempo no mundo dos sonhos passa de maneira muito diferente do plano físico. Você pode facilmente adormecer por apenas alguns minutos e acordar com a lembrança de um sonho longo e cheio de detalhes, assim como pode dormir uma noite inteira e acordar recordando apenas de fragmentos minúsculos de um sonho bastante curto. Parece não haver conexão direta entre horas de descanso e tempo no mundo dos sonhos.

Espaço

Nosso entendimento do espaço é totalmente físico, ligado a territórios e fronteiras, barreiras, paredes, telhados e estradas.

Visualize, por um instante, um mundo em que as leis do espaço físico não se aplicam. Você está cercado por um mar infinito de areias douradas e pode ver certos objetos e pessoas a uma grande distância. Eles são quase como pequenos pontos na fronteira.

Quantos passos você já deu em relação a eles?

No mundo dos sonhos, você continua se movendo na mesma velocidade, ou pelo menos é isso que essa sensação humana nos faz acreditar. A verdade é que isso não depende da velocidade com que se move, mas do espaço entre você e as coisas das quais quer estar perto. Tudo o que quiser manter longe ou que, por algum motivo sentir que está se afastando emocionalmente de você, é refletido no mundo dos sonhos como algo distante e longínquo, quase impossível de olhar e alcançar. Por outro lado, tudo o que deseja ou está destinado a obter, mesmo sem saber o que é, não parece levar muito tempo para chegar até você nesse mundo astral. Afinal, o tempo é apenas uma ilusão no universo físico, e nós o percebemos com nosso corpo também físico. Então, novamente – e como foi mencionado anteriormente –, o tempo nos sonhos é um conceito estranho.

Mediunidade e Clarividência

Ao lidarmos com o tema dos sonhos, é de suma importância não subestimar o uso de nossos sentidos. Nossa própria clarividência e mediunidade servem como ferramentas naturais para nos ajudar a decifrá-los. Atrevo-me a dizer que, quanto mais desenvolvidas forem suas habilidades mediúnico-místicas, mais avançadas, claras e profundas poderão se tornar suas visões do mundo espiritual e de seus sonhos, o que resultará em interpretações melhores e mais precisas.

Muitas vezes, pessoas fora das comunidades mágicas presumem que todas as bruxas são videntes ou possuem algum tipo de clarividência. No entanto, isso não é verdade. Nem todas as bruxas praticam adivinhação, fazem vidência ou se comunicam com espíritos. Para algumas pessoas, isso não é um interesse, nem tampouco um requisito para ser bruxa. No entanto, tornar-se proficiente em alguma forma de vidência é uma excelente maneira de se comunicar com espíritos no mundo dos sonhos. Vou guiar você brevemente por uma série de pensamentos mágicos, exercícios, infusões e rituais que levarão a descoberta de seu potencial, sua própria clarividência e sua capacidade de reconhecer o mundo ao redor – ou, melhor dizendo, o mundo oculto por trás do mundo que gira em torno de você. Mas antes, vamos falar sobre mediunidade e clarividência.

Mediunidade

Um médium é, em termos práticos, qualquer indivíduo capaz de servir como intermediário entre o mundo espiritual e o mundo físico. É um termo que tem sido usado para se referir regularmente (e talvez erroneamente) a xamãs, videntes e bruxas há vários séculos.

Podemos interpretar a mediunidade de duas formas: como o talento inato de certos indivíduos para atuar como âncoras na conexão entre os dois mundos ou como uma prática ritualística, por meio do uso de diversos recursos (feitiços, poções, etc.), para estabelecer contato com o além.

Médiuns podem trabalhar, em muitos casos, por meio do uso de bolas de cristal, espelhos ou de uma tábua Ouija. Em outros casos, o médium é um canalizador – uma pessoa treinada durante anos para atuar como uma ponte entre os dois mundos, permitindo que uma ou mais entidades espirituais se comuniquem com os vivos através dele. Essa ponte funciona nos dois sentidos, pois o médium também pode levar uma mensagem do mundo dos vivos para outros planos espirituais.

Para as culturas nativas e indígenas das Américas, o conceito de um mundo ou plano espiritual que conecta nosso mundo ao mundo dos espíritos não era novidade. Para esses povos, os espíritos e as almas dos ancestrais permaneciam entre nós por um longo período, como é o caso, por exemplo, da celebração do *Dia de los Muertos* (Dia dos Mortos), uma tradição de grande importância na cultura mexicana, onde se homenageiam aqueles que partiram, mas que ainda permanecem entre nós.[27] No entanto, para a bruxaria mais moderna, uma ideia semelhante a essa – o limbo – parece ser um conceito mais recente e ligado a uma origem cristã, conforme sugerem os primeiros usos desse termo em latim por volta de 1300.[28]

Em poucas palavras, os espiritualistas da era moderna começaram a descobrir a ideia de limbo apenas recentemente. Assim como a maioria dos vivos não possui a capacidade de se comunicar com os mortos, os próprios espíritos também não conseguem, pois, uma vez no limbo – assim como na maioria dos reinos místicos e espirituais –, ver os vivos torna-se difícil, é como identificar um grão de areia diferente dos demais no meio do oceano.

Por essa e muitas outras razões, é extremamente importante compreender a arte mística da mediunidade. Por meio dela, podemos entender as mensagens que recebemos de outros mundos e aprender a levar nossas mensagens – ou as de nossos entes queridos – a outros planos. Além disso, a mediunidade permitirá que tenha uma compreensão maior do que vê, percebe e ouve no além.

A mediunidade e sua prática são a chave para entender o que poderá encontrar no mundo dos sonhos e em outros planos espirituais ou astrais. Além disso, grandes cenas e imagens do mundo dos sonhos geralmente são um reflexo de outra coisa que está acontecendo no mundo físico ou espiritual, e será necessário todo o seu entendimento e visão para manifestá-las.

---

27. Gironés, *Llewellyn's Little Book of the Day of the Dead*
28. Beekes, *Etymological Dictionary of Greek.*
Vaan, *Etymological Dictionary of Latin and the other Italic Languages.*

Clarividência

O termo em inglês *clairvoyance* vem do francês *clair* (claro) e *voyance* (visão). A tradução que usamos em espanhol/português é *clarividência*, que combina dois termos diferentes, mas relacionados: *claro* (mais claro) e *vidência* (capacidade de ver além).

O termo *vidência* refere-se à visão extrassensorial que algumas pessoas desenvolvem, aprendem ou herdam. Esse sentido é usado para ver espíritos e almas dos mortos, visualizar o futuro por meio de visões inesperadas ou encontrar eventos futuros nos sonhos. Já a palavra *clarividência* refere-se a um vidente profissional – alguém treinado por um longo período para se tornar capaz de mergulhar no mundo dos espíritos e dos sonhos de forma voluntária e instantânea, sempre que for necessário.

Na cultura latino-americana, para ser um médium ou um trabalhador espiritual, muitas vezes é necessário ser considerado um clarividente. Não se pode ser um clarividente se não for antes uma pessoa com o dom da visão.

Clarividência é o termo que usamos para agrupar todas as experiências psíquicas ou espirituais que nos permitem obter determinadas informações extras (que geralmente são inacessíveis por outros métodos) sobre alguma pessoa, objeto, situação, lugar ou até mesmo emoção.

A clarividência talvez seja um dos dons mais buscados e, ao mesmo tempo, subestimado pelos bruxos. Um dom que, uma vez adquirido, pode ser usado para ver a verdade, o futuro e o passado, ou para evitar perigos espirituais e astrais, bem como para avançar em nosso próprio processo individual e espiritual.

Visualização

Já falamos sobre a importância da clarividência em relação ao mundo espiritual e à interpretação dos sonhos, bem como sobre a relevância da mediunidade para aqueles que buscam entrar no mundo dos espíritos e trabalhar com eles. A mediunidade e a clarividência devem andar de mãos dadas para a interpretação de sonhos e outras formas de adivinhação; ambas são formas avançadas de nossos sentidos que nos permitem tocar e entrar nos vários planos espirituais.

O trabalho com sonhos como forma de comunicação é – e sempre foi – uma prática de vital importância entre as comunidades indígenas, sendo o mundo dos sonhos uma extensão ou corredor intermediário entre o mundo dos vivos e dos ancestrais. Por esse motivo, estou incluindo alguns exercícios para realizar em seu tempo livre a fim de desenvolver sua visão e experiência psíquica.

EXERCÍCIO
Visualização, Parte I

Use este exercício para limpar sua mente dos obstáculos que não permitem que você visualize, canalize e se lembre de seus próprios sonhos. Coloquei este feitiço em prática na companhia de um pequeno grupo que costumava variar entre três e seis participantes. No entanto, recomendo que faça sozinho pelo menos algumas vezes antes, para ter um resultado mais claro e preciso. Posteriormente, poderá colocá-lo em prática na companhia de outras pessoas, realizando-o quantas vezes achar necessário.

Você vai precisar de:

- Cadeira ou cobertor para sentar
- Caderno de anotações e caneta
- Incensário ou prato resistente ao calor
- Incenso (recomenda-se um cone de incenso de cânfora).
- Isqueiro ou fósforos

Fase da Lua recomendada: lua nova para o primeiro uso; posteriormente, poderá fazer isso em outras fases da lua.

No início da manhã, vá para um local onde possa ver ou sentir a fluidez e o movimento da água abundante. Pode ser um lago, uma fonte natural, um rio, uma cachoeira ou até mesmo um pequeno lago de um parque próximo a você. Uma vez lá, acenda o incenso no incensário ou na placa resistente ao calor. Sente-se em frente à água da maneira que for mais confortável para você, seja no cobertor no chão em posição de lótus ou em uma cadeira ou pedra.

Feche os olhos por três a dez minutos. Evite todas as distrações possíveis e concentre-se no som da água, no fluxo do vento, no aroma do incenso. Concentre-se em canalizar e sincronizar-se com a água à sua frente e com toda a natureza ao seu redor.

Enquanto mantém os olhos fechados, visualize essa escuridão tomando forma e ritmo. Dê a ela o movimento e a cadência das ondas da água. Visualize as ondas que se formam e pequenos flashes de luz aparecendo nessa superfície escura.

À medida que realizar este exercício, o espírito da própria água se tornará mais receptivo e perceberá que está tentando se conectar com seu movimento e sua energia. Durante esse processo, assim como seu ser estará mais aberto a uma nova experiência, a água buscará oferecer a experiência que está procurando.

Quando sentir que está mais receptivo, é o momento certo para abrir os olhos. Abra-os, olhe para a água à sua frente e observe as formas e os flashes de luz que se formam em sua superfície. Quando vir ondas se formando na superfície da água, não procure entender sua origem. Em vez disso, procure observar o que essas ondas estão lhe mostrando. Observe detalhadamente as formas, as figuras, as cores e até mesmo os sons e as sensações que puder perceber.

As águas sempre atuaram como mensageiras diretas do além e de outros mundos. Grandes magistas usam espelhos d'água para entrar em outros mundos durante suas longas meditações. Ao longo deste exercício, você visualizará as mensagens e presságios ocultos em seus sonhos mais recentes na superfície da água. Você conseguirá recebê-los com mais clareza. As águas atuam como portais para outros mundos para o magista que está aberto à compreensão.

Assim que tiver captado imagens e sentimentos suficientes, anote-os em seu caderno. Quando se sentir pronto, quando não houver mais sinais para captar, poderá ir para casa e meditar sobre o que viu e escreveu. Leia suas anotações e dedique-se a entender o que essas visões procuram indicar.

Quando quiser avançar na prática deste exercício, poderá realizá-lo com a lua crescente e, posteriormente, com a lua cheia. Você deve notar uma diferença nos resultados, como pequenos sinais que aparecem em seu ambiente, visões ou sonhos. Talvez até comece a perceber certos sinais e visões sem realizar este exercício com tanta frequência ou sem precisar concluir todo o exercício. Os resultados vêm com a prática.

EXERCÍCIO
Visualização, Parte II

Depois de ter avançado com o ritual anterior e tê-lo realizado pelo menos algumas vezes, pode agora passar para este outro exercício, que tem o mesmo objetivo, mas exige maior concentração, maior habilidade de visualização e mais experiência, especialmente porque a água usada não estará em livre movimento com a natureza.

Você vai precisar de:

- Uma concha
- Água limpa
- Cascarilla, sal grosso ou sal de mesa misturado com alecrim
- Cone de incenso de mirra ou de olíbano com cânfora.

- Incensário, caldeirão pequeno ou prato resistente ao calor
- Mesa ou local claro e confortável no chão
- Tigela grande
- Três velas brancas em castiçais

Fase da Lua recomendada: lua crescente até a lua cheia

Antes de começar, observe que a tigela deve ser feita de madeira, metal, vidro ou qualquer mineral. Quanto maior a tigela, mais confortável se sentirá com o exercício, mas pode começar com uma pequena. Em lojas esotéricas, poderá encontrar tigelas de diversos tamanhos e materiais. Independentemente do tamanho e do material, certifique-se de que elas não contenham nenhum tipo de ilustração ou desenho em seu interior.

Em uma mesa ou em um espaço confortável no chão de sua casa, desenhe um círculo um pouco maior do que a tigela usando a cascarilla, o sal grosso ou uma combinação de sal de cozinha e alecrim.

Coloque a tigela no centro do círculo e encha-o com três quartos de água. Coloque o incenso no incensário, no caldeirão ou na placa resistente ao calor. Em seguida, coloque o incenso e as velas ao redor do círculo e acenda-os.

A luz das velas serve para lhe dar clareza e ativar a energia, e o incenso serve para afastar qualquer entidade negativa que tente perturbar o processo. O círculo tem duas finalidades: a primeira é evitar que qualquer energia negativa ou entidade abaixo do seu nível de energia perturbe você ou se manifeste em visões por meio da água; e a segunda é manter sua energia concentrada na tigela e na água.

Quando o ambiente estiver preparado, sente-se, feche os olhos e repita a visualização realizada no exercício anterior.

Visualize a superfície da água sem distrações. Concentre-se totalmente nela e respire profunda e lentamente durante o processo. Sua energia está conectada com a água à sua frente e ela projetará suas visões, portanto, concentre sua atenção na água.

Continue essa visualização até sentir que recebeu informações suficientes. Se você se sentir exausto ou satisfeito com o ritual, pode apagar as velas, jogar a água fora e limpar o local do ritual. Quando quiser repetir o exercício, use as mesmas velas que apagou anteriormente ou substitua-as por novas.

Magia dos Sonhos

CONHEÇA O PLANO DE SEU INIMIGO COM ANTECEDÊNCIA

de MISS AIDA

Minha mãe era uma das bruxas de Cuba que dizia que o anis produzia visões psíquicas. Sempre que eu precisava de uma visão psíquica em uma situação difícil, ela preparava o seguinte chá. A função deste feitiço específico é permitir que conheça o plano do seu inimigo antes que ele seja executado. É uma forma perfeita de precaução caso sinta que algum desses "admiradores muito confusos" esteja tramando algo contra você ou seus entes queridos.

Você vai precisar de:

- ½ colher de chá de sementes de anis
- Uma xícara de água fervente
- Caderno de anotações
- Extrato de anis
- Lápis/caneta
- Xícara de chá

Observe que muitos praticantes de Hoodoo usam o anis-estrelado no chá, mas minha preferência são as sementes.

Primeiro, coloque as sementes de anis na água fervente e deixe-as em infusão por alguns minutos. Em seguida, sem coar o chá, beba-o enquanto aplica o extrato de anis no Terceiro Olho e nas têmporas.

Imediatamente antes de ir para a cama, repita o processo descrito acima. Em seguida, recite o Salmo 42, que o ajudará a ter sonhos verdadeiros. Sempre ore em voz alta, pois o som é a energia emitida que facilita a manifestação de seus desejos.

Assim como o cervo anseia pelas correntes das águas, a minha alma anseia por ti, ó Deus.

A minha alma tem sede de Deus, do Deus vivo; quando entrarei e me apresentarei diante da face de Deus?

As minhas lágrimas têm sido o meu alimento de dia e de noite, enquanto continuamente me dizem: "Onde está o teu Deus?"

Quando me lembro dessas coisas, dentro de mim derramo a minha alma, pois eu havia ido com a multidão, fui com eles à casa de Deus, com voz de alegria e louvor, com a multidão que celebrava a festa.

Por que estás abatida, ó minha alma, e por que te perturbas dentro de mim? Espera em Deus, pois ainda o louvarei pela salvação da sua face.

Ó meu Deus, dentro de mim a minha alma está abatida; portanto, lembro-me de ti desde a terra do Jordão, e dos hermonitas, e do monte Mizar.

Um abismo chama outro abismo ao ruído das tuas trombas de água; todas as tuas ondas e vagas passaram sobre mim.

Contudo, o Senhor ordenará a sua benignidade de dia, e de noite a sua canção estará comigo e a minha oração ao Deus da minha vida.

Direi a Deus, minha rocha: "Por que te esqueceste de mim? Por que ando lamentando por causa da opressão do inimigo?"

Como com uma espada nos meus ossos, os meus inimigos me afrontam; e todos os dias me dizem "Onde está o teu Deus?"

Por que estás abatida, ó minha alma, e por que te perturbas dentro de mim? Espera em Deus, pois ainda o louvarei, a ele que é a salvação da minha face e o meu Deus.

Em seguida, faça seu pedido e encerre a oração com a palavra amém.

Mantenha um caderno e um lápis/caneta ao lado de sua cama e, pela manhã, anote imediatamente o que sonhou. Não dependa de sua memória para se lembrar, pois, se for como eu, poderá esquecer o sonho depois de apenas alguns minutos!

Repita esse processo todas as noites até que tenha aprendido o que precisa saber.

CONTOS TRIBAIS
O Povo Yanomami

A tribo Yanomami é uma das que mais estudamos nas escolas da Venezuela. Esse grupo étnico indígena não ultrapassa 35.000 habitantes e vive na Floresta Amazônica, na fronteira entre a Venezuela e o Brasil.

Embora muitos desses povos tenham se convertido ao catolicismo e ao protestantismo devido à pressão social nas últimas décadas, seu folclore oral é um dos mais ricos da Amazônia. Suas histórias abrangem desde o início do mundo e a criação do céu até as aventuras de vários heróis nativos e sua busca para libertar os rios que correm pela Amazônia, que, segundo o mito, estavam presos em uma caverna escondida que só podia ser acessada à noite.

Muitos dos costumes desse povo não mudaram, como o *miyakira* (a arte de pintar o rosto com as cores da família); o canibalismo como ritual sagrado; a ingestão das cinzas dos falecidos (*Yupu Ushi*) em um ritual coletivo para trazer de volta a energia dos ancestrais ao círculo familiar; e a unção das pontas de suas flechas e zarabatanas (*Yoroa*) com curare (*Anomospermum grandiflorum*) para envenenar animais sem alterar sua consciência, pois isso faz parte de um rito sagrado ou de práticas mágicas relacionadas a diversas plantas e ervas da Amazônia.

Para a nação Yanomami, o *Yimika taai* (predição por meio dos sonhos) é um dom concedido apenas a duas classes de indivíduos: aqueles abençoados pelo céu com a visão dos espíritos e aqueles que viveram mais de uma vida e, portanto, retornam ao mundo com acesso ao *mou*, uma ponte formada por árvores que conecta nossos rios aos rios do outro mundo. A partir desse lugar, eles são capazes de interceder entre os sonhos e as almas dos falecidos, bem como se comunicar com os espíritos antigos e os ancestrais.

Na cultura Yanomami, o mundo dos espíritos é de vital importância, pois o equilíbrio e a saúde no mundo dos vivos dependem dele. Aqueles que não prestam respeito às cerimônias sagradas ficam presos nos galhos das árvores que formam a ponte e estão destinados a observar todos entrarem no outro mundo sem jamais poder se mover, por toda a eternidade.

O único que conseguiu escapar da ponte foi Hõõ, um ser místico que não consegue entrar no mundo dos sonhos e dos mortos. Ele usa um bastão para sugar os cérebros dos crânios daqueles que mata a fim de permanecer entre os vivos. Hõõ confunde suas vítimas assumindo o rosto de seus parentes e se jogando no chão na frente delas, pedindo ajuda.

Nessa cultura, os sonhos estão sempre carregados de mensagens e visões enviadas por aqueles que estão no além. Mesmo os sonhos que parecem mais simples e fáceis de explicar podem estar carregados de mensagens poderosas, bem como de terríveis previsões do futuro.

CAPÍTULO 7

PROTEÇÃO DOS SONHOS

Ataque psíquico é o termo popularmente atribuído à energia negativa que provoca danos imediatos a um indivíduo. Esse ataque pode ser enviado de forma consciente ou inconsciente, com a intenção de atingir a pessoa, sua vida ou sua família.

O dano causado pode afetar o estado emocional, físico, espiritual ou mental da pessoa que o sofre. Essas energias negativas podem ser projetadas na forma de pensamento e, geralmente, são motivadas por ciúme em relação ao destinatário. Mas um ataque psíquico também pode ser provocado por outros motivos.

Ataques Psíquicos

Um ataque psíquico tende a ser um ataque energético – uma disputa de poder entre o emissor e a vítima. Mesmo que o emissor não tenha consciência de suas ações, o ataque corresponderá ao nível de seu poder mental e as consequências dependerão inteiramente do nível psíquico do receptor.

Os ataques psíquicos às vezes são causados inconscientemente por pessoas do ambiente familiar da vítima, inclusive parentes e amigos próximos. Ciúme, inveja, raiva e brigas em casa podem se transformar em ataques psíquicos, mesmo que o remetente não intencione conscientemente causar danos.

Se uma pessoa se sente diminuída, ignorada, deslocada, inferior ou emocionalmente ferida por algum motivo, suas emoções reprimidas podem buscar se manifestar de alguma maneira. Às vezes, essa manifestação ocorre na forma de danos dirigidos a outra pessoa, caracterizando um ataque de energia psíquica. No campo da feitiçaria, esses ataques são uma das formas mais rápidas de magia.

Sintomas de um Ataque

Há muitos sintomas e maneiras de reconhecer um ataque psíquico. A vítima tende a ter pesadelos contínuos e ver o agressor muitas vezes em seus sonhos e meditações como uma figura maligna. A pessoa afetada pode se sentir atacada psiquicamente e violada emocionalmente, bem como fisicamente cansada e sem energia sem motivo aparente. Com frequência, ela tem todos os tipos de dores e marcas (semelhantes a hematomas e mordidas) em várias partes do corpo, especialmente nos braços, pernas e pescoço.

Muitos desses ataques ocorrem durante a noite, enquanto dormimos. Durante o repouso, não prestamos atenção – nossa mente não está focada. Permanecemos adormecidos, e é nesse momento que o ataque se manifesta em sua verdadeira forma, provocando, inicialmente, sinais de ansiedade, insônia, suor frio ou a sensação de peso nas costas, ombros e pescoço.

Segundo a Escola de Metafísica Cristã Conny Méndez, na Venezuela, a causa desses ataques também pode incluir queixas, críticas, julgamentos, ressentimentos, inveja e ciúmes profissionais, falar mal de alguém, caluniar uma pessoa e até menosprezá-la.[29] Essas são formas diferentes de ataques

29. Méndez, *Metafisica 4 en 1.*

psíquicos que, de maneira inconsciente, drenam a energia de quem está sendo mencionado. Se a pessoa se proteger energeticamente, é possível que esses ataques não venham a causar danos maiores do que uma sensação incerta de alerta que surge repentinamente.

Protegendo-se

Como mencionado, os ataques psíquicos ocorrem principalmente à noite. Isso pode ocorrer por duas razões. Primeiro, muitos bruxos preferem trabalhar à noite, seja por tradição, seja por questões modernas, como horários de trabalho. Segundo, é o momento em que, após todo o estresse e as atividades do dia, estamos em repouso e em processo de reparação. Durante o sono, nosso sistema energético se recupera da sobrecarga diária causada pelas interações com outras pessoas e situações – e é nesse momento que estamos mais vulneráveis.

Existem centenas de talismãs e amuletos naturais do nosso folclore que podem ser usados para prevenir, evitar e devolver ataques psíquicos, incluindo:

- Pendurar um pequeno espelho redondo com moldura de prata sobre a cabeceira da cama.
- Desenhar um Pentagrama com sal e pimenta branca embaixo dele.
- Levar consigo um bracelete feito de fio vermelho e pequenos pedaços de coral.
- Ungir um anel de prata ou ouro com óleo de artemísia e mirra na noite de lua cheia enquanto olha para a Lua.
- Secar o coração de uma galinha branca ao sol por vários dias, esmagá-lo com a erva agulha do diabo e raiz de assafétida e jogá-lo ao redor de sua casa e na frente da casa de seu inimigo.
- Bordar o nome da bruxa vidente (sua inimiga) seis vezes ao contrário, com linha vermelha e azul, em uma peça de roupa da bruxa e enterrá-la na noite de lua nova.

A proteção contra ataques psíquicos não precisa ser complexa. Exercícios diários de visualização e expansão de sua aura em frente a um espelho também são de grande ajuda nessas ocasiões. Eles levam você a trabalhar em sua própria energia individual e, assim, fortalecem seu campo energético.

Como os ataques psíquicos geralmente acontecem enquanto se está dormindo, é aconselhável dedicar de cinco a dez minutos para praticar alguma visualização antes de ir para a cama. Com o olho da mente, visualize como sua aura se limpa e se expande, e como ela assume diferentes cores, tons e formas para que, quando uma energia psíquica externa chegar tentando perturbar, ela não seja capaz de causar danos.

Por exemplo, quando estiver se preparando para dormir, feche os olhos e visualize imediatamente um campo de energia que se expande a partir de sua pele e cobre todo o quarto e as pessoas que estão nele. Esse é um método simples e uma prática diária que protegerá você psiquicamente, mesmo enquanto dorme. De certa forma, isso é uma ordem para que sua energia se mova em seu ambiente e cuide de você enquanto descansa.

Borrifar um pouco de água salgada nos cantos do quarto antes de dormir é outra forma de cuidado espiritual. Ambos os elementos são considerados símbolos poderosos de purificação, e uma pitada de água e sal nos cantos afugentará do quarto quaisquer espíritos mal-intencionados que estivessem esperando para nos perturbar à noite, quer tenham ido lá voluntariamente quer tenham sido enviados por outra pessoa.

EXERCÍCIO

Incenso para Proteção Contra Ataques Psíquicos

Este é um incenso para ser usado como proteção contra qualquer ataque psíquico. Queime-o sempre que sentir necessidade.

Você vai precisar de:

- Almofariz e pilão
- Carvão vegetal
- Incensário ou prato resistente ao calor
- Isqueiro ou fósforos
- Partes iguais de passiflora seca, rosa branca, sálvia-branca, olíbano, escutelária, *Calea zacatechichi* (erva-do-sonho) e sálvia-azul.
- Ventilador para ajudar a mover a fumaça pelo ambiente (opcional)

No almofariz, misture todas as plantas secas. Duas horas antes de dormir, coloque o carvão no incensário ou no prato resistente ao calor, acenda-o e coloque essa mistura de ervas sobre ele.

Os Pesadelos são um Ataque Psíquico?

Uma resposta verdadeira e rápida seria *não*, os pesadelos não são resposta a um ataque psíquico ou uma consequência dele – pelo menos não na maioria dos casos.

Embora essa pergunta seja comum no campo da bruxaria, onde pesadelos e sonhos parecem duas faces da mesma moeda, eles representam aspectos totalmente distintos de nossas psiques. Os sonhos podem ser interpretados como presságios do futuro e lembranças do passado, enquanto os pesadelos são alimentados por ansiedade, medo, tristeza e outras emoções negativas ou situações presentes que não estão acontecendo como gostaríamos. Alguns desses medos e ansiedades podem até ser causados por traumas individuais e memórias de conflitos que vivenciamos.

Pesadelos podem ser uma resposta psíquica a uma situação presente que estamos vivendo, mas que não percebemos de imediato ou diretamente, e que é semelhante a um ataque psíquico. Isso, porém, não significa que toda vez que temos um pesadelo alguém esteja nos desejando algo ruim. Tampouco quer dizer que devemos ignorar completamente os pesadelos. O que isso significa é que, embora ocasionalmente eles possam representar um presságio do futuro – ou, melhor dizendo, um aviso vindo dele –, não devem ser tomados como certos. Pesadelos e sonhos devem ser estudados e analisados com calma e objetividade, e não simplesmente supor que toda vez que não consegue dormir é porque alguém está acendendo velas pretas com seu nome escrito nelas.

Assim como interpretamos os sonhos, analisando-os em profundidade, podemos – e devemos – fazer o mesmo com os pesadelos. Estudá-los o ajudará a entender sua origem e propósito. Talvez seja apenas um sonho ruim induzido por uma situação recente, talvez seja uma lembrança oculta de uma vida passada, talvez seja realmente um aviso verdadeiro do futuro uma visão enviada por outra bruxa para interromper seu sonho.

EXERCÍCIO
Uma Fórmula de Incenso que Você Precisa Experimentar

Esta mistura pode ser preparada para si mesmo ou para outra pessoa; o único requisito é queimá-la no quarto de quem está tendo pesadelos. Este incenso não elimina o pesadelo, mas proporciona uma atmosfera de proteção e clareza adequadas para que possa perceber a mensagem ou o presságio que está disfarçado por trás dele. No caso de um ataque psíquico realizado por alguma bruxa, este incenso pode ser usado para diminuir os efeitos do ataque.

Você vai precisar de:

- Almofariz e pilão
- Carvão vegetal
- Incensário ou prato resistente ao calor
- Isqueiro ou fósforos
- Partes iguais de flores secas de lavanda, artemísia e pétalas de rosa branca

Misture as ervas por alguns minutos usando o almofariz e o pilão. Depois de misturadas, coloque uma parte do incenso no incensário ou no prato resistente ao calor. Deixe em um canto do cômodo e acenda o pedaço de carvão. Coloque o carvão no incensário ou no prato com o restante da mistura e deixe-o espalhar a fumaça. Enquanto o incenso queima, recite o seguinte encantamento:

Meu entendimento flui como a fumaça que flui.
Minhas orações se elevam
enquanto a noite evolui.
Minhas orações alcançam meus
guardiões e mestres,
e eu me permito ver os
segredos dos véus celestes.
Nada escapa à nossa visão.
Na noite encontro clareza e revelação.

EXERCÍCIO
Antigo Feitiço Popular Venezuelano Contra uma Bruxa Maligna

O texto a seguir é um feitiço tradicional do folclore venezuelano que traduzi e organizei e que tem sido transmitido oralmente em meu país natal há pelo menos cinco gerações. É uma daquelas receitas tradicionais que, de alguma forma, praticamente todos envolvidos com bruxaria conhecem, e que mais de uma avó parece ter aprendido com sua mãe, sendo, por isso, muito difícil rastrear sua origem.

Existem algumas variações desse feitiço. No entanto, a única diferença entre a versão que encontrará aqui e outras disponíveis é que eu me dediquei a traduzir e a adaptar linguisticamente as palavras em espanhol do final do original, além de traduzir também algumas expressões em português para o inglês.

Decidi, após refletir bastante, incluir este feitiço por dois motivos: para mostrar como, na maioria das vezes, nossos procedimentos mágicos são simples em sua forma mais natural; e porque é um daqueles rituais que praticamente toda bruxa conhece e ama, mas que ninguém parece ter registrado por escrito. Quis ser o primeiro a fazê-lo – antes que alguém o roubasse de nossa cultura e o "reinterpretasse" para seus próprios propósitos, provavelmente embranquecendo-o.

Propósito e Variação

Este feitiço era realizado por esposas para afastar outras mulheres que tentassem flertar com seus maridos e também para anular uma bruxa e todos os seus feitiços e maldições lançados contra um indivíduo. É sempre feito com a assistência de outra pessoa, sendo comum que duas ou mais pessoas o lancem juntas contra um inimigo em comum. Normalmente, o feitiço é realizado com uma boneca mantida em casa. Pode ser uma boneca velha de plástico ou de pano; o importante é que tenha a mesma cor de cabelo e o mesmo sexo atribuídos à pessoa que será enfeitiçada. Em casa, depois de algum tempo, minha mãe passou a variar esse feitiço, confeccionando as bonecas com cera e, ocasionalmente, com massinha de modelar.

Você vai precisar de:

- Agulha
- Boneca ou figura que represente a pessoa a ser enfeitiçada
- Carretel de linha branca

- Carretel de linha vermelha
- Isqueiro ou fósforos
- Tesoura
- Um ou mais amigos para realizar o ritual com você
- Vela preta em um castiçal

Hora e local: pode ser feito em casa – ou em qualquer espaço que considere adequado para o ritual – no horário entre o meio-dia e o pôr do sol. Nunca o realize após o anoitecer.

Usando a tesoura, corte um fio de linha vermelha do comprimento de seu braço. Repita essa primeira etapa, criando outros comprimentos de fio vermelho até que haja tantos fios quanto o número de participantes. Em seguida, corte um único fio de linha branca com aproximadamente a metade do comprimento do fio vermelho.

Quando os fios estiverem prontos, sente-se de frente um para o outro em um pequeno círculo com os elementos e ingredientes no centro. Respire fundo e acenda a vela. Quando a vela estiver acesa, peça a um dos participantes que pegue a agulha e recite o encantamento a seguir enquanto enfia a linha na agulha. Em seguida, a agulha será passada para a próxima pessoa, que também recitará o encantamento, e assim por diante, até que todos o tenham recitado uma vez.

Aos espíritos presentes neste lugar,
neste dia e hora mágica que devemos respeitar,
nós os convidamos a sua coragem liberar
neste dia e hora mágica que devemos respeitar.
Pedimos ajuda e apoio no ritual que vamos celebrar
neste dia e hora mágica que devemos respeitar.
Estejam presentes e guiem as ações que vamos consagrar
neste dia e hora mágica que devemos respeitar.

Agora, a última bruxa segurando a agulha a espeta na boneca ou na figura de cera, de preferência na perna esquerda. Uma ponta de cada fio de linha deve ser amarrada a essa agulha.

Para dar continuidade ao ritual, cada bruxa deve pegar a boneca nas mãos e, enquanto recita o encantamento a seguir, ela deve enrolar um dos fios vermelhos ao redor da boneca, dos calcanhares até o pescoço. Enquanto enrola e recita, a bruxa acompanhante – ou as bruxas acompanhantes – deve recitar em voz baixa: "por três vezes três".

Por três vezes três, três vezes eu olho para você.
Por três vezes três, três vezes eu meço você.
Por três vezes três, três vezes eu sigo você.
Por três vezes três, três vezes eu amarro você.
Por três vezes três, três vezes eu domino você.
Por três vezes três, três vezes eu capturo você.
Por três vezes três, três vezes eu cego você.
Por três vezes três, três vezes eu silencio você.
Por três vezes três, três vezes eu afasto você.
Por três vezes três...
Três vezes. Três vezes. Três vezes.
Eu anulo todos os seus feitiços e sua influência sobre mim.

Quando todas as bruxas do círculo tiverem amarrado a figura até o pescoço, uma das participantes deve pegar o fio branco restante e amarrá-lo dos calcanhares até o pescoço, recitando mais uma vez o encantamento anterior, enquanto as outras bruxas dizem "por três vezes três". Faça um nó no final, amarrando todas as pontas dos fios juntas.

Depois que os fios estiverem amarrados, apague a vela. Isso simboliza o poder do alvo do feitiço sendo definitivamente extinto. Enterre os dois itens, a figura e a vela juntos, em um buraco no quintal, um vaso com terra ou em um parque próximo, certificando-se de que nunca mais verão a luz.

Após a noite do feitiço, a bruxa que foi amaldiçoada começará a perder qualquer influência mágica ou psíquica sobre a pessoa que realizou o ritual. Ela também receberá um mau presságio ou visão como aviso em seus sonhos sempre que tentar lhe desejar algum dano.

Magia dos Sonhos

FEITIÇO DE PROTEÇÃO DOS SONHOS

de J. ALLEN CROSS

Este é um exercício de proteção contra feitiços nocivos, espíritos intrometidos e energias negativas durante o sono. Vamos utilizar musgo espanhol, excelente para enredar todos os tipos de coisas ruins que possam se aproximar de você durante a noite.

Você vai precisar de:

- Alecrim e lavanda secos
- Almofariz e pilão
- Isqueiro ou fósforos
- Musgo espanhol, dividido
- Um item pessoal seu, como cabelo ou unhas cortadas
- Vela branca em um castiçal

Acenda a vela e coloque o almofariz e o pilão em sua mesa de cabeceira. Remova o pilão e encha o almofariz com um pouco do musgo espanhol. Abra uma pequena cavidade no musgo e insira seu objeto pessoal, cercando-o simbolicamente com a energia da planta.

Polvilhe o alecrim e a lavanda secos por cima; eles repelirão as energias nocivas e o protegerão durante o sono. Coloque uma camada de musgo por cima para garantir que tudo esteja coberto e, em seguida, coloque o pilão horizontalmente na parte superior, de modo que cada extremidade fique apoiada na borda do almofariz. Isso não apenas mantém o musgo no lugar, mas também funciona como um alarme. Se algo tentar passar durante a noite, o pilão rolará e você acordará. Apague a vela antes de dormir e acenda-a novamente na noite seguinte, quando estiver se preparando para dormir, isso fará com que o feitiço seja reativado. Novamente, lembre-se de apagá-la quando for dormir.

CONTOS TRIBAIS
Povo Yagán / Yámana ou Tequenica

Os Yaganes são um povo indígena do arquipélago fueguino, nos territórios do Chile e da Argentina. Seu modo de vida tradicional era nômade, deslocando-se em canoas e dedicando-se à caça, à coleta e à pesca. Aproximadamente seis mil anos atrás, seus ancestrais viajaram das ilhas e canais ao sul do canal de Beagle até o Cabo Horn.

De acordo com a antropóloga franco-americana Anne MacKaye Chapman:

> **Considera-se que os ancestrais dos yaganes estavam entre os primeiros americanos, tendo emigrado da Ásia para a América através da Ponte de Beringia, e que os ancestrais dos yaganes devem ter feito parte desses primeiros imigrantes. Posteriormente, alcançaram a zona central do Chile há pelo menos 16.000 anos e seguiram pela rota dos canais de Chiloé, cruzando para o sul e atravessando o istmo de Ofqui.**[30]

Os yaganes, em termos religioso-espirituais, acreditavam em um ser único e poderoso, Watauinewa, cujo nome se traduz como "o velho, o eterno, o invariável", e que também é chamado coloquialmente de Hitapuan (meu pai) ou *abailakin* (o forte ou poderoso). Watauinewa é o criador e monarca de todas as coisas, patrono do mundo espiritual, dos sonhos, da vida e da morte.

Watauinewa é o contraponto de Curspi (o maligno, o corruptor), que, segundo a tradição, castigava os povos com vento, chuva e neve para dificultar a agricultura, a obtenção de alimentos e o comércio com outras aldeias. Em algumas canções de ninar modernas, Curspi é o espírito malévolo que entra nos sonhos das crianças para provocar pesadelos. O arco-íris, embora belo, é considerado o mensageiro de Curspi e indica que ele está em busca de fazer o mal.

Se uma pessoa tem um pesadelo, ela diz: *Aiyara auyitapi aiya Curai aisitiparicu yalur agunya*, que se traduz como "Curspi está rondando com sua sombra para corromper o bom espírito".

---

30. Chapman, *Encontros Europeus com o Povo Yamana do Cabo Horn, Antes e Depois de Darwin.*

Na tradição dos povos Yámana, os Yekamush – curandeiros e sacerdotes – podiam curar os doentes com o uso de ervas e águas minerais, além de tratar desequilíbrios emocionais e espirituais por meio de orações. Também tinham o poder de invocar espíritos para oferecer proteção, fazer os grãos crescerem ou trazer a chuva.

Ritos Fúnebres

Para proteger a tribo, quando um Yámana morria, os Yekamush envolviam o corpo em peles e colocavam ao lado dele seus pertences, algumas pedras polidas e amuletos de ervas. Em seguida, cobriam tudo com terra e galhos e abandonavam o local para sempre, pois, uma vez enterrado o corpo, acreditava-se que a alma do falecido se manifestaria durante muito tempo em pesadelos, perturbando todos aqueles que dormissem próximos ao seu local de descanso.

CONTOS TRIBAIS
Povo Quechua / Los Añu

O quéchua é uma língua dos povos indígenas do Peru[31], que era falada em toda a Venezuela há cerca de 5.500 anos. Atualmente, sobrevive apenas em uma versão bastante corrompida, falada pelos Añu, que vivem na lagoa de Sinamaica, no estado de Zulia, e pelos grupos aruaques do alto Orinoco.

Os Quíchuas chegaram à Venezuela em grandes grupos ou "manadas" há cerca de 5.500 anos. Eles navegaram pelos rios que conectam a região do Panorío Ucayali com o Rio Amazonas, o Rio Negro, o Rio Casiquiare/Orinoco, os rios do Delta e o Caribe.

Para os nativos do povo Añu, os ritos esotéricos são limitados àqueles que foram iniciados em suas tradições. A iniciação é realizada apenas para os mais jovens. Se um adulto não recebeu a iniciação ritual por não ter sido escolhido na infância, ele é sempre bem-vindo para participar das cerimônias, mas não para liderá-las ou organizá-las. A criança iniciada deve aprender o idioma do antigo *aguero* (sua própria forma sagrada de *quíchua*). Esse idioma é ensinado diretamente pelo sacerdote ou xamã da tribo e é o idioma em que todos os ritos e cerimônias serão realizados.

Um dos ritos de iniciação desses povos envolve a travessia do rio em uma noite em que a lua cheia se reflete em sua superfície. Essa cerimônia consiste em literalmente caminhar de um lado para o outro do rio carregando um *tucacas* (um pote de barro de boca estreita) cheio de *yaraja* (uma bebida à base de ervas). Normalmente, essa cerimônia é realizada em um rio próximo ao Urupagua (uma região do rio abundante em cobras), e você deve caminhar de uma margem do rio para a outra repetidas vezes até ver o *tocopero* (um par de corujas) sobrevoando, ou até ouvir o *tuy* (o pio da coruja).

Os sonhos são interpretados à luz do dia e nunca à noite, pois se forem contados à noite, podem ser ouvidos pelos *Camoruco* (espíritos ruins). E são considerados mensagens sagradas carregadas de enorme simbolismo.

Um *Cocuy* (um sonhador, uma pessoa que sonha constantemente) ou um *Cacuyo* (um andarilho que se move entre os sonhos) não são considerados feiticeiros da tribo, mas sim guerreiros. Eles foram enviados pelos grandes

31. Torero, *Lenguas de los Andes.*

espíritos que protegem a tribo para interpretar todo tipo de mensagem ou perturbar o descanso do inimigo.

Os intérpretes de sonhos, o *Cocuy* e o *Cacuyo*, são considerados pessoas abençoadas. Apenas o sacerdote da tribo deve saber quem eles são, pois irá preparar para eles uma *Sividigua*, que consiste em um amuleto de proteção em forma de colar. O amuleto é feito com um pequeno pedaço de pele cortado da mão do indivíduo, pendurado em uma longa trança feita de folhas de palmeira e guardado permanentemente na cabana do ancião ou do sacerdote. Ali, ele pode orar e purificar o amuleto diariamente para manter o guerreiro abençoado protegido contra os espíritos malignos.

Um estrangeiro (*guaiyo*) que possui o dom de sonhar com muita frequência ou de entrar nos sonhos é considerado a reencarnação de um de seus ancestrais. Após uma análise privada feita pelo sacerdote, ele é bem recebido pelas aldeias e tribos.

CAPÍTULO 8

SONHADORES E METAMORFOS (E SEU FOLCLORE SUL-AMERICANO)

O metamorfo é um bruxo ou bruxa que, de algum modo, altera sua forma a partir do mundo dos sonhos. Seu poder exige anos de treinamento para encontrar um ponto de equilíbrio entre manter o corpo em repouso e a mente ativa. Como um animal treinado, ordens são dadas à própria mente antes de dormir para que ela cumpra uma missão – como possuir o corpo de uma coruja para cruzar fronteiras e levar uma mensagem ou procurar alguém que esteja perdido. A missão também pode ser, como dizem as lendas populares colombianas, possuir o corpo de um lobo, coiote ou cachorro para guardar um lugar ou proteger uma família.

No folclore das ilhas do Caribe e de Trinidad e Tobago, um bruxo/bruxa pode assumir a forma de uma coruja com asas pretas excepcionalmente longas para se mover pelo céu noturno em busca de seus inimigos. Ele leva em suas garras um talismã carregado de maldição, geralmente um osso esculpido ou uma raiz de alguma erva venenosa, para depositar no telhado do inimigo a fim de amaldiçoar a casa inteira. Para que isso aconteça, a pessoa deve estar completamente adormecida, o que lhe permite mover sua mente consciente de um corpo para outro.

A mudança de forma é uma maneira de o bruxo burlar as regras ou barreiras que mantêm os mundos físico e metafísico separados. O corpo físico permanece em um local, descansando, enquanto a mente e a alma viajam longas distâncias na forma de um animal selvagem ou de um pássaro noturno, espionando enquanto estão escondidos na noite e fazendo acordos com outros bruxos e espíritos do além. Eles fazem uso dos sentidos físicos do animal, mas também levam em conta que essa forma de mediunidade permite que se movam entre os dois mundos, o que significa que são capazes de interagir com todos os tipos de animais, bruxas, fadas e espíritos da noite enquanto estão na forma do animal. Às vezes, a bruxa/bruxo assume a forma de um animal doméstico.

A mudança de forma ocorre quando a bruxa ou bruxo entende que suas habilidades e poderes não se limitam ao seu corpo físico e às suas condições físicas. Eles não estão limitados nem mesmo às leis da física, que regem o plano físico. Os bruxos são capazes de manifestar seu eu consciente fora do corpo enquanto dormem e, assim, mover-se entre corpos que os mantêm ancorados no plano físico. Para que isso aconteça, devem cair em um estado de sono profundo, sem intervenções ou distrações, podendo fazer isso por meio de meditação profunda e exercícios de respiração, com infusões de ervas e tisanas mágicas ou por encantamentos que lhes permitam alcançar um repouso agradável e, assim, desconectar completamente a mente e os sentidos (tato, visão, olfato, audição, paladar) que fazem parte do corpo físico.

Depois que se livram de suas âncoras físicas, os bruxos são capazes de sair de sua anatomia física. O corpo é feito e formado. Ele até evoluiu para servir como um veículo temporário perfeito e em constante mudança para o espírito ou a alma humana. Mas o que são a alma e o corpo senão uma brisa leve contida em um recipiente frágil, pronto para quebrar a qualquer momento?

Uma vez fora do corpo, a alma pode se mover além das leis da física, uma situação à qual o corpo energético não está completamente acostumado. Ao contrário daqueles que praticam a projeção astral até se tornarem especialistas nisso, os bruxos precisam de outro veículo. A transformação ocorre ao canalizar um espírito animal para copiar sua forma ou quando possuem o corpo do animal em questão e fazem isso tantas vezes que acabam sendo capazes de assumir apenas a forma do espírito.

A transformação é uma das muitas razões pelas quais a prática da magia dos sonhos se tornou gradualmente o próximo passo para os bruxos na América Latina.

Formas de Metamorfos

No folclore mesoamericano, as comunidades indígenas acreditavam na prática do totheísmo tonal, uma forma de feitiçaria praticada por metamorfos que lhes permitia se ligar ao seu espírito animal tonal no Outromundo e, por meio dessa ligação, mudar a forma de seus corpos.

Tradicionalmente, os metamorfos eram associados a dois temas no folclore. O primeiro envolvia deuses, demônios e todo tipo de seres feéricos capazes de assumir a forma de diversos animais e até de copiar a forma humana para se misturarem a nós e cumprirem um propósito específico. O segundo tema dizia respeito aos humanos-bestas, como é o caso do lobisomem ou licantropo do folclore europeu; do deus eslavo Veles; ou ainda dos homens-onça comuns nas tradições orais do Caribe e da América do Sul.

Embora os espíritos e as divindades pareçam ter essa capacidade de mudar de forma voluntariamente, os seres humanos mudam apenas sob os efeitos de alguma maldição ou encantamento, como no caso dos lobisomens.

Em sua obra *O Livro Imaterial de São Cipriano*, José Leitão compila a antiga história de João do Serro, o lobisomem (termo português para *werewolf*), que fala de um feiticeiro que faz uso do livro de São Cipriano para amaldiçoar outros e adquirir a habilidade de se transformar em lobo, prolongando assim sua vida. Essa pequena história sobre grimórios, feiticeiros, maldições e lobisomens me lembra muito a narrativa dos *hombres cóndor* (os homens-condor) dos Andes, que meu avô me contou durante uma visita à região andina na minha infância. Contava-se que esses homens foram enfeitiçados por um pequeno grupo de velhas bruxas que viviam nas cavernas mais antigas. As bruxas alimentavam os homens com carne retirada de seus próprios corpos e uma bebida fermentada à base de milho e ervas, complementada com seu sangue menstrual. As bruxas, então, entravam nos sonhos desses homens durante a noite e, se conseguissem fazê-los ejacular enquanto dormiam, o feitiço se completava: o homem ficava permanentemente sob seu domínio. Sempre que a bruxa o chamava à noite, ele abandonava as roupas, caminhava sonâmbulo até as janelas e se transformava em condor para voar até ela, que servia ao Diabo.

Uma lenda semelhante de mudança de forma é encontrada no folclore de Cumanacoa, na Venezuela. Lá, é proibido tomar banho nos rios à noite. Muitos acreditariam que é para evitar afogamento, mas os moradores garantem que é porque as bruxas dançam com o Diabo em uma fogueira próxima ao rio e isso lhes concede o poder de mudar de forma à noite. Para se transformar, as bruxas colocam uma perna cortada e seca do animal no qual querem se transformar ao lado de um selo mágico sob o travesseiro e se deitam para dormir. Enquanto dormem, elas mudam de forma e viajam até o rio mais próximo para celebrar esse tipo de Sabbat. Somente o Diabo tem o poder de fazê-las voltar à forma humana quando estão em sua presença. Ao amanhecer, as bruxas reaparecem deitadas em suas camas, sozinhas e relembrando a noite anterior como se fosse um sonho profundo.

Para garantir o sono, as bruxas consomem uma mistura que é uma infusão de erva-cidreira, pimenta-caiena e flores de camomila com uma pitada de sal grosso e seis grãos de terra do cemitério mais próximo para ajudá-las a "dormir como os mortos". A bruxa caminha pela sala com a infusão na mão, dando seis voltas antes de tomar o primeiro gole.

Em várias cidades da Colômbia e da Venezuela, às vezes acreditava-se que as pessoas que apresentavam algum tipo de transtorno de personalidade ou transtorno bipolar eram metamorfos. Também era comum encontrar buracos nas paredes das casas com desenhos mágicos para todo tipo de finalidade. As figuras a seguir são exemplos. A primeira figura simboliza serpentes com cabeças em ambas as extremidades do corpo, que são comumente confundidas com flechas. As serpentes estão trocando de pele entre as fases da lua. Os círculos brancos ao lado de cada cabeça indicam intuição e orientação. Os metamorfos usavam o desenho para perceber quando as mudanças estavam chegando ou para ter controle sobre elas e, assim, evitar danos. Se a pessoa com esses símbolos em casa tiver pesadelos ou uma mudança estranha e repentina de caráter, isso significa que a transformação está próxima de acontecer.

O segundo símbolo é frequentemente desenhado na borda não visível das portas e entradas das casas na cidade de Mérida, na Venezuela. O símbolo faz parte de uma tradição mágica antiga e desaparecida, baseada na crença em metamorfos oriunda das culturas indígenas locais. O uso do Pentagrama demonstra a influência europeia naquela cidade. O símbolo também representa os três sexos, o olho da divindade e a espiral mutável da vida. Uma cruz é formada por quatro foices para cortar maldições nas quatro direções do vento. Esse talismã é usado para detectar metamorfos quando eles entram na casa e para sonhar com eles antes de sua chegada.

Transformações Durante o Sono

De modo geral, o folclore latino-americano reconhece três tipos de metamorfos: aqueles que mudam sua forma física enquanto dormem, após ingerirem uma série de poções e pós; aqueles cuja mente abandona o corpo durante o sono e possui o corpo de um animal próximo para se mover pelo mundo dos vivos; e aqueles cuja mente sai pela boca e, uma vez do lado de fora, materializa-se, assumindo a forma de seu espírito animal.

Em cada uma dessas versões, todos os indivíduos fazem a mudança durante as horas de sono, enquanto o corpo permanece em repouso. As visões e memórias da experiência noturna são refletidas no dia seguinte como um sonho ou pesadelo. Os trabalhadores espirituais geralmente explicavam que os sonhos pareciam incolores, porque eram vistos pelos sentidos dos órgãos animais. Nossa percepção da cor, como seres humanos, é notoriamente mais complexa.

Por outro lado, no folclore nativo pré-colombiano, os *bohiques*, Chyquy, Piaches e Alüjülii, que eram os feiticeiros, cartomantes e trabalhadores espirituais da época, viam a arte de mudar de forma muito mais complexa. Para esses grupos religiosos e esotéricos do Sul, embora viessem de diferentes grupos tribais, a arte da metamorfose consistia em uma forma de feitiçaria que era obtida por meio de sonhos. Para eles, o metamorfo era mais um possuidor espiritual que abandonava seu corpo físico durante a noite sob a forma de um pássaro escuro que saía pela boca ou pelo umbigo. Eles possuíam os corpos dos animais selvagens que habitavam o ambiente e, em algumas versões e histórias mais sombrias, possuíam os corpos de guerreiros mortos em combate como forma de necromancia, razão pela qual esses corpos deveriam ser sempre queimados ou consumidos pelo xamã e pelos guerreiros da tribo, evitando esse tipo de possessão proibida.

Entre esses grupos religiosos mesoamericanos, os metamorfos literalmente mudavam seu corpo físico e se transformavam em animais, eram aliados dos espíritos das trevas e eram considerados estranhos que trabalhavam contra o equilíbrio correto das coisas. Sua presença era totalmente antinatural, sem mencionar que o metamorfo passava por uma experiência incrivelmente dolorosa, pois sua pele e seus ossos eram dilacerados ao se transformarem na forma animal que buscavam.

Foi por meio dos sonhos que os sacerdotes e feiticeiros da época conseguiram dominar a arte da transmigração e da transformação. Ao permanecerem conscientes durante as horas de sono, eles podiam se deslocar para lugares diferentes e possuir todos os tipos de pássaros e animais para atuarem como mensageiros ou espiões a serviço da tribo. As práticas eram transmitidas por meio desses sonhos, do professor experiente para o aluno, a fim de manter em segredo os feitiços e as práticas rituais.

Hoje, parte dessas práticas rituais ainda é preservada, como o uso da pele da anta para criar um saco cheio de ervas previamente coletadas na beira do Rio Amazonas para ser usado como travesseiro para dormir. Outra opção é usar as unhas dianteiras de um *cachicamo*, ou tatu gigante, (que medem entre 10 e 19 centímetros de comprimento) para decorar colares e brincos com pingentes que ajudam a ancorar o espírito do feiticeiro ao corpo, evitando que seu espírito vagueie para longe e se perca na mata escura.

Pássaros e Metamorfos

Quando eu era criança, encontrei pelo menos uma dúzia de histórias semelhantes relacionadas a parentes que moravam nas cidades de Guarenas e Guatire, na Venezuela, ou na cidade de Ankara, na Turquia. Nesses lugares, há várias lendas locais relacionadas a bruxas e feiticeiros que mudam de forma durante a noite enquanto dormem e videntes que recebem visões noturnas enquanto estão na forma de pássaro.

Há um ditado em Carúpano, na Venezuela, que diz: "*Si tienes pesadillas continuas, lanza una piedra al pájaro que se para a verte por las mañanas desde la ventana.*" (Se tiver pesadelos contínuos, atire uma pedra no pássaro que pousa para olhar você pela manhã pela janela.) Sim, obviamente soa como uma prática cruel e imoral, mas representa um pouco mais do nosso folclore. Segundo a crença popular da cidade, as bruxas se movem na forma de pássaros e ficam penduradas nos tetos ou nas janelas para espionar as pessoas e lançar maldições e feitiços de amor enquanto elas dormem. Se a pessoa for amaldiçoada, terá pesadelos.

Outra lenda semelhante vem das cavernas de Guácharo, um peculiar ponto turístico em Monagas, na Venezuela, onde vive o incomum guácharo (*oilbird*). Trata-se da única ave do gênero *Steatornis*, que habita diversas regiões da América do Sul e é comum na ilha caribenha de Trinidad (parte de Trinidad e Tobago). Essas aves noturnas vivem em cavernas e se alimentam dos frutos de palmeiras.

Há várias lendas locais sobre a estranheza desses pássaros peculiares. Aparentemente, os guácharo são os únicos pássaros noturnos, voadores e comedores de frutas do mundo, o que alimenta ainda mais as lendas. Para muitos folcloristas locais, esses pássaros são bruxos que assumiram essa forma por meio de projeção astral e nunca mais voltaram à sua forma humana, presos para sempre nessa forma, seja porque alguém tentou despertá-los enquanto dormiam ou porque alguém enterrou seu corpo adormecido em solo consagrado (uma igreja ou cemitério) e a bruxa não pode mais voltar a ele.

De acordo com outra lenda, que foi muito repetida nos noticiários locais, esses pássaros são as almas das crianças que foram raptadas por fadas das florestas e cavernas próximas. A versão completa nos diz que as almas dos indivíduos das tribos nativas que morreram sem receber o batismo estão destinadas a vagar como fadas, como seres em formas animal-humanoides que caminham entre o mundo dos vivos e dos mortos. Elas podem retornar temporariamente ao mundo dos vivos se devorarem carne humana virgem, e é aí que entra o Diabo. Como intermediário entre as fadas e as bruxas, o Diabo promete às fadas uma vida curta, mas feliz, entre os humanos em troca de seu serviço posterior. Ele mesmo oferece às bruxas o serviço das fadas em troca de uma criança virgem.

A bruxa unge o corpo com uma mistura de óleo de palma, pétalas de rosa e uma tintura caseira feita de louro. Eles se deitam para dormir no chão perto da entrada da caverna e, quando adormecem, assumem a forma de um guácharo. Ela, então, encontra uma criança e a sequestra, atraindo-a com a forma desse curioso pássaro, que geralmente se apresenta com um cacho de frutas em seu bico.

Depois que a bruxa leva a criança virgem para a caverna, as fadas a colocam para dormir com uma poção à base de hibisco, caládio (coração-de-jesus) e tintura de louro. Assim que a criança adormece, as fadas extraem sua consciência e a depositam em uma tigela cheia de penas marrons, óleo e sangue. As fadas devoram a carne da criança para assumir sua forma e retornar ao mundo dos vivos ao amanhecer. Enquanto isso, a mistura de penas na tigela começa a respirar. Dela, nasce um pequeno filhote de guácharo, que voa para longe. Esse filhote carrega a alma da criança, que acredita estar apenas dormindo e vivendo um sonho como um pássaro.

Uma Breve História Familiar

Minha mãe nunca teve um bom relacionamento com sua sogra, minha avó paterna, que, depois de sofrer algum tipo de derrame, perdeu a capacidade de andar e de se locomover pela casa sem ajuda. Minha mãe costumava nos contar, quando éramos pequenos, que a "bruxa que é sua avó" frequentemente a visitava à noite disfarçada de galinha preta e cacarejava durante o sono para mantê-la acordada. Quando visitávamos a vovó, as duas mal se cumprimentavam. Embora a vovó nunca se movesse de sua cadeira para o fundo do pátio sem ajuda, em várias ocasiões minhas irmãs mais velhas mencionaram ter encontrado algum pássaro visitante nos quartos, mesmo quando as janelas estavam fechadas.

Da mesma forma, vovô proibia pássaros assustadores pela casa, porque dizia (nunca soubemos se estava brincando ou falando sério) que eles eram os animais de estimação da vovó. Embora eu nunca tenha me deparado com esses pássaros, em certa ocasião encontrei minha avó dormindo no pátio enquanto um enorme pássaro preto com uma longa crista branca descansava a poucos metros dela. Ele circulou sobre ela várias vezes e depois desapareceu.

Acrescentando ainda mais fogo à lenda da vovó, até hoje, anos depois de sua morte, mamãe continua dizendo que nossa avó se movia entre os mortos e os sonhos, voando como um pássaro. Ela também afirmava que, quando a vovó adormecia, espiava os outros por meio dos pássaros, razão pela qual a mamãe tentava não ter animais de estimação. Os poucos que tínhamos foram trazidos pelo papai contra a vontade dela e sempre morriam misteriosamente depois de alguns meses, na maioria das vezes relacionados a algo esotérico. Ela simplesmente não confiava em nenhum animal em casa por causa disso.

Cães, Cabras, Lobos e Veados

Em algumas histórias, quando o feiticeiro muda de forma, metade de seu corpo permanece com aparência humana, enquanto a outra metade é parte cabra, cachorro, lobo ou veado. Durante essas transformações, o feiticeiro tem olhos vermelhos brilhantes e uma língua longa que se estende para (de acordo com algumas lendas) absorver os espíritos de animais e pessoas mortas deslizando para dentro da boca dos cadáveres, ou para (de acordo com as interpretações mais recentes) absorver seus fluidos.

Esse é o caso da lenda do Huay Chivo, ou Waay-Chivo, que, em tempos mais recentes, passou a ser culturalmente associada ao chupacabra. O Huay Chivo é, basicamente, um feiticeiro aliado às forças do mal que quebra seus juramentos. Ao romper a promessa de silêncio e segredo, é condenado a nunca mais conseguir se transformar por completo.

El Cadejo, um espírito muito popular em El Salvador, Costa Rica, Panamá, Guatemala e Honduras, é um demônio ou bruxo que muda de forma e cuja alma é projetada durante o sono. Ele aparece como um guardião das estradas, assumindo a forma de um cão longo e magro. É peludo, tem cascos de cabra e olhos vermelhos.

Há duas interpretações populares sobre o Cadejo: ou ele é uma bruxa boa que aparece nessa forma à noite para proteger aqueles que passam pela encruzilhada, ou essa entidade é, na verdade, dois demônios, um bom e um mau, que aparecem para abençoar e proteger ou para amaldiçoar e matar na encruzilhada.

Independentemente das interpretações, sonhar com um Cadejo branco é interpretado como um sinal de que a pessoa deve visitar uma cartomante ou uma bruxa para receber uma mensagem. Sonhar com um Cadejo preto é considerado o mais temível dos presságios e indica que a morte está atrás da pessoa, assim como o Cadejo está pronto para matá-la.

Sonhadores e Metamorfos na Colômbia e na Venezuela

Jumbie, Mendo e Chongo são os nomes dados a uma grande variedade de espíritos maliciosos nos países do Caribe. Sua maior popularidade e aparência estão nas tradições orais da Colômbia e da Venezuela.

Considerados malignos e muito comumente confundidos com demônios, esses espíritos são as almas de crianças que não receberam o batismo. Eles vagam por aí, fazendo brincadeiras, causando doenças ou criando pesadelos. Nas tradições esotéricas da Corte das Fadas de Lionza, na Venezuela, ou de Los Encantados, no Peru e na Colômbia, esses espíritos travessos são vistos e retratados como espíritos aliados e intermediários entre as pessoas e as fadas da floresta.

Esses espíritos também podem ser as almas de crianças que morreram de *Mal de Ojo*, ou "mau-olhado", ou de alguma outra maldição realizada por uma bruxa má. Os Jumbie só podem ser contatados por meio de sonhos e, quando perturbados, podem causar pesadelos. Esses espíritos travessos também ensinam às bruxas a arte da mudança de forma. Para aprender com um desses espíritos, a bruxa deve ir dormir na floresta na primeira noite do mês e permanecer lá até que o espírito apareça em um sonho, o que geralmente ocorre após as primeiras sete noites, pois é quando o espírito travesso sente que a bruxa está em total conforto e confiança no espaço.

O Ritual do Metamorfo Igneri

Atualmente, a cultura do povo indígena Igneri foi, em grande parte, perdida; a língua falada foi absorvida pelos povos indígenas aruaques, e o que restou de sua cultura, segundo alguns livros de história e enciclopédias sobre aborígenes da América do Sul, resume-se às suas técnicas de plantio, colheita e a algumas de suas crenças e tradições esotéricas.

Os Igneri viam o vidente da tribo como um ser divinamente ungido, alguém com um tipo de dom divino que tinha de ser treinado e levado ao limite para alcançar a proximidade com o espírito, que é preparado pelo sacerdote da tribo. O sacerdote era, por sua vez, um metamorfo, um médium e um feiticeiro. Esse indivíduo poderia assumir o posto de sacerdote e, assim, atuar como um meio de comunicação entre a divindade e a tribo.

Como outras culturas indígenas, eles viam uma ligação entre a maneira como vemos os sonhos e a maneira como vemos o mundo debaixo d'água. Para eles, os sonhos eram uma extensão do mundo espiritual, um mundo aquático, e vice-versa. Assim como a água é capaz de se mover em grandes ondas e entrar em todos os lugares, mover-se entre rios e cachoeiras, viajar através de montanhas e até mesmo entrar e sair de nossos corpos, o espírito de todas as coisas também poderia. Por esse motivo, eles viam uma importância vital e quase religiosa no fato de que seu sacerdote era o metamorfo e o vidente da tribo, que ele era um indivíduo que, como a água, seria capaz de se mover entre os mundos, entre o céu e a terra, entre os sonhos e a realidade, entre o mundo dos espíritos e o mundo físico. Seu sacerdote era um feiticeiro que não conhecia limites.

Os rituais de iniciação e transformação dos Igneri eram realizados principalmente em cavernas para representar seu sigilo e exclusividade. Essa prática permanece até hoje em muitos caminhos religiosos afro-caribenhos, nos quais as iniciações, como nos caminhos particulares do Candomblé e do Lucumi, são realizadas em salas fechadas sem janelas. Somente aqueles que foram iniciados ou estão em processo de iniciação podem entrar.

Hoje vivemos na modernidade e nas grandes cidades. As cavernas encontram-se, em sua maioria, em parques públicos, e o acesso a elas é altamente restrito por diversos motivos. Devido a isso, é essencial que, mesmo que ritos como este sejam realizados atualmente, devem ser feitos em um espaço privado, sem muito barulho ou distrações e com o mínimo de iluminação necessária. Os celulares devem ser retirados do ambiente, para que possam imergir completamente na experiência ritualística e na desconexão do mundo exterior. Seus sentidos devem estar inteiramente voltados para perceber o mundo dos espíritos, e não para captar "pequenos vislumbres" deles no mundo físico.

EXERCÍCIO
Ritual do Metamorfo

O ritual a seguir vem da cultura Iñeri, ou Igneri, e de reconstruções modernas realizadas e traduzidas seguindo as tradições mais próximas a essa cultura (as tradições místicas dos aruaques e dos cari). Os passos deste ritual estão organizados em ordem de dificuldade, com a ideia de que possa – e deva – começar pela parte mais fácil para ganhar experiência antes de avançar para a seguinte.

Este trabalho tem como objetivo entrar no mundo espiritual e interagir com ele. Para ser honesto, colocar este exercício em palavras não foi fácil; entretanto, aprendê-lo, fazê-lo e vivê-lo sempre foi uma experiência individual agradável. É apenas uma daquelas coisas que conhecemos e sobre as quais raramente escrevemos, exceto pelos ingredientes adicionados à lista de compras, e escrever este ritual para o livro me tomou vários dias. Embora a lista de ferramentas e ingredientes seja bastante extensa, os materiais são relativamente baratos e fáceis de encontrar. Eles são os principais elementos necessários para criar uma versão moderna do nosso ritual da Amazônia em sua própria casa.

Cada uma das listas a seguir descreve um elemento diferente que deve ser criado e utilizado no ritual: um colar, um incenso e um óleo.

Para o colar ou âncora ritual:

- 200 contas vermelhas
- Fio vermelho ou branco
- Tigela com água
- Um punhado de uma variedade de flores locais secas

Para o óleo ritual:

- Azeite de oliva virgem
- Óleo de amêndoas
- Uma colher pequena
- Uma tigela pequena de madeira
- Três colheres de sopa de açúcar mascavo
- Seis colheres de sopa de grãos misturados (arroz, lentilhas, etc.)

Para o incenso ritual:

- Almofariz e pilão
- Uma colher de chá de flores locais secas
- Uma colher de chá de raiz de orégano seca
- Uma colher de chá de *Sempervivum* (sempre-viva) seca

Antes do ritual:

- Dois quilos de sal
- Isqueiro ou fósforos
- Óleos essenciais de sua escolha
- Um copo de água
- Vela branca

Para o ritual:

- Saquinho de tecido escuro grande o suficiente para guardar todos os materiais acima (opcional)
- Caderno de anotações e caneta
- Carvão vegetal
- Colar ou âncora

- Colher pequena ou punhal
- Escova
- Incensário ou um prato resistente ao calor
- Incenso para o ritual
- Isqueiro ou fósforos
- Maracá ou instrumento para fazer barulho
- Óleo ritual
- Punhado de penas verdadeiras (para não machucar um animal, você pode comprar on-line ou pegá-las da gaiola de um pássaro de estimação).
- Tigela de madeira com quatorze pedras coletadas por você em quatro lugares diferentes ao redor da sua casa
- Uma faixa longa de tecido preto ou vermelho para cobrir seus olhos
- Véu preto ou um pano preto longo que cubra sua cabeça completamente

Preparação para o ritual

Escolha um momento em que possa realizar o ritual em seu espaço privado e sem interrupções e comece fazendo o colar ou a âncora com as contas e o fio. Faça um nó na extremidade do colar e coloque-o na tigela de água. Acrescente as flores à tigela e deixe o colar lá até a hora do ritual.

Depois de fazer o colar, use a colher para misturar os ingredientes do óleo na tigela e deixe-o descansar até o momento do ritual.

Faça o incenso ritual misturando as ervas secas no almofariz com o pilão. Deixe a mistura de lado até o momento do ritual.

Cerca de vinte a trinta minutos antes do ritual, beba o copo de água, tome uma ducha quente com os óleos essenciais de sua escolha e acenda uma vela branca para agradecer aos espíritos presentes.

Com o sal, desenhe um grande círculo no chão, assim como os povos indígenas faziam com outros elementos naturais. O tamanho do círculo deve ser grande o suficiente para que possa se sentar dentro dele com as pernas cruzadas, mas não muito grande para ocupar todo o seu quarto, nem muito pequeno para que se sinta desconfortável. Esse é o seu espaço ritual e é essencial que se sinta confortável nele.

Coloque todos os utensílios necessários para o ritual ao redor do círculo, não dentro dele.

Observação importante:

Seus pés não devem sair do círculo durante o ritual, pois ele se torna sua caverna simbólica. É a sua conexão com a Mãe Terra e o mundo espiritual. Entretanto, suas mãos podem entrar no círculo ou sair dele para que possa interagir com os elementos de fora.

Realização do ritual

Com as mãos nuas e muito cuidado em cada etapa, coloque o carvão no incensário ou na placa resistente ao calor, acenda-o e deixe-o queimar por cinco minutos para atingir a temperatura máxima. Depois de decorrido o tempo, use o punhal ou a colher para colocar um pouco do incenso no carvão. Sente-se no chão no espaço do círculo.

Pegue o colar fora da água com as duas mãos, desembarace-o e coloque-o. Em seguida, pegue o pincel e use o óleo para desenhar as seguintes linhas na parte superior de seus pés, mãos e pulsos. Depois que essas linhas forem desenhadas, elas se conectarão com o coração no peito. Continue a desenhar símbolos em seu corpo com óleo, conforme mostrado na ilustração a seguir.

Depois de completar os símbolos, pegue as penas e sopre-as ao redor, deixando-as cair no círculo. Pegue as pedras e coloque-as ao seu redor dentro do círculo, formando seu pequeno espaço ritual. Faça três respirações lentas e profundas; adicione mais incenso ao carvão e recite o seguinte encantamento três vezes:

Quatorze luas teciam a noite,
e éramos todos Água e Terra.
Quatorze noites escuras sem lua,
e éramos todos Fogo e Ar.
Quatorze dias de luz chegaram,
e éramos todos carne e sangue.

Quatorze espíritos cegos e errantes
encarnaram nos corpos que possuímos,
e assim, tornamo-nos parte suas.
Quatorze palmas batidas para o primeiro de todos respirar.
Meus pés podem ser garras, meus braços, asas.
Minha pele pode ser escamas, meus cabelos podem ser penas.
Minhas garras e todas as minhas formas eu reivindico.
Esta pele, que é meu orgulho humano, não me servirá esta noite.
Ouço as pernas da cabra que me chama.
Ouço as asas do corvo que me espera.
Ouço o pio da coruja que por mim clama.
Ouço a respiração do coiote e da raposa que não dormem.
Minha nova forma eu reivindico até o amanhecer.
Antigos espíritos sem nome, guiam meu voo esta noite.

Depois de recitar, coloque uma venda em seus olhos cuidadosamente usando a faixa e cubra a cabeça com o véu, mantendo o maracá ou o instrumento à mão.

Faça seis respirações profundas e lentas, observe e ouça como sua respiração muda e mova a cabeça lentamente em todas as direções enquanto respira fundo.

Agora, comece a movimentar os braços em todas as direções, mantendo a respiração lenta e o mais profunda possível. Sinta o suor escorrer pela testa e pelas costas de seu corpo em transformação. Visualize como seu ser se manifesta por meio de sua pele e o caminho que deseja percorrer à sua frente. Toque o chão com suas garras e sinta as penas nele; elas são semelhantes às penas que cobrem você quando voa à noite.

Levante-se e agache-se várias vezes, esticando as asas e sentindo os cascos pressionarem o chão. Sente-se novamente e comece a fazer sons com o maracá ou outro instrumento. Faça sons no ritmo de seus batimentos cardíacos; o som do maracá é o que afugenta todos os animais que percebem sua proximidade. Continue se movimentando e se alongando dentro do círculo e observe todas as imagens e sons presentes em seu ambiente.

Fim do Ritual

Este exercício não tem um limite de tempo. Continue fazendo-o pelo tempo que considerar necessário; pode ser de vinte ou quarenta minutos. Quando achar que está na hora de terminar, recite o seguinte encantamento curto:

Obrigado pelo voo; é hora de descansar e voltar à minha pele.

Faça seis respirações profundas em seu lugar, sem se mover. Conecte-se com seu corpo, com seus braços, com seus quadris, com seu pescoço e sua coluna, com suas pernas e com sua cabeça. Conecte-se novamente com seus órgãos, sinta seu pulso e sua respiração, sinta seus dedos se moverem como dedos novamente.

Retire lentamente a venda dos olhos, levante-se, caminhe para fora do círculo e escreva ou desenhe rapidamente em um caderno todas as visões, imagens e sons que perceber.

Recolha todos os utensílios, livre-se das cinzas do incenso e da água e mantenha tudo junto em um saco de pano escuro ou em um armário separado, pois estes mesmos utensílios serão usados sempre que quiser repetir o ritual.

EXERCÍCIO
Magia de Visão Noturna Kalinago

Um segundo ritual de origem nativa realizado por bruxas indígenas modernas consiste em combinar as seguintes plantas secas em quantidades iguais em um almofariz com nozes e sal, triturá-las e queimá-las como incenso no quarto para gerar uma visão noturna. De acordo com a tradição, quando um médium ou uma bruxa faz uso desse feitiço, sua consciência sai do corpo sob a forma de uma ave de rapina marrom e preta que se move rapidamente entre lugares escuros e sombrios.

Você vai precisar de:

- Uma colher de sopa de amêndoas ou nozes
- Uma pitada de sal
- Uma pitada de terra do local que deseja visitar
- Duas velas em castiçais
- Almofariz e pilão
- Carvão vegetal
- Incensário ou prato resistente ao calor
- Isqueiro ou fósforos
- Raiz ou folhas de chaconia (*Warszewiczia coccinea*)
- Raiz ou folhas de papoula-dormideira (*Papaver somniferum*)

Ao anoitecer e em seu quarto, misture a terra, as ervas, as nozes e o sal no almofariz e moa com o pilão por vários minutos até que os ingredientes se reduzam à aparência de uma massa avermelhada escura. Acenda as velas. Coloque o carvão no incensário ou no prato e acenda. Deixe-o descansar por vários minutos antes de adicionar uma pitada de incenso.

Enquanto o incenso queima e a fumaça sobe, sente-se em frente a ele a uma distância mínima de 1,2 a 1,8 metros, respire fundo e recite o seguinte encantamento cinco vezes:

Um, o sol se põe e a sombra se compõe.
Dois, o crepúsculo se levanta, a noite se adianta.
Três, a noite avança sobre nós, seu manto é a nossa voz.
Quatro, com penas e garras, bico e asas, eu me livro das amarras.
Um, dois, três, quatro, a noite me cobre com seu manto, este é o encanto.
Um, dois, três, quatro, minhas asas me carregam sem temer de fato.
Um, dois, três, quatro, o vento e a noite firmam meu ato.

Assim que terminar de recitar o encantamento, deite-se em sua cama e respire profundamente. Observe as visões que se manifestam dentro e através da fumaça.

Mantenha este exercício por um período de vinte e nove a quarenta minutos ou até que o incenso se consuma por completo.

Assim que o ritual terminar, apague as velas e guarde o incenso não utilizado em um pote ou saquinho de tecido até a próxima vez em que desejar usá-lo.

Magia dos Sonhos
FEITIÇO DE PROTEÇÃO CONTRA O SONO
de REV. LAURA GONZÁLEZ

A intenção deste feitiço é trazer a quem o realiza proteção, descanso, transformação e renovação.

Muitas vezes carregamos em nosso subconsciente as questões e preocupações do dia, e na magia popular acreditamos que, dentro dos sonhos, podemos encontrar alívio e soluções. Vamos nos preparar para estarmos protegidos ao viajarmos, de forma intencional ou intuitiva, até o lugar de descanso. Esse é o reino dos ancestrais e de sua sabedoria. Um espaço onde encontramos respostas em forma de mensagens dos nossos ancestrais, do nosso Eu Superior e do Divino.

Também é importante afirmar em nossas intenções que receberemos o descanso de que precisamos e que retornaremos ao estado de consciência sentindo-nos transformados e renovados.

Você vai precisar de:

- Altar ou mesa
- As ferramentas da sua Arte e/ou Tradição para se conectar com o Divino e criar um espaço sagrado
- As seguintes cartas de um baralho de tarô:
  - Os quatro ases (paus, espadas, copas e ouros), para representar os quatro elementos tradicionais da magia
  - O Sol e a Lua (ou o Mundo), representando o Divino e sua proteção
  - A Morte, como símbolo de transformação e renovação, também podendo representar um lugar de descanso.

Prepare um espaço sagrado de acordo com sua tradição e sistema de crenças. No altar ou na mesa, disponha os quatro ases nos quatro pontos cardeais, coincidindo com o elemento que você tradicionalmente associa a cada direção. Por exemplo: Ar no Leste (espadas), Fogo no Sul (paus), Água no Oeste (copas) e Terra no Norte (ouros).

No centro do altar, coloque as cartas do Sol e da Lua (ou o Mundo) para evocar a presença da fonte divina e sua proteção.

Coloque também a carta da Morte no centro para representar a capacidade de transformação e a sabedoria e presença dos antepassados. De frente para o Leste, erga bem alto o Ás de Espadas e diga estas palavras em voz alta:

Elemento Ar, abençoe-me, proteja-me, transforme-me e renove-me com discernimento, consciência e sabedoria.

De frente para o Sul, erga bem alto o Ás de Paus e diga estas palavras em voz alta:

Elemento Fogo, abençoe-me, proteja-me, transforme-me e renove-me com coragem, entusiasmo e cura.

De frente para o Oeste, erga bem alto o Ás de Copas e diga estas palavras em voz alta:

Elemento Água, abençoe-me, proteja-me, transforme-me e renove-me com intuição, profundidade e amor.

De frente para o Norte, erga bem alto o Ás de Pentáculos (ouros) e diga estas palavras em voz alta:

Elemento Terra, abençoe-me, proteja-me, transforme-me e renove-me com estabilidade, crescimento e memórias ancestrais.

Agora, diante de seu altar, reconheça a presença do Divino segurando as cartas do Sol e da Lua (ou do Mundo) e falando estas palavras em voz alta:

Divino como um, Divino como muitos, corpos celestiais do tempo e da sabedoria, estou com vocês, assim como vocês estão dentro de mim, desde as eras do tempo atual e para sempre dançando nos espaços liminares dos sonhos, da visão e da sabedoria, levando-me com proteção e poder.

Agora sente-se (ou deite-se, se possível) diante do seu altar e segure a carta da Morte junto ao coração enquanto diz estas palavras em voz alta:

Enquanto viajo para o local de descanso, o reino dos ancestrais, a sabedoria divina deles está comigo, guiando meus sonhos, respondendo às minhas perguntas, compartilhando mensagens e soluções.
Estou protegido, descansado, transformado e renovado.
Estou protegido, descansado, transformado e renovado.
Estou protegido, descansado, transformado e renovado.
Quando eu voltar ao meu reino desperto, lembrarei o que aprendi e essa informação será usada para o bem maior.

Coloque a carta da Morte de volta no altar e sente-se em contemplação por alguns minutos. Depois de sentir as energias de proteção e segurança permeando todo o seu ser, prossiga para agradecer de acordo com sua tradição e sistema de crenças e abra seu espaço sagrado. O trabalho está concluído.

Observação: sinta-se à vontade para ajustar qualquer parte desse feitiço para que ressoe mais pessoalmente com você e, se desejar, utilize as três frases repetidas como uma meditação noturna.

CONTOS TRIBAIS
A Velha Bruxa e as Bruxas dos Sonhos de Trinidad e Tobago

A cultura indígena de Trinidad e Tobago carrega enorme influência cultural, esotérica e linguística dos aruaques, dos caribes e do povo saladoide (descendentes dos aruaques)[32]. Apesar da colonização, grande parte de sua cultura e de seus mitos permanece, embora tenham evoluído para se adaptar.[33]

Bainui, os Sonhos e a Lua

Os primeiros assentamentos humanos em Trinidad e Tobago datam de 7.000 anos atrás. Essa foi uma época em que seus primeiros habitantes indígenas se refugiaram em cavernas, veneraram o Sol, a Lua e o mar como uma trindade de espíritos divinos desconhecidos e se esconderam de Bainui, o espírito maligno da chuva, da peste e da morte. Bainui era um metamorfo que só aparecia à noite. Ele era um feiticeiro que havia amaldiçoado a Lua e ela o amaldiçoou de volta, de modo que ele não falava a linguagem humana. Portanto, Bainui caminhava entre pesadelos e sonhos, assumindo a forma dos mortos para se comunicar com os vivos.

A Bruxa de Trinidad

O Soucriant é um tipo de espírito maquiavélico associado a bruxas e metamorfos no folclore caribenho, especificamente nas Ilhas Dominica, Santa Lúcia, Trinidad e Tobago, Guadalupe, Haiti, Bahamas, Barbados e Granada, respondendo ao nome de Ole-Haig na Guiana, Belize e Jamaica.

Esse espírito é uma bruxa velha, sugadora de sangue e que muda de forma. Ela mantém a forma de uma velha feia e desgrenhada durante o dia, quando seu poder é limitado pelo sol. Quando a noite chega, a velha se desfaz de sua pele enrugada em um morteiro e viaja pelos céus, assumindo a forma de uma mulher com grandes asas, uma bola de fogo incandescente ou uma serpente com asas em vez de olhos.

---

32. Wilson, *The Archaeology of the Caribbean.*
33. Wilson, "The Caribbean before European Conquest".

A velha bruxa bebe o sangue de suas vítimas enquanto elas dormem, o que prolonga ainda mais a sua vida. Ela amaldiçoa aqueles que interrompem sua alimentação, fazendo com que tenham pesadelos dos quais nunca poderão acordar, além de cegueira e loucura. Se a bruxa beber muito sangue de uma única vítima, ela pode morrer ou se tornar outra bruxa a serviço de Gabil ou Bazil, um demônio que aparece na forma de um bode ou galo preto e se esconde sob as raízes da *Ceiba pentandra*, ou árvore do algodão de seda. É desse demônio que as bruxas recebem poderes e segredos de magia negra em troca de bolsas de sangue de suas vítimas.

Se um homem acorda com marcas de mordidas e chupões no pescoço e nas pernas por vários dias seguidos, acredita-se que ele esteja sendo visitado pela bruxa enquanto dorme. A maneira de quebrar essa maldição é preparar um pedaço de carne crua, recheando-o com pimenta e sementes de mostarda e cobrindo-o com açúcar mascavo. Acredita-se que essa armadilha mágica atraia a bruxa que, ao prová-la, morderá a língua e acordará de seu sono encantado com uma enxaqueca intensa.

As bruxas de Trinidad, também chamadas de *sorcières* e *rêveurs vierges*, agem como bruxas boas que servem à luz. Elas combatem o *Soucriant* entrando nos sonhos da bruxa para evitar que ela acorde e mude de forma ou fazendo com que ela permaneça dormindo para que não possa procurar novas vítimas.

Embora o demônio Gabil conceda poderes às bruxas e lhes dê livros que ele enterra sob as árvores perto de suas casas, ele as contata por meio de sonhos. É por isso que as bruxas boas fazem amuletos e peças de joalheria com ostras e pérolas que abençoam para proteger os sonhos. Graças a esses amuletos, o demônio não pode entrar nos sonhos e corromper os outros para transformá-los em seus escravos.

PARTE 2

APRIMORANDO E TRABALHANDO COM O SONHO

CAPÍTULO 9

DIÁRIO DOS SONHOS

Por vários motivos, nem todas as pessoas são capazes de se lembrar de seus sonhos. Embora todos sonhem, é muito difícil para muitos se lembrarem do que vivenciaram. Aposto que mais de uma vez já ouviu alguém dizer: "Sonhei com algo, mas não me lembro exatamente o que foi". Isso acontece com mais frequência do que imagina.

O diário de sonhos, ou livro de sonhos, como também gosto de chamá-lo, é uma das melhores maneiras de estudar seus sonhos em detalhes e perceber quais mensagens eles estão enviando e quais partes dessas mensagens você entende. Escrever no diário ajuda a se fundamentar, e usar palavras para descrever seus sonhos facilita na hora de lembrá-los. O ideal é que o livro dos sonhos seja um pequeno caderno que possa ser mantido sempre perto da cama. Dessa forma, a primeira coisa que você faz ao acordar é escrever nele qualquer visão que tenha lembrado durante a noite.

É importante que adquira o hábito de fazer anotações, assim como em uma reunião de trabalho, na escola ou na universidade, e é fundamental que escreva regularmente em seu diário de sonhos. Dessa forma, manterá um registro detalhado de todas as suas impressões, visões, presságios, lembranças e quaisquer imagens fugazes que permaneçam em sua mente ao acordar.

Leve em conta que seus sonhos estão lá para guiá-lo, para mostrar o futuro e o passado e para curá-lo, até mesmo de algum dano ou abuso emocional. É por isso que é de vital importância estudá-los. E, para isso, é melhor mantê-los por escrito.

Quando fui tio pela primeira vez, notei que minha sobrinha fazia um movimento estranho com os olhos enquanto dormia. Perguntei à minha irmã e ela me disse que o bebê estava sonhando. Naquela época, eu tinha cerca de 12 anos, então minha reação imediata foi de espanto. A pergunta seguinte foi, obviamente, "E os bebês sonham?" Minha irmã respondeu: "Sim, eles sempre sonham". Então, fiz a pergunta óbvia seguinte: "Com o que eles sonham?" Minha mãe, entrando no quarto, respondeu: "Bom Ello, os bebês sonham que ainda estão no mundo dos sonhos, certamente com outros bebês. Agora deixe a criança dormir".

Depois dessa conversa curta, mas interessante, eu obviamente não consegui ficar quieto, então comecei a encontrar meus lápis de cor e desenhar o que era, para mim naquela época, o mundo dos sonhos. Ilustrei um enorme campo de flores amarelas e roxas, nuvens brancas como algodão e todos os tipos de espíritos pulando pelo lugar com algumas fadas e um lindo arco-íris – nada muito engraçado ou diferente do que se vê em um parque.

Meu pai se aproximou da mesa e olhou o desenho. Ele imediatamente me perguntou: "Isso é um parque?" Eu respondi: "Não, pai, é o mundo dos sonhos onde o bebê está enquanto dorme". Ele riu e respondeu: "E no mundo dos sonhos há gravidade, há um Sol e há nuvens brancas? E o mais importante, os bebês se veem como bebês?"

Minha cabeça praticamente voou. Eu tinha apenas doze anos de idade durante aquela conversa e, talvez, ela tenha sido muito profunda para mim. No entanto, meu cérebro guardou a conversa em uma gaveta e a manteve em perfeitas condições por anos. Foi só quando meu pai mencionou a conversa, anos depois, que as perguntas dele, aquelas que deixaram meu desenho praticamente morrendo por falta de criatividade na mesa, voltaram com força.

Estávamos falando sobre alguns sonhos que meu pai tinha. Eu me lembro do sonho a que ele se referia, mas ele sempre anotava essas "irregularidades" em sua agenda, não em um diário de sonhos feito para isso, mas em sua agenda diária de trabalho.

Para o papai, os sonhos eram um reflexo interno do cotidiano. Ele sempre viu os sonhos como uma memória sutil do subconsciente. Parafraseando o que ele disse:

> **Os sonhos são um vislumbre, não das memórias do cérebro, mas dos fatos e eventos que sua energia lembra, como uma memória extra que só se lembra de eventos recentes como uma impressão energética.**

De sua perspectiva, os sonhos refletem não o que vemos com nossos olhos, mas o que nossa energia lembra. Portanto, nos sonhos, vemos rostos e cenários dos quais nos lembramos vagamente, porque estamos vendo as formas e aparências de tais coisas em outros tempos – talvez em outros mundos.

Nessa perspectiva, que ele também aprendeu com seu pai, os sonhos, ao contrário da crença popular, não mostrariam visões do futuro, mas reflexos de outras vidas e momentos em outros mundos mais uma vez. E, como já vimos em capítulos anteriores, os sonhos não estariam vinculados às leis do mundo físico.

Criação do Diário dos Sonhos

Quando comecei o ensino médio, as agendas personalizadas com informações astrológicas, frases motivacionais e capas disponíveis em todas as cores já estavam na moda. Esses diários, que eram um luxo que custava praticamente um braço e uma perna, eram chamados de "agendas dos sonhos". As editoras faziam uma edição todo ano, e você deveria escrever os sonhos que teve. Mas, a não ser que conseguisse se lembrar de um sonho para todos os 365 dias do ano, aquilo era apenas um caderno bonito e caro para preencher algumas páginas com as datas dos exames universitários e alguns números de telefone.

Eu não tinha dinheiro para comprar uma dessas agendas todos os anos, portanto, só a comprei uma vez. Eu a mantinha debaixo do travesseiro, não na mesa de cabeceira, como muitos recomendam. O diário era bastante útil, mas, no final, era praticamente apenas um caderno bem decorado. Assim, nos anos seguintes, querendo seguir os passos de meu pai que sempre viu os sonhos como algo de grande profundidade que merece ser estudado e compreendido, comecei a comprar cadernos e diários para manter comigo. Até hoje carrego muitos de meus diários de sonhos, que se transformaram em interessantes livros de encantamentos e profecias pessoais.

Meus primeiros diários eram cadernos que eu personalizava com papel adesivo escuro. Dentro deles, eu anotava as poucas visões que tinha pela manhã, a data correspondente e incluía uma breve explicação do sonho que havia tido. Na primeira página, ao lado do meu nome, desenhei uma estrela. Na página seguinte, escrevi uma lista de perguntas que eu tinha de responder depois de cada sonho para entendê-lo melhor. A lista era a seguinte:

- Quem mais estava no sonho?
- Eu conhecia essas pessoas?
- Onde ocorreu o sonho?
- Quando o sonho ocorreu, foi de dia ou de noite?
- Eu me vi no sonho ou simplesmente presumi que fui eu quem viu tudo?
- Eu me movia de um lugar para outro ou todos os sonhos aconteciam em um único lugar?
- Quantas cores consegui distinguir no sonho? (Isso é mais importante do que imagina.)
- O que eles estavam dizendo para mim no sonho?
- Que mensagens eu percebi?
- Eu consegui ver um símbolo no sonho?
- E, extremamente importante: consegui ver minhas mãos no sonho?

Toda vez que eu conseguia me lembrar de um sonho, anotava todos os detalhes, sinais, cores e elementos de que me lembrava. Em seguida, respondia às perguntas. Depois de algum tempo, eu nem sequer lia as perguntas. Eu já as conhecia, então respondia diretamente.

Manter essa agenda me ajudou a entender que, no início, eu estava tendo apenas um sonho memorável a cada quatro ou cinco dias. Ter dois desses sonhos em uma mesma semana era bastante incomum. Depois dos primeiros 14 sonhos que anotei, comecei a perceber que eles estavam se tornando mais precisos, mais exatos. Eu me lembrava de um número maior de detalhes específicos e via o rosto das pessoas com mais clareza.

Após dois anos dessa prática de registro em diário, os sonhos começaram a se tornar mais frequentes. Deixei de preencher um diário anual e passei a preencher dois ou três diários. Por volta de 2005 a 2007, também comecei a manter um diário diferente. Era nele que eu anotava meus pesadelos quando os tinha. Eu queria manter as visões com mensagens separadas do que seriam avisos.

Em 2009, mais precisamente em março, comecei a escrever um livro sobre sonhos. Nele, eu anotava apenas os feitiços que realizava relacionados aos sonhos. Eu podia encontrar centenas de feitiços em livros, mas não os anotava. Eu simplesmente os executava. E sim, eu podia criar dezenas de feitiços, mas esse livro servia apenas para anotar os feitiços, rituais e amuletos que eu usava para entrar nos sonhos. Em que dia eu fazia o feitiço ou ritual? Que reações ele provocou? Como dormi naquela noite? Com o que sonhei naquela noite? Com o que sonhei nas noites seguintes?

Ao revisar essas anotações constantemente, percebi que algo específico estava acontecendo há anos e que eu não havia notado até esse estágio. Nas noites de lua nova, os sonhos ficavam mais escuros, mais "confusos". Os detalhes que eu anotava na manhã seguinte não ultrapassavam meia página, mas nas noites de lua cheia (de dois dias antes a um dia depois), os sonhos ficavam mais claros. Os detalhes que eu escrevia nessas noites preenchiam facilmente duas páginas da minha agenda e geralmente eram acompanhados de conversas com um membro da família, mensagens ou algum presságio que, às vezes, podia ser realizado em questão de dias, se não em semanas.

Nos dias de eclipse, meus sonhos eram praticamente impossíveis de descrever. Em uma dessas ocasiões, passei horas tentando discorrer o que parecia ser uma espécie de criatura com uma boca enorme que tinha mais bocas dentro dela. De repente, algo saiu de todas as bocas. Essas coisas pareciam mãos com vários dedos e pele azul. E no final da boca grande, em vez da garganta, havia um olho enorme com três pupilas. Eu não conseguia ver o resto da criatura porque ela permanecia coberta por uma nuvem. Ao detalhar a nuvem escura, percebi que ela parecia areia molhada. Em algum momento, esse animal estranho (ou espírito) estava tentando engolir meus pés, mas o mundo parecia estar de cabeça para baixo e ele estava me devorando, de cima para baixo.

Foi um sonho que, na época, talvez tenha sido um pouco perturbador. Foi a primeira vez que vi essa criatura, mas não a última. Na manhã seguinte, li nos jornais que havia ocorrido um eclipse lunar com uma grande amplitude de visibilidade na Venezuela na noite anterior. Obviamente, tomei nota do fato.

Embora as fases lunares tenham uma grande influência nas horas de sono e na maneira como o sono se manifesta, os eclipses solares e a mudança das estações não parecem ter o mesmo efeito.

Todas essas pequenas descobertas que fiz foi graças ao fato de que eu carregava uma pequena agenda para anotar as observações.

Depois de ter seu diário de sonhos, você poderá personalizá-lo e criar uma conexão íntima com ele. Pode comprar papel para cobri-lo e desenhar nele os símbolos e estrelas que o deixem mais confortável e relaxado. Pode, como no meu caso, colocar algumas ervas secas e flores aromáticas entre as páginas para criar uma boa vibração e lembrá-lo de que a natureza está em toda parte. Experimente rosas secas, flores de camomila, tília e jasmim; os aromas relaxantes também o ajudarão a dormir.

Veja seu diário de sonhos não como um diário para registrar apenas suas visões noturnas, mas como um registro detalhado de suas experiências como médium, seu alcance psíquico e suas aventuras entre mundos. O planejador de sonhos é um poderoso instrumento das bruxas. Depois de preencher uma agenda e lê-la detalhadamente, você acabará encontrando todos os tipos de presságios, conselhos e até mesmo poderosos feitiços de alta magia disfarçados de simples sonhos.

Muitas vezes as anotações acabam sc transformando em um diário de feitiços, um pequeno grimório escrito espontaneamente por bruxos, pois é importante anotar não apenas seus sonhos, mas também as interpretações deles, suas receitas de tisanas e chás para dormir e induzir o sono, os resultados que obteve com o uso e serve para desenhar os símbolos presentes nessas visões, bem como suas próprias versões desses feitiços e fórmulas místicas para induzir sonhos lúcidos e viajar entre os sonhos.

EXERCÍCIO
Ritual de um Pequeno Diário de Sonhos

Use este exercício para manifestar sonhos com clareza e abundância de detalhes e escrevê-los em seu diário.

Você vai precisar de:

- Uma xícara de chá de camomila
- Diário de sonhos e caneta
- Incensário ou prato resistente ao calor
- Incenso de mirra ou palo santo
- Isqueiro ou fósforos

Em uma segunda-feira à noite, de preferência após a lua nova, beba o chá de camomila com o corpo totalmente calmo. Relaxe sua mente e seu corpo e, em seguida, acenda o incenso. Passe o diário dos sonhos pela fumaça do incenso várias vezes. Ao fazer isso, ore várias vezes em voz baixa e clara as palavras seguinte:

Meus sonhos são claros e seus presságios são precisos.

Vá dormir com uma sensação de calma e descanse bem. No dia seguinte, anote todos os detalhes que viu no sonho.

Aprimorando seu Diário de Sonhos

Há muitas coisas que poderá fazer para dar mais poder ao seu diário de sonhos. Além de simplesmente escrever o que vivenciou, desenhe imagens que lembre você dos sonhos, adicione poemas e feitiços inspirados por eles ou experimente algo que particularmente gosto de fazer: inclua algumas ervas secas entre as páginas. Isso irá energizar o diário. Você também pode adicionar óleos para fazer com que sonhos e visões se tornem mais abundantes durante a noite.

Plantas Secas

Aprendi a usar certas ervas com minha mãe, que trabalhava em seu próprio templo natural perto de um rio nos arredores da cidade. Ela sempre coletava ervas e flores próximas ao rio, pesquisava quais eram as plantas e as adicionava ao seu diário pessoal de ervas com um grampeador ou, às vezes, com fita adesiva – qualquer ferramenta que estivesse à mão. Ela colava as plantas frescas nas páginas e escrevia os vários nomes, descrições e usos de cada uma. Com o passar dos dias, as plantas acabavam secando completamente, e o livro parecia cada vez mais rechonchudo e carregado.

Este exercício permitirá que você aprenda dia após dia sobre as plantas, ervas, flores e árvores que crescem no ambiente ao seu redor e que são nutridas diariamente por sua própria energia e presença mágica. As plantas na bruxaria indígena tradicional são geralmente usadas secas para incenso e feitiços ou frescas para rituais de cura e oferendas espirituais.

Você pode incluir em seu diário de sonhos as ervas que ajudarão a ter sonhos abundantes ou qualquer outra experiência onírica focada em um tópico especial. Por exemplo:

- ***Raízes de Adão e Eva:*** para atrair sonhos românticos e sedutores.
- ***Cravos:*** para ter sorte em sonhar com o que deseja e para realizar sonhos.
- ***Crisântemos brancos e amarelos:*** para ganhar força psíquica e perseverança.
- ***Dálias:*** para boa fortuna e boa sorte.
- ***Miosótis:*** não apenas para lembrar melhor dos sonhos, mas também para esclarecer e definir sua intuição.
- ***João, o conquistador:*** para conquistar sonhos e todos os seus obstáculos.
- ***Cinco folhas de louro:*** para que os sonhos se manifestem e o levem à fama e à boa fortuna.
- ***Rosas:*** rosas vermelhas para concentrar a energia desse sonho no caminho do amor; rosas amarelas para concentrar-se no dinheiro, na boa fortuna e na alegria; ou rosas brancas para pureza, calma, bom descanso e proteção.

★★★★★

RECEITA
Mistura de Ervas para o Diário

Sou um pouco obcecado por criar saquinhos mojo (também chamados de sachês) para todos os tipos de propósitos mágicos. Aqui está um que criei para pendurar em meu diário dos sonhos. Embora pareça uma simples decoração, ele é usado para aumentar a magia do diário, transformando-o em um poderoso talismã dos sonhos.

Você vai precisar de:

- Um pequeno pedaço de cristal de quartzo (opcional)
- Uma colher de sopa de lavanda (proteção e entusiasmo)
- Uma colher de sopa de pétalas de rosa branca (pureza e proteção)
- Uma colher de sopa de valeriana (planta recomendada para dormir)
- Fio dourado ou azul
- Isqueiro ou fósforos
- Saquinho mojo azul ou dois quadrados de tecido azul costurados com linha azul ou dourada formando um saquinho
- Tesoura (para cortar o fio)
- Vela azul ou branca

Acenda a vela e coloque todas as ervas e o cristal no saquinho, um a um. Feche o saquinho e amarre-o com a linha. Prenda uma ponta longa do fio no diário; pode usar cola, fita adesiva ou adesivos para fazer isso.

Óleos dos Sonhos

As fragrâncias têm um enorme poder sobre nossos sentidos, especialmente durante o sono. Uma fragrância doce, fresca e sutil, como canela ou eucalipto, em seu quarto, pode ajudar a dormir melhor, enquanto a assafétida ou a valeriana podem ter uma fragrância que está longe de ser requintada. Portanto, elas podem arruinar seu descanso.

Você pode adicionar algumas gotas de óleo essencial entre as páginas e os cantos do diário, que ficará por perto enquanto dorme. Assim como o talismã, ele também proporcionará uma sensação de descanso total.

Aconselho borrifar de três a seis gotas de óleo essencial para dormir na capa ou entre as páginas do seu diário dos sonhos. Isso o transformará em um poderoso talismã protetor.

Aqui estão alguns outros óleos essenciais que podem ser usados:

- ***Óleo de lavanda:*** para proporcionar um descanso bom e pleno.
- ***Óleo de rosa:*** para proporcionar proteção e atrair boa sorte, beleza e amor.
- ***Óleo de laranja:*** para atrair alegria e abundância financeira ou sonhos de abundância e realização.
- ***Óleo de eucalipto:*** para proporcionar proteção, calma e discernimento.
- ***Óleo de sálvia:*** para atrair proteção divina, especialmente proteção psíquica.

Magia dos Sonhos

GUARDIÃO DOS SONHOS: RITUAL DE CONSAGRAÇÃO DE UM DIÁRIO

de ELLA HARRISON

Ler nosso diário de sonhos pode ser como olhar através de uma janela para o nosso inconsciente. Enquanto estamos no estado de sonho, estamos imersos e, geralmente, não nos preocupamos com os simbolismos e padrões mais profundos que surgem continuamente. Ainda assim, os sonhos têm fascinado a humanidade há décadas e psicólogos como Freud dedicaram livros inteiros a desvendar seus significados. Manter um diário pode permitir que processe e analise os sonhos com a mente clara – usando o consciente para descobrir o inconsciente. Mesmo que sinta que não está tendo sonhos no momento, manter um diário pode sinalizar ao seu cérebro que esse assunto é importante, e, com o tempo, poderá se surpreender vivenciando mais sonhos. É como iluminar pela primeira vez um canto escuro da sua mente. Você pode se surpreender com o que irá encontrar.

No animismo, acredita-se no espírito animado em tudo. Aplicar esse conceito a um diário seria vê-lo como um guardião dos sonhos. Não se trata apenas de um diário sem alma, mas de um companheiro de trabalho que mantém seus sonhos e, por sua vez, parte de sua mente em segurança.

Use esse feitiço para consagrar e despertar seu diário para que ele possa guardar essas suas partes em segurança.

Você vai precisar de:

- Caneta com tinta vermelha ou preta
- Cola ou fita adesiva
- Diário de sonhos
- Taglock (vínculo pessoal, como cabelo, cuspe ou até mesmo sangue, se você se sentir confortável)
- Linha de algodão vermelha ou preta com pelo menos 25 centímetros de comprimento

Horário e fase da Lua recomendados: em uma segunda ou quarta-feira de lua nova ou cheia.

Prepare você e seu espaço de acordo com seu caminho ou tradição. Por exemplo, comece tomando um banho de limpeza, abrindo um círculo ou traçando uma bússola mágica, aterrando-se e centralizando-se, etc. Pegue o fio e abra o diário até o meio. Coloque a linha no centro e ao redor da encadernação posterior e, em seguida, amarre-a de modo a criar uma espécie de marcador de página.

Depois, vire a primeira página do diário. Pegue o vínculo pessoal (taglock) e fixe-o ou transfira-o para essa primeira página. Se estiver usando cuspe ou sangue, borre-o no canto da página. Se estiver usando cabelo ou algum outro objeto tangível, utilize cola ou fita adesiva para fixá-lo.

Agora, pegue sua caneta e apresente-se ao diário. Escreva sobre si mesmo como se estivesse escrevendo uma carta para um amigo por correspondência. Em seguida, depois de se apresentar, concentre-se em sua energia e na intenção que tem para este diário. Permita-se escrever livremente sobre o que esse diário se tornará, como se vê trabalhando com ele e suas esperanças de se conectar e descobrir mais sobre você e seu inconsciente. Escreva isso na forma de endereçamento ao diário. Por exemplo: "Querido diário, minhas intenções são..."

Alguns comandos úteis podem ser:

- Que meus sonhos sejam guardados em segurança, para que eu possa desvendá-los com sua ajuda.
- Que você, querido diário, ofereça clareza e levante o véu que separa o mundo dos sonhos e aquilo que nele se oculta.
- Querido diário, ajude-me a compreender a mim mesmo e a me conectar com aqueles que desejam se manifestar no espaço liminar dos sonhos.

Depois de escrever todas essas coisas e ficar satisfeito com suas palavras, use a respiração para dar vida ao diário. De agora em diante, tente anotar todos os sonhos (ou a falta deles) em seu diário, bem como seus pensamentos sobre esses sonhos. Não se esqueça também das datas. Ao abrir o diário, dê leves tapinhas ou sopre suavemente sobre ele para despertá-lo de seu sono. Ao fechá-lo, enrole o fio em volta dele para mantê-lo protegido.

CONTOS TRIBAIS
Povo Hotï

Os Hotï, Jodï ou Joti são um povo ameríndio que vive na Sierra de Maigualida, na Amazônia venezuelana. Também conhecidos como Chicano, Shicana, Yuana, Yuwana e Waruwaru, eles se autodenominam Hodï ou Hotï, termos que significam "povo" ou "aldeia". No ano de 2011, havia apenas 982 membros.

O xamã tribal é um líder espiritual para os descendentes do povo Hotï, mas também um contador de histórias, um curador da linguagem e um conselheiro social. *Waunau* (sonhos) representam o meio utilizado pelos espíritos ancestrais para se comunicar com eles. Dentro de sua tradição religiosa, as pessoas que não sonham são vistas como *Abujres*, ou "pessoas de caminho e destino incertos". Quanto mais sonhos uma pessoa tem, mais ela está em contato com o mundo dos espíritos e dos ancestrais.

Para o povo Hotï, os sonhos são interpretados de duas maneiras: como lembranças de ancestrais que não puderam concluir ou contar sua própria história ou como mensagens da vida após a morte enviadas pelos falecidos e ancestrais. Os Hotï compartilham uma visão na qual todos nascem para se tornar ancestrais, exceto aqueles que têm um caminho ou destino incerto. Aqueles com um caminho incerto estão destinados a nascer, crescer, morrer e retornar à Terra, enquanto todos os outros se tornam ancestrais. Posteriormente, os ancestrais se integram aos espíritos maiores, formando uma única consciência coletiva. Mas eles precisam primeiro vir ao mundo para aprender e curar as gerações seguintes. Dessa forma, a consciência coletiva será mais bela, mais sábia e maior.

CAPÍTULO 10
ALTAR DOS SONHOS

O altar é um espaço sagrado e íntimo de conexão entre o místico e seus deuses e guias espirituais. Para aqueles mais dedicados à meditação e ao trabalho interno, é também um espaço de compreensão, reavaliação, estudo e prática.

Muito mais que um espaço moderno e decorativo cheio de livros, velas e imagens divinas que nos levam a nos conectar com nossas divindades, o altar é como ter um templo em nossa casa. Um altar pode ser formado em uma mesa, na borda de uma janela ou em um pequeno canto do quarto. É o local onde concentramos nosso trabalho mágico, criamos todos os tipos de feitiços, armazenamos conhecimento e guardamos vários amuletos e talismãs até a hora de usá-los.

Um altar pode ser tão pequeno ou tão amplo quanto o espaço escolhido permitir. Ele também pode ser deixado descoberto ou coberto com longas cortinas penduradas no teto. Todos esses fatores são variáveis que dependerão inteiramente do praticante, não do professor, não do guia e, muitas vezes, nem mesmo da Tradição mágica que ele pratica.

Nas Tradições Wiccanianas, o altar serve não apenas como um espaço de conexão com os deuses mais antigos para a realização de todos os tipos de celebrações e Sabbats, mas também como um espaço para lançamento de feitiços, inspiração e criatividade. O iniciado pode colocar todo o seu conhecimento em prática nesse local e realizar uma grande variedade de feitiços e rituais.

Já nas Tradições afro-caribenhas (Candomblé, Quimbanda, Lucumi), o altar geralmente é um espaço grande e funcional para armazenar itens espirituais e todos os tipos de objetos rituais. Nessas Tradições, o altar é visto mais como um espaço mágico que ocupa um canto da casa ou até mesmo uma parede inteira, permitindo que rituais, danças cerimoniais e cânticos sagrados sejam realizados em um espaço muito maior (em comparação com as Tradições Wiccanianas, por exemplo), desde que esses trabalhos esotéricos sejam realizados de um ponto visível do altar.

Para as Tradições espíritas de Portugal, que estão bem enraizadas no Caribe, o altar consiste em um pequeno espaço onde elementos da Tradição esotérica se fundem, como itens pessoais e fotografias dos ancestrais, imagens de santos e pequenos livros sobre orações. Assim, ele funciona mais como um portal ou meio de comunicação para o oráculo ou a bruxa.

Um altar dos sonhos é um espaço de trabalho criado e decorado com foco nos sonhos. É um espaço inteiramente dedicado à magia individual e à análise de nossas visões noturnas e viagens astrais. Um ambiente consagrado a nós e à nossa conexão individual com o espiritual. Não é outro altar com imagens de deuses e santos, porque não é um espaço para trabalhar com eles. É uma área de trabalho mágica para praticar adivinhação relacionada a sonhos, queimar incenso, preparar poções, pendurar nossos talismãs e colocar nossa xícara de chá antes de dormir.

Agora, vamos primeiro discutir como montar um altar geral antes de passarmos à criação do nosso próprio altar dos sonhos.

Um Altar Geral

Uma grande variedade de livros disponíveis oferece diversas opções sobre como criar um altar mágico. Hoje em dia, temos autores modernos que ensinam como montar um espaço de altar funcional em casa, incluindo *Witchful Thinking*, de Zoë Howe, e *Witch Life*, de Emma Kathryn.

Há vários elementos que a maioria dos altares têm em comum: velas; incensários; estátuas; representações dos elementos; copos com água, copos com vinho ou copos com ambos. Há também algumas restrições comuns aos altares e, de acordo com cada Tradição, algumas podem ser bastante específicas. Em Lucumi, por exemplo, nunca se deve ficar nu em frente ao altar. Por outro lado, algumas restrições são mais simples e certamente lógicas, como não colocar nada no espaço do altar que não corresponda a ele. Isso pode incluir pentes, telefones celulares, chaves de carro, etc.

Ao começar a criar seu altar, não se preocupe em preencher o espaço e comprar tudo o que achar necessário. A maioria dos feiticeiros adquire seus itens com o tempo, e isso geralmente leva anos, portanto, não se sinta obrigado a correr para a loja esotérica mais próxima para encontrar tudo o que aparece neste livro.

Escolha seu Espaço

Criar um altar geral pode começar simplesmente selecionando o espaço que se tornará seu local sagrado de conexão e evolução espiritual. Primeiro, escolha um cômodo e uma parede ou canto apropriados para colocar seu altar. Em seguida, encontre uma mesa ou superfície plana para usar como altar. Por algum tempo, enquanto morei sozinho, meu altar consistia em uma velha cadeira de plástico coberta com uma toalha laranja grossa, sobre a qual eu colocava uma base redonda de madeira com um pequeno incensário (para representar o elemento Ar), um espelho de mão (para meus rituais de proteção e visualização), um copo com água (para simbolizar a presença dos espíritos da Água), um pires com sal (para purificação e para simbolizar a Terra e seus gnomos), um ventilador (para mover a fumaça do incenso pelo cômodo) e algumas velas (para simbolizar o Fogo). Depois de escolher uma mesa, é necessário limpar bem o local. Isso pode ser feito simplesmente polvilhando um pouco de sal no chão e varrendo-o depois para cancelar as energias negativas.

Nas práticas indígenas venezuelanas e colombianas, os altares são feitos de pedra retirada de um parque ou de um rio, enquanto, especificamente na Tradição mágica sul-americana de *Los Encantados* (Os Encantados), recomenda-se que os altares sejam feitos de pedra ou mármore. Esses são elementos bastante resistentes, que também serão constantemente ungidos com a magia ritualística do feiticeiro que trabalha sobre eles. Entretanto, uma tábua de madeira também serve.

Em vários locais de rituais das cidades de Caracas, na Venezuela, e Cartagena, na Colômbia, é comum encontrar altares rurais improvisados que consistem em uma tábua de madeira colocada sobre quatro tijolos com símbolos rituais desenhados com giz ou com cascas pintadas com têmpera. Embora o material talvez não seja o mais resistente, ele não diminui a magia do feiticeiro ou praticante em questão.

Itens do Altar

Depois de encontrar o local e uma mesa, cubra a superfície plana com uma toalha escura reservada exclusivamente para o altar e nada mais. Em seguida, coloque todos os itens coletados no altar.

Como recomendação pessoal, procure itens que tenham o tamanho exato para seu espaço e tente adquirir elementos resistentes ao calor e ao fogo, como os feitos de bronze ou aço. Os incensários de cerâmica ou metal são ideais, mesmo que os de madeira ofereçam um visual mais ecológico e tradicional. Adquira garrafas de vidro para armazenar óleos e ervas, pois elas são mais adequadas do que as garrafas de plástico.

Recomenda-se colocar os itens no altar no sentido horário, começando pelo Leste e continuando para o Sul, Oeste e Norte. De acordo com sua Tradição mágica, pode haver diferenças nessa ordem. Se você não pertence ou não foi iniciado em nenhuma Tradição mágica, dê início pelo mais básico, começando pelo Leste, com itens associados ao elemento Ar/Vento. Isso pode incluir leques, incensários ou um sino suspenso. Em seguida, em direção ao Sul, coloque itens associados ao elemento Fogo, como velas, fósforos, um candelabro ou castiçais. Depois, na direção Oeste, coloque os itens associados ao elemento Água. Isso pode incluir uma tigela ou um copo de água, uma taça de vinho ou conchas do mar. Finalmente, em direção ao Norte, posicione itens que representem e se conectem com o elemento Terra, incluindo sal, areia, pedras e minerais ou plantas.

Estatuetas e todos os tipos de imagens associadas à sua tradição religiosa são bem-vindos a esse espaço. Podem ser figuras ou representações de Orixás, deusas, anjos, espíritos, demônios, fadas, etc. Embora seja ideal manter altares separados se você pertencer a mais de uma Tradição, não vou negar que, em mais de uma ocasião, entre uma mudança e outra, aprendi a improvisar com todos os meus deuses e guias espirituais confinados em um espaço minúsculo. Quando cheguei aos Estados Unidos e não tinha dinheiro para criar um altar completamente novo, comprei uma pequena sapateira de madeira e cilindros de plástico por 12 dólares em uma loja local. Cobri a prateleira com um longo lenço roxo e coloquei algumas bandejas de alumínio sobre ela – do tipo que os restaurantes usam para servir comida para viagem. Nessas bandejas, acendi velas e queimei incenso diariamente.

Não era o ideal, mas é a prova de que podemos nos adaptar a qualquer situação. Acho que todo o meu trabalho mágico valeu a pena ou simplesmente meus guias precisavam de mais espaço, porque, alguns meses depois, eu tinha duas mesas de altar separadas e muito mais largas, colocadas uma na frente da outra, criando um grande espaço para rituais no centro.

O Altar dos Sonhos

Já vimos as coisas mais básicas que se deve saber sobre a criação e o uso de um altar mágico geral, agora vou lhe oferecer duas opções de altar dos sonhos. Ambas são perfeitas para uma Bruxa dos Sonhos e ambas são derivadas da bruxaria latino-americana. A primeira opção é a minha versão, e ela pega emprestados elementos de duas tradições diferentes, mas muito semelhantes: a popular tradição mágica sul-americana *Los Encantados* e a tradição hispano-venezuelana *La Corte de las Brujas*. A outra versão mágica, que está incluída perto do final deste capítulo, foi dada a este livro pela maravilhosa Lorraine Monteagut, PhD, e também é muito prática.

Você pode escolher apenas uma ou usar as duas. Pode também pegar emprestados elementos de ambos os altares e criar o seu próprio.

Dedicando Espaço

A primeira coisa que vai precisar é de um pequeno espaço para rituais em seu quarto. Dependendo do espaço que tiver, isso pode consistir em uma pequena mesa no canto ou no centro de uma parede completamente vazia. Também pode ser o amplo peitoril de uma janela do quarto, embora essa não seja a melhor opção por motivos de praticidade e privacidade.

Uma mesa de cabeceira tem o tamanho e a altura adequados para esse trabalho, pois normalmente trabalhamos sentados no chão em frente ao altar, mas pode usar uma mesa maior ou mais alta se achar mais confortável.

Por exemplo, devido à minha altura e ao fato de eu preferir ficar em pé, gosto de manter altares altos, especialmente para que os animais de estimação não possam alcançá-los e causar desastres.

Depois de escolher seu altar, use uma toalha de mesa de cor escura para cobri-lo totalmente – até o chão. As cores recomendadas para essa toalha são azul, índigo, roxo ou preto. Essas são cores associadas à noite e aos guardiões do mundo dos sonhos.

Em seguida, adicione uma base resistente. Gosto dessa base principalmente pelo aspecto visual, mas também a recomendo pela praticidade de não colocar todos os elementos do altar diretamente sobre a toalha de mesa. É melhor se puder obter uma bandeja de metal com uma base redonda de madeira. Isso geralmente é fácil de conseguir em lojas de artesanato. Um amigo me deu a ideia de usar um pedaço fino e comprido de ágata em cores escuras.

Coleta de Itens do Altar

Agora que tem o espaço para o altar e o próprio altar, é hora de se concentrar nos elementos que o complementarão e ajudarão a realizar seu trabalho mágico. Não se sinta pressionado a encontrar todos os elementos em um único dia. Você sempre pode começar com os materiais mais simples e práticos, como sal, um copo de água e velas do mercado, enquanto dedica tempo para adquirir todos os outros itens. O altar estará lá; não se trata de uma coisa única.

Castiçal

Adicione um castiçal (de preferência de metal). Nesse altar, colocaremos apenas uma vela por noite, acrescentando outra vela somente se um feitiço exigir especificamente isso. Como estamos trabalhando com a noite, os sonhos e as sombras, a luz da vela será uma de nossas muitas âncoras para o mundo físico. Muitas vezes, usaremos uma única vela que será continuamente acesa e apagada por várias noites consecutivas.

Incensário

Coloque um incensário resistente ao calor, de metal ou cerâmica. Também pode ser um caldeirão pequeno, que está amplamente disponível em uma variedade de tamanhos nas lojas, ou pode ser apenas um prato resistente ao calor. Você usará esse objeto para queimar cones de incenso ou incenso de ervas com a ajuda de um pedaço de carvão.

Bola de cristal

Outro item para seu altar dos sonhos é uma bola de cristal. Há algumas pequenas no mercado que cabem perfeitamente em sua mão e são ideais para um altar pequeno. Essas esferas de cristal podem ajudar você a receber presságios e visões do futuro e são especialmente adequadas se estiver tentando se lembrar de um sonho. Para isso, acenda uma vela, respire fundo e observe cuidadosamente a luz da vela na esfera e as visões que ela mostra.

Adaga ou Athame

Você também precisará de uma faca ritual, que pode ser uma faca consagrada de sua Tradição mágica, como uma adaga pequena ou um Athame. Esses instrumentos não são acessíveis em todos os países ou em todas as culturas, mesmo hoje em dia com a acessibilidade da Internet. Por esse motivo, eles são comumente substituídos por uma pequena lâmina ou faca, que poderá abençoar ungindo-a com água de um rio próximo e algumas gotas de arruda e óleo de sândalo ou óleo de rosas, ou deixando-a na janela em noite de lua cheia.

Use essa lâmina somente para cortar plantas para seus rituais e mantenha-a embaixo ou atrás do altar como um amuleto de proteção para que a lâmina ou a faca nunca chegue até você ou possa machucá-lo.

Frasco para Ervas

Você também precisará de um pequeno frasco de vidro com tampa para armazenar suas ervas para dormir (certifique-se de não adicionar nenhuma erva tóxica ou venenosa). Essas são as ervas que usará para preparar suas infusões, queimar como incenso ou encher sachês e saquinhos de feitiço para a magia dos sonhos. Você pode comprar e ter vários frascos para manter todas as suas ervas separadas e não as misturar. Basta identificá-los com etiquetas ou adesivos e mantê-los fechados em um local fresco.

Espelho

Encontre um pequeno espelho para seu altar e unte-o em uma noite de lua nova com uma infusão de artemísia e alecrim para obter clarividência e boa sorte. De acordo com o folclore latino-americano, um espelho lavado com água de artemísia nos permite ver os espíritos que se aproximam com más intenções.

Imagem da Lua

Para representar a noite e os ciclos lunares, sugiro que acrescente uma figura da lua crescente ou um desenho de uma lua ao espaço do seu altar. Algumas vezes, gosto de substituir meu desenho feito à mão por uma fotografia da Lua impressa em boa qualidade, na qual eu escrevo uma pequena rima sobre a Lua e os sonhos no verso. Você pode se inspirar nisso também. E ainda, essa representação pode ser a carta de tarô da Lua ou um desenho dela.

Planta de Artemísia, pequena (opcional)

Se tiver espaço suficiente e luz natural em seu quarto, uma planta de artemísia em um pequeno vaso no altar lhe trará clarividência, bons presságios, clareza mental e boa sorte em todas as questões relacionadas a sonhos, sonhos lúcidos e projeção astral.

Papel e Tinta

Mantenha sempre tinta ou canetas e folhas de papel soltas em seu altar para escrever receitas e infusões ou para desenhar seus sonhos. Não seria uma surpresa se acordasse um dia e visse que conseguiu escrever algo no papel enquanto dormia.

Pentagrama

O símbolo do Pentagrama (uma estrela de cinco pontas dentro de um círculo) não é algo típico das culturas indígenas latino-americanas, mas, mesmo assim, o Pentagrama é um valioso emblema de poder para as bruxas. Ele não apenas representa os elementos, mas também é o desenho e a representação de uma estrela, e essa é a representação que buscamos trazer para o altar – uma estrela que ilumina as noites mais escuras, um lampejo de luz que funciona como uma âncora, manifestando-se em seus pesadelos (caso eles aconteçam) para trazê-lo de volta à luz.

Você vai precisar de um Pentagrama de madeira, que pode ser encontrado em uma loja, ou de um desenho provisório de um Pentagrama que você mesmo pode fazer em papel e manter no altar. O Pentagrama simboliza os elementos da criação, o espírito consciente que ganha poder sobre os elementos que governam cada plano de existência, a forma humana como um ícone de poder e o poder das bruxas que é infinito e mutável.

No altar, o Pentagrama funciona como um ímã que o manterá ancorado durante os dias de meditação, oferece proteção e funciona como um pequeno oráculo que pode alertar você por meio de diferentes formas dentro de seu poder, se estiver em uma situação perigosa ou se alguém estiver interferindo em seu trabalho mágico.

Gemas de Proteção Psíquica

Todas as gemas, pedras e minerais que ajudam a fortalecer a psique e a proteger a mente e a aura podem ser espalhados sobre o altar ou colocados em um pequeno pires sobre ele. Pode incluir pequenas figuras feitas de cristal de quartzo, ônix-preto, azabache e olho de tigre, se desejar.

Sal

Seu altar precisará de um pires ou pote pequeno cheio com sal. Pode ser sal de cozinha, sal grosso ou até mesmo sal de banho com infusão de óleos aromáticos. O sal será usado simbolicamente para canalizar a Terra, mas também absorverá de forma independente todas as vibraçoes negativas que chegarem ao espaço e aos arredores do altar. Lembre-se de substituir o sal de vez em quando – a cada duas ou três semanas ou toda noite de lua nova.

Conchas do Mar

As conchas representam o mar, as águas da criação, o início da vida e, na visão dos indígenas latino-americanos, o mundo dos espíritos. As conchas que coletou na praia ou que alguém lhe deu podem ser um complemento bonito e poderoso para o seu altar. Elas canalizam as águas e nos conectam com o oceano onde quer que estejamos; proporcionam uma sensação de harmonia e calma; e são (assim como as conchas das tartarugas) um poderoso talismã de proteção contra ataques psíquicos e visões noturnas.

Vaso (opcional)

Em seu espaço sagrado no altar, um pequeno vaso ou um copo alto com plantas secas podem ser mantidos para ajudar a relaxar e dormir, como lavanda, eucalipto, hortelã e crisântemo-branco.

Copo com Água

Um copo com água é necessário em seu altar. Pode ser água da torneira da cozinha, mas se puder usar água de um rio, lago, chuva ou qualquer outra fonte natural, isso será útil. Se usar água do mar (água salgada), pode adicionar conchas para canalizar melhor a força e a energia espiritual desse poderoso elemento. Se usar água de um rio ou de uma fonte semelhante, pode coletar algumas pedras pequenas do local e colocá-las no altar como uma forma de trazer a natureza com você.

EXERCÍCIO
Ritual para Ativar o Altar

Depois que o altar estiver montado e pronto e o espaço sagrado tiver sido construído, é hora de ativá-lo e usá-lo; este é um ritual que poderá ser feito para que isso aconteça. Este trabalho usa uma rosa. No espiritualismo latino-americano, as rosas representam o ciclo entre a vida e a morte. Os espíritos das rosas são uma forma de psicopompo capaz de se mover entre o mundo dos vivos e o mundo dos mortos, já que as rosas cortadas acabam murchando.

Você vai precisar de:

- Caneta com tinta azul
- Incensário ou prato resistente ao calor
- Incenso de rosa ou baunilha
- Isqueiro ou fósforos
- Óleo essencial de rosa, gardênia ou eucalipto
- Papel branco ou azul-claro
- Rosa branca em um copo ou vaso com água
- Vela azul em um castiçal
- Ventilador

Coloque a rosa no altar, o incenso no incensário e acenda o bastão de incenso. Usando o ventilador, mova a fumaça perfumada do incenso em todas as direções possíveis e ao redor do ambiente.

Unte a vela com algumas gotas de um ou mais dos óleos, coloque-a no centro do altar e acenda-a.

No papel e com a caneta, escreva seu nome sete vezes e faça um desenho. Pode ser qualquer desenho que lhe venha à mente no momento. Faça-o com calma e sem distrações. Depois de desenhar, dobre o papel e coloque-o sob o altar como uma assinatura pessoal. Mantenha-o ali ou guarde-o mais tarde em seu diário.

Três Guardiões do Altar

Seu altar dos sonhos é um portal mágico para suas experiências oníricas. Essa é a razão pela qual é importante ter guardiões para proteger você e seu altar contra quaisquer entidades ou espíritos ruins.

Os três guardiões ou portadores das chaves representam os três estados dos sonhos: o sonho consciente ou guiado, o sonho inconsciente comum e o sonho lúcido. Este último é também o que nos dá acesso a diferentes formas de projeção.

Esses três guardiões estão sempre presentes sob diferentes formas em cada sonho que temos. Eles respondem a um nome comum quando os encontramos e geralmente têm a mesma aparência quando descobrimos seus nomes, que são individuais e diferentes para cada sonhador; descobrir seus nomes, embora não seja uma prioridade, nos leva a um dos níveis mais complexos de elevação e trabalho. No entanto, eles são espíritos poderosos e não revelarão seus nomes imediatamente, porque precisam confiar em você primeiro.

Quando descobrir seus nomes, é seu dever mantê-los em segredo se quiser avançar em seu caminho. É importante anotar esses nomes, portanto, recomendo que os mantenha escritos em segredo absoluto e não os compartilhe com ninguém. Alguém é seu amigo hoje, com certeza, mas amanhã, quem sabe? Eles poderiam usar esses nomes sagrados para entrar em seus sonhos e causar todo tipo de desequilíbrio.

As figuras dos três guardiões devem ser feitas e interpretadas por você. Se quiser inspiração externa, recomendo procurar ilustrações da carta de tarô O Eremita, que se parece exatamente com esses guardiões. Seus rostos são mantidos em completa sombra sob seus mantos, sob os quais guardam todos os tipos de objetos mágicos, pergaminhos encantados e relíquias de suas vidas passadas.

Magia dos Sonhos

O ALTAR DOS SONHOS

de LORRAINE MONTEAGUT, PHD

O sono é um ritual frequentemente negligenciado em nossas preparações mágicas, mas o estado onírico nos oferece oportunidades de transformação todos os dias. Por que não o tratar com a reverência que reservamos para outros rituais? Em minha própria prática, descobri que manter um altar dos sonhos separado em meu quarto me ajuda a criar uma rotina saudável em torno do sono e inspira o sonho lúcido. Aqui estão algumas dicas para montar seu próprio altar dos sonhos e incorporá-lo aos seus rituais diários:

Crie Seu Espaço

Encontre um local em seu quarto no qual possa visitá-lo tranquilamente todas as noites antes de ir para a cama. Esse local não precisa ocupar muito espaço. Eu uso um parapeito de janela grande e agradável ao lado da minha cama. Pode usar a parte superior da cômoda ou a mesa de cabeceira, se preferir, mas lembre-se de poder se sentar ou ficar de pé confortavelmente em frente ao seu altar.

Depois de encontrar o local, limpe o espaço de todos os objetos que não pertencem ao seu altar dos sonhos. Limpe todas as superfícies com uma solução diluída, como Água da Flórida. Você pode limpar o ar ao redor do altar com um feixe de fumaça sustentável.

Prepare o Altar

É hora de montar o altar dos seus sonhos! Ele pode ser tão simples ou tão elaborado quanto quiser. Eu gosto de representar todos os elementos em meu altar. Aqui estão alguns exemplos de itens de altar relacionados aos elementos que você poderá escolher:

- **Terra:** flores, ervas, pedras preciosas
- **Água:** cálice, fotografias, relíquias de família
- **Fogo:** velas, incenso, feixes de limpeza de fumaça
- **Ar:** diários, livros de feitiços, grimórios
- **Espaço:** ferramentas de adivinhação, como pêndulos, baralhos de tarô, runas

Verifique as correspondências das coisas que você usa. Por exemplo, a erva artemísia é especialmente potente para o sonho lúcido, enquanto a lavanda é calmante e favorece o descanso. O quartzo ajuda a clarear a mente, a ametista ajuda a explorar a intuição e a obsidiana e a turmalina protegem sua energia enquanto dorme. A água energizada sob a luz da lua é uma boa oferenda.

Como Usar o Altar

Visite seu altar logo antes de dormir. Certifique-se de que já tenha feito todos os outros rituais de preparação para dormir e de que esteja confortável. O que está vestindo? Como está a temperatura? Uma vez diante do altar, gosto de interagir com cada item de uma forma simples. Posso adicionar água a uma taça, acender um incenso, abrir meu livro de feitiços em uma página e ler em voz alta, ou tirar uma carta de tarô. Esta é a sua prática. Siga sua curiosidade e intuição.

A parte mais importante – o coração do ritual do altar dos sonhos – é a sua intenção. Para isso, anote qualquer coisa que esteja pesando sobre você ou que esteja se agitando em sua mente. Você pode dizer isso a si mesmo em silêncio, falar em voz alta ou escrever em um diário. Diga a si mesmo que isso ainda estará esperando por você quando voltar do mundo dos sonhos. Em seguida, peça o sonho que gostaria de ter. Talvez tenha uma pessoa que gostaria de ver ou um lugar que gostaria de visitar. Tente se desligar da resolução de problemas e pergunte a si mesmo o que realmente deseja. Novamente, você pode fazer isso da maneira que quiser, seja em pensamento, fala ou escrita.

Depois de definir sua intenção, é hora de dizer boa noite. Você pode usar uma forma de adivinhação para receber uma mensagem antes de se recolher. Apague suas velas. Faça uma oração. Vá para a cama. E, com sorte, sonhará.

Reforçando, quando acordo, gosto de registrar meus sonhos em um diário para me lembrar deles. Use a água do altar para regar suas plantas. Não beba a água e sempre a renove na noite seguinte.

CONTOS TRIBAIS
Povo Chácobo

Os Chácobo são o grupo étnico indígena que habita o nordeste da Bolívia. A tribo é composta por menos de duas mil pessoas e tem uma organização hierárquica bem estruturada com um chefe seguido por vários outros chefes menores. Em sua maioria, são povos nômades de caçadores e pescadores.

Para os Chácobo, a figura principal de sua cultura e religião é Káko, um herói travesso, cuja história é semelhante à de Prometeu, o herói grego que roubou o fogo do Olimpo. Káko entrou no mundo subterrâneo e foi guiado pelos Yushini, as almas dos mortos cujos nomes foram esquecidos e, portanto, não se lembram de quem eram. Uma vez lá, Káko roubou o fogo de Asijka, ou Ashija, a velha bruxa que havia se apropriado do fogo e da arte de cultivar plantas.

Depois de ter o fogo em suas mãos, Káko subiu à superfície, encontrando seu caminho em uma caverna escura. Ele usou o fogo para forçar os banshees a descansar e descer para o mundo abaixo do chão. E então moldou o mundo para torná-lo o que é hoje, pois o mundo não tinha forma.

Com o fogo nas mãos do povo, os Chácobo podiam cozinhar seus alimentos, iluminar as cavernas e se aquecer à noite. Eles não precisavam mais implorar à velha bruxa por frutas e comida. Depois disso, a bruxa permaneceu prisioneira no mundo escuro. Ela só podia se manifestar por meio de sonhos e pesadelos, nos quais implorava às pessoas que lhe trouxessem fogo para aquecer seus ossos velhos em troca do poder de mudar de forma à noite.

O Yóbeka é o líder espiritual da tribo, geralmente considerado em termos antropológicos como o xamã. Esse trabalhador espiritual recebe uma iniciação em uma idade muito avançada enquanto masca tabaco nas proximidades do Rio Ivón, um lugar sagrado para eles, considerado o rio que cobre a caverna pela qual Káko escapou. Eles também ingerem *Banisteriopsis caapi* (o cipó do qual a ayahuasca é cozida).

CAPÍTULO 11

FASES DA LUA E OS SONHOS

A feitiçaria e a magia têm sido fortemente influenciadas pelas fases lunares – não apenas da perspectiva Wiccaniana, mas também em muitos caminhos esotéricos na América Latina. O caminho iniciático dos *Los Encantados* no Chile, Bolívia, El Salvador e Guatemala; a *Tradição Espiritista Nativista* (Tradição Espírita) na Venezuela; e o caminho da *Dama de las Aguas* (Senhora de Todas as Águas) no Brasil são exemplos de tradições esotéricas em que a Lua tem uma forte presença e influência que deve ser levada em consideração. Isso, no entanto, não é feito de maneira obrigatória, sendo mais uma prática sugerida para complementar diversos serviços rituais de acordo com o ciclo lunar.

Segundo um estudo científico da Universidade de Washington, as fases lunares, de uma forma ou de outra, têm uma série de efeitos em nossas atividades diárias. A qualidade da iluminação noturna pela Lua e outros fatores têm uma enorme influência sobre os estágios do sono e sua qualidade também.[34]

Parte desse estudo mostra, inclusive, que nos dias que antecedem a lua cheia, dormimos menos horas e é mais difícil adormecer, enquanto nas noites de lua minguante e antes da lua nova, dormimos mais horas e vamos para a cama mais cedo.[35]

Esse estudo, embora clinicamente preciso porque foi testado pela comunidade científica em vários grupos populacionais em várias cidades, não acrescenta nada de novo nem contradiz nada que já não tenha sido tratado há anos no campo esotérico. Por exemplo, nas noites que antecedem a lua cheia, nos sentimos mais nutridos pela energia lunar e é mais difícil adormecer e, no

34. Casiraghi et al., "Moonstruck Sleep."
Kronfeld-Schor et al., "Chronobiology by Moonlight.
35. Cajochen et al., "Evidence that the Lunar Cycle Influences Human Sleep."

folclore, isso também tem uma enorme influência no fenômeno paranormal dos lobisomens. Nas noites que antecedem a lua nova, dormimos mais porque estamos percebendo menos luz da Lua todos os dias na atmosfera e nosso corpo se sente mais exausto à noite.[36]

Tempo da Bruxaria dos Sonhos

Quando se trata de magia e feitiçaria, as fases lunares estão ligadas à maneira como nossos feitiços, rituais e encantamentos se desenvolvem.

Na astrologia, o Sol representa o eu exterior, a forma como nos apresentamos aos outros e a maneira como somos percebidos quando olham para nós, enquanto a Lua representa nosso eu interior, nosso subconsciente e tudo o que habita em nosso interior. Em resumo, a Lua e suas fases estão associadas ao mundo interior, aos processos de transformação interior e ao que os ativa ou os mantém em constante operação. Ela afeta tudo o que o leva a agir a partir de seu interior, seja para o bem ou para o mal.

Na magia moderna, usamos a energia que as fases lunares manifestam para reforçar nossos feitiços e vários rituais ou até mesmo para realizar, fabricar e consagrar nossos amuletos. Por exemplo, a lua nova representa inícios e recomeços, por isso é uma época adequada para a realização de feitiços e amuletos voltados para o início de novos processos e estudos acadêmicos, para o estudo de novas formas de magia e para a realização de rituais que

36. Röösli, "Sleepless Night, the Moon Is Bright."

atraiam algo novo (um novo amor, uma nova amizade, um novo emprego). A lua cheia representa a abundância, a celebração, a plenitude e a luz que revela tudo, e é o momento perfeito para realizar feitiços que agradecem, celebram e duplicam a abundância, a riqueza e o progresso. A lua minguante, por outro lado, é a fase em que a Lua está perdendo a luz e mergulhando na sombra para se renovar. Esse estágio do ciclo está relacionado à magia destinada a baixar alguma forma de energia, anular feitiços e maldições ou diminuir o poder que uma Bruxa tem sobre nós.

Se a Lua está associada no mundo esotérico à manifestação e à direção de nossa energia, e se está associada a tudo o que nos habita internamente e nos transforma no reino astrológico, é importante considerar como esses aspectos lunares também influenciam nossas fases do sono e os sonhos que temos. Afinal, os sonhos fazem parte de nossos processos internos e estão repletos de energia de manifestação e transformação.

EXERCÍCIO
Exercício da Hora do Sonho

Na bruxaria, é comum falarmos sobre como a Lua e suas fases dominam certas formas de magia e feitiçaria, como as fases lunares afetam as marés e os ciclos do sono, e quais fases são mais eficazes para cada feitiço que realizamos ou talismã que confeccionamos. Embora todas essas discussões sejam válidas, é importante dedicarmos um tempo para estudar como essas fases nos afetam pessoalmente – e é por isso que este exercício é tão essencial.

Você vai precisar de:

- Calendário ou aplicativo digital que mostre as fases lunares
- Calendário pessoal
- Caneta ou lápis
- Diário de sonhos

Com a ajuda de um calendário ou de um aplicativo digital que forneça informações sobre as fases lunares, localize e identifique a próxima lua nova e anote esse dia em seu diário de sonhos. A partir daí, desenhe ou marque em seu próprio calendário as próximas três fases. Por exemplo, se a próxima segunda-feira for a lua nova, a segunda-feira seguinte será a lua crescente, a segunda ou terça-feira seguinte será a lua cheia e a semana seguinte começará com a lua minguante.

Essa é uma configuração bastante simplificada, mas é definitivamente fácil de seguir para aqueles que não estão tão familiarizados com os aspectos mais profundos da astrologia. Em resumo, este método é simples, mas útil.

Quando chegar a noite da lua nova, vá dormir e mantenha seu diário por perto. Ao acordar no dia seguinte, comece a escrever sobre sua noite de descanso. Que tipo de sonhos teve, se é que houve algum? Se aconteceu de ter um pesadelo ou algum problema para dormir, talvez alguma ansiedade ou insônia, escreva isso também.

A partir de então, em cada uma das noites seguintes até a próxima lua nova, mantenha essas anotações atualizadas. Embora os astros afetem a todos nós de forma geral, cada indivíduo tem um traço energético único, o que significa que cada pessoa reage de uma forma diferente a determinados aspectos. Isso vai muito além da astrologia básica convencional. Em vez disso, é uma prática individual que convida a trabalhar com seu próprio campo de energia e a entender como ele reage e se manifesta de acordo com a lua.

Depois de anos estudando vários livros de astrologia e fazendo este exercício, percebi que nas noites de lua nova eu adormeço mais rápido, enquanto nas noites de lua cheia eu tendo a ficar mais ansioso. Em algumas noites antes da lua cheia, posso ficar acordado até às quatro da manhã sem sentir sono, o que me leva a passar horas acordado na cama, rolando de um lado para o outro para tentar dormir. Nas noites após a lua cheia, começo a dormir mais profundamente e até por mais horas.

Já sugeri este exercício a outras pessoas, e elas geralmente têm resultados bem diferentes, muitas vezes contrários aos meus. Muitos dormem melhor com a lua cheia, e alguns de meus colegas tendem a ter mais ansiedade noturna com a lua nova. Essas noites de lua nova também são quando os pesadelos são mais comuns.

Essas informações pessoais são de vital importância porque nos ajudam, embora não em grande profundidade, a entender melhor como nossa psique funciona e como ela pode se conectar aos movimentos planetários e aos ciclos lunares. Esse conhecimento não ajuda apenas nos aspectos mágicos, astrológicos e sociais, mas também em um aspecto totalmente individual e mais espiritual.

Por exemplo, se depois de ter sido disciplinado e realizado este exercício por cerca de três ciclos lunares consecutivos eu perceber que a lua minguante me causa ansiedade, talvez eu possa usar essa informação a meu favor. Talvez possa optar por não realizar certos feitiços e trabalhos mágicos durante essa fase, porque meu estado emocional pode afetar completamente o trabalho que estou fazendo.

Se, por outro lado, eu descobrir que durante as noites de lua crescente eu tendo a dormir melhor e a me sentir mais descansado pela manhã, talvez eu possa pensar no futuro e planejar meus rituais mais complicados para esses dias ou para os dias anteriores à lua cheia.

As Fases da Lua e os Sonhos

As fases lunares têm diversos efeitos sobre todos os indivíduos, plantas, espíritos e animais, portanto, não é de surpreender que elas também possam afetar nossos estados de sono e visões noturnas. Nas seções a seguir, estudaremos alguns desses efeitos em mais detalhes e examinaremos como os movimentos desse satélite terrestre natural afetam nossos sonhos e a maneira como os percebemos.

Lua nova

A lua nova é o momento em que semeamos intenções de crescimento. Tudo o que é novo ou está em um período de renovação é celebrado e fortalecido com essa fase lunar. Há pouca luz no céu e as noites escuras nos motivam a prolongar nosso descanso. Entretanto, é comum acordarmos de manhã com uma sensação de exaustão, como se não tivéssemos descansado o suficiente.

Durante essas noites, os rituais e feitiços dedicados a explorar a sombra individual, as partes escuras de nossa mente, nossos medos e pesadelos, bem como a análise profunda de situações passadas que não nos permitiram seguir em frente, adquirem maior poder.

Ao longo dessas noites, os sonhos estão abertos à exploração, embora muitas vezes sejam mais sombrios e enigmáticos – talvez até perturbadores. São também os sonhos que nos convidam a estudar nossa psique e a explorar em detalhes as visões noturnas que nos aparecem.

As noites de lua nova nos convidam a dar os primeiros passos no mundo dos sonhos, a preparar nosso travesseiro dos sonhos e nosso diário, bem como a queimar incenso fora de casa para dissipar as energias negativas, afastar os maus espíritos e convidar as fadas a nos ajudarem em seu maravilhoso reino.

Lua crescente (fase de aumento da luz)

A fase crescente é o momento lunar de crescimento e superação. É quando testemunhamos a Lua se cobrindo de mais luz a cada noite à medida que o tempo avança. As plantas e os animais começam a receber mais luz e energia da Lua; a Terra e todos os seus habitantes são nutridos noite após noite.

Esta fase é um bom momento para realizar feitiços e rituais que buscam desenvolver ou aumentar um sentimento, carregar energeticamente uma situação, transmutar ou redirecionar a energia de uma maneira diferente.

Também é um bom momento para realizar feitiços e rituais dedicados ao crescimento pessoal e à evolução individual.

Durante essas noites, os sonhos começam a se manifestar com pouca clareza e, muitas vezes, só conseguimos perceber algumas pistas e traços do que realmente está lá. Os sonhos são percebidos como situações escuras sob uma névoa espessa, e é comum que sejam vistos como repetitivos, noite após noite.

Lua cheia

A Lua cobriu sua bela figura com um vestido feito de seda e luz prateada. As criaturas da noite se sentem mais poderosas, mais fortes e ainda mais belas. Há um sopro de invulnerabilidade no ar, e as bruxas sentem isso mais profundamente do que qualquer outra pessoa. As luas cheias são momentos de celebração, grandeza, evolução e plenitude.

As noites de lua cheia são as mais poderosas para a realização de trabalhos mágicos e talismãs que buscam liberar e fortalecer uma pessoa, situação ou sentimento. Nessas noites, abençoamos nossos rituais externos com a presença da Lua e banhamos nossos talismãs com a luz lunar.

Os sonhos são percebidos com maior clareza, compreensão e eloquência durante essa fase. As divindades do mundo dos sonhos nos dão as chaves para acessar a sabedoria profunda e nos convidam a meditar para aprofundar nossos sonhos e aprimorar nossa intuição.

Se o seu desejo é ter sonhos que mergulham no passado ou no futuro, realizar um ritual para fazer um sonho se repetir com mais clareza ou entrar nos sonhos de outro feiticeiro, este é o momento em que nossa energia se manifesta com mais fluidez e nos convida a tentar. É o momento lunar mais adequado para praticar o sonho lúcido, desenhar um mapa dos sonhos ou realizar os rituais de cura e proteção que não ousamos colocar em prática no passado por medo.

Lua minguante (fase de diminuição da luz)

Durante a fase minguante, a Lua está perdendo a claridade a cada noite e começa a escurecer novamente. É o momento lunar em que devemos lançar feitiços ou fazer amuletos que busquem enfraquecer, desviar ou anular completamente uma energia, situação ou emoção. Isso pode incluir acabar com um vício, afastar uma entidade negativa de nossas vidas, forçar a saída de um sentimento ou de uma situação que não nos deixa confortáveis, neutralizar os efeitos de algum feitiço ou maldição feita contra nós ou anular completamente os poderes de um feiticeiro que amaldiçoou um de nossos entes queridos.

Essa é a fase lunar em que nossos sonhos começam a perder a clareza e voltamos a sentir vontade de dormir por períodos mais longos. Nossos sonhos começam a nos levar a mergulhar menos no cotidiano e mais em nosso subconsciente. Estamos chegando novamente à lua nova.

EXERCÍCIO

Acompanhamento do seu Sono com as Fases da Lua

O estudo mencionado no início deste capítulo foi bastante generalizado. É muito mais interessante e impactante realizar um estudo individual – e você pode fazer isso em seu planejador de sonhos. Desenhe um total de vinte e uma linhas ou colunas. Então, durante vinte e uma noites, começando com a lua nova, registre suas atividades antes e depois de dormir. Por exemplo, anote:

Antes de dormir:
A que horas eu fui dormir?
Qual é a fase da Lua?

Depois de acordar:
A que horas acordei?
Como eu dormi?

Avalie a qualidade do seu sono em uma escala de 0 a 10, sendo 0 o melhor. Anote todos os sonhos que teve e todas as imagens, símbolos ou pistas de comunicação. Registre também a quantidade de energia que sente que perdeu ou recuperou durante o descanso.

Avaliando o sono dessa forma, noite após noite, será possível compreender como as fases lunares influenciam o descanso. Essas informações serão valiosas no futuro, pois permitirão identificar em quais noites e fases da lua haverá maior sensação de recarga ou de cansaço, auxiliando na escolha do momento ideal para realizar um feitiço ou confeccionar um amuleto.

EXERCÍCIO
Rituais de Fases da Lua

Na bruxaria, as fases da lua são estudadas e acompanhadas em detalhes para que se aproveite ao máximo a energia lunar disponível. Ser uma Bruxa dos Sonhos é ser uma feiticeira da noite, uma mensageira da Lua e das sombras. Para colocar esse conceito em prática, elaborei uma série de pequenos rituais para serem realizados de acordo com as fases lunares, aproveitando a energia que nos envolve noite após noite.

Lua nova

Na noite de lua nova, acenda uma vela branca e um pedaço de carvão vegetal em uma superfície resistente ao calor ou em um pequeno incensário e polvilhe uma colher de sopa de pétalas secas de rosa, calêndula e camomila romana sobre o carvão quente. Adicione outra colher de sopa de pétalas a cada cinco ou seis minutos para manter a fumaça aromática no ambiente.

Inale profundamente esse incenso encantado de uma distância segura e feche os olhos por um momento para limpar a mente. Permita que o incenso nutra e limpe seu campo de energia antes de dormir.

Lua crescente

Três a cinco noites antes da lua cheia, misture algumas gotas de óleo essencial de olíbano ou mirra com algumas gotas de óleo essencial de lavanda. Umedeça a superfície de uma vela azul, violeta ou roxa com esse óleo e acenda-a.

Usando a chama da vela, acenda um pedaço de carvão vegetal dentro de um incensário ou em uma superfície resistente ao calor. Aguarde alguns minutos até que o carvão esteja completamente branco ou vermelho e queime partes iguais de pétalas de flores de calêndula e de caiena sobre ele.

Com a ajuda de um ventilador, mova a fumaça do incenso em diferentes direções do ambiente enquanto respira lenta e profundamente. Adicione outro ramo de flores secas ao carvão e visualize a fumaça saindo. Concentre-se em perceber as formas, o movimento e as notas aromáticas do incenso.

Em seu diário de sonhos, anote todas as imagens ou visões que obtiver do incenso e compare essas anotações com as de outras sessões no futuro.

Lua cheia

Algum tempo após o pôr do sol e antes da meia-noite em uma noite de lua cheia, abra as janelas do quarto; acenda uma vela branca ou prateada no altar; despeje uma xícara de água limpa e fresca em um copo; acenda um incenso de mirra ou sálvia; acenda também um bastão de ervas de sálvia-azul ou de palo santo.

Usando um ventilador, movimente o incenso pelo cômodo. Feche os olhos por um momento para limpar a mente e faça três respirações lentas e profundas. Abra os olhos lentamente e visualize a fumaça ao seu redor. Olhe calmamente para a esfera de cristal em seu altar e visualize cuidadosamente qualquer forma que se manifeste dentro dela ou em sua superfície.

Entre cada três e dez minutos, feche os olhos novamente. Respire fundo três vezes e abra os olhos. Visualize a fumaça e a bola de cristal. Repita esse processo de visualização por no máximo cinco vezes.

Anote suas visões em seu diário. Você pode repetir este exercício em cada lua cheia e comparar seus resultados.

Lua minguante

A Lua está ficando mais escura a cada noite, portanto, vamos aproveitar este momento para eliminar velhos vícios e padrões de pensamento que não são mais úteis para nós.

Se o seu desejo é simplesmente meditar, acenda uma vela branca. Se quiser quebrar ou anular uma energia ou emoção, acenda uma vela preta ou azul-escura. Quando a vela escolhida estiver acesa, acenda um cone de incenso com aroma de flores, como rosas ou peônias. Em uma folha de papel, escreva com tinta os vícios ou pensamentos dos quais deseja se livrar.

Feche os olhos por um momento e medite sobre a lista de coisas que deseja eliminar. Prolongue este momento pelo tempo que achar necessário. Quando se sentir pronto, abra os olhos e respire fundo. Pronuncie o seguinte encantamento e queime o papel em suas extremidades na chama da vela. Deixe-o queimar completamente dentro de um pequeno caldeirão com terra e sal.

> **À medida que a luz se apaga, deixo você nas sombras. Enquanto a noite avança, deixo você partir. Assim como a lua perde sua luz, você perde meu interesse. À medida que o mundo escurece, deixo você ir.**

EXERCÍCIO
Saquinho Mojo do Ciclo Lunar das Visões em Sonhos (Feitiço de 21 Dias)

Este feitiço foi criado para expandir a visão e a percepção dos sonhos, oferecendo a oportunidade perfeita para colocar em prática o uso do diário de sonhos. Durante as vinte e uma noites do ritual, sugiro fazer anotações no diário.

Com base nas minhas experiências e nas de quem já colocou este feitiço em prática, uma de duas possibilidades ocorrerá: ou seus sonhos se tornarão mais frequentes e, ao mesmo tempo, parecerão mais curtos, ou você passará várias noites seguidas sem visualizar nenhum sonho, provavelmente durante as últimas noites do ritual.

Ao utilizar este feitiço, você colocará em prática algo que é fundamental na bruxaria dos sonhos e na magia em geral: a disciplina constante. Embora existam muitos outros feitiços semelhantes para o mesmo propósito que levam apenas algumas horas para serem realizados, este feitiço em particular leva você a trabalhar nesse objetivo pessoal por um curto período de tempo a cada dia, visando resultados melhores e mais gratificantes.

Você vai precisar de:

- Uma colher de sopa de folhas de hortelã secas
- Uma colher de sopa de folhas secas de eucalipto
- Uma colher de sopa de pétalas de rosas secas
- Copo de cristal, no qual beberá água todas as noites
- Incenso (cones ou varinhas) de lavanda, baunilha ou mirra por vinte e um dias
- Isqueiro ou fósforos
- Óleo essencial de lavanda
- Pedaço de celestina ou celestita (magia dos sonhos, cura)
- Pedaço de granada (associado a sonhos e boa sorte)
- Pedaço de cristal de quartzo (purificação, equilíbrio, energia)
- Saquinho de cordão roxo, azul ou branco
- Vela branca ou roxa para a primeira noite

Antes de começar, encontre um calendário com as fases da Lua. Verifique a próxima fase da lua nova em um signo de Ar (Gêmeos, Libra, Aquário) ou em um signo de Água (Câncer, Escorpião, Peixes). Marque essa data em seu calendário e reúna todos os elementos necessários para iniciar o feitiço.

Após um banho com seus óleos essenciais favoritos na noite de lua nova escolhida, acenda a vela e um incenso ou cone em seu altar pessoal. Unte as três pedras com algumas gotas de óleo essencial de lavanda. Segure as pedras ungidas em suas mãos e, com os olhos fechados, recite:

Vejo além do que os olhos alcançam,
sinto além do que a pele toca,
por isso caminho onde os pés não andam,
na noite escura, a luz me invoca.
No mundo dos sonhos, sigo a direção,
encontro caminhos que outros ignorarão.

Recite o encantamento quantas vezes considerar necessário. Pode ser três, seis ou doze vezes – qualquer que seja o número de vezes que considere correto. Depois disso, coloque as gemas dentro do saquinho e adicione as ervas e algumas gotas de óleo essencial de lavanda. Feche o saquinho e (com muito cuidado) sele as bordas com a cera da vela.

Agora, segure o saquinho entre as mãos e repita o mesmo encantamento de antes. Desta vez, diga três vezes. Quando terminar, o saquinho mágico estará pronto.

Encha o copo de cristal com água e coloque-o ao lado de sua cama. Segure o saquinho em sua mão (de preferência a mão esquerda) e recite o encantamento anterior. Tome um gole da água e coloque o saquinho mágico embaixo do travesseiro para dormir.

Em cada uma das vinte noites seguintes, acenda um incenso ou um cone de ervas algumas horas antes de dormir, de preferência entre seis e nove horas da noite, e repita a etapa anterior de beber água, recitar o encantamento e colocar o saquinho sob o travesseiro antes de dormir.

Magia dos Sonhos

LUNA LUNITA PARA ATRAIR MAIS DINHEIRO

de HECTOR SALVA

Aqui está um feitiço de dinheiro de nosso próprio Houngan, Hector Salva, que nos ensina, por meio deste feitiço, a manifestar abundância financeira ancorando nossos projetos financeiros à energia lunar para que cresçam de forma espontânea e constante.

Este é um trabalho de lua cheia criado para encher seus bolsos. À medida que a lua cresce, sua riqueza e abundância também crescerão. Nesta receita específica, você construirá um imã para a prosperidade, que aumentará seu poder conforme for utilizado.

Você vai precisar de:

- Uma pitada de canela e açúcar
- Alimento magnético (limalha de ferro)
- Arroz seco não cozido
- Espelho de mão pequeno
- Ímã
- Isqueiro ou fósforos
- Pano branco
- Tigela de cerâmica branca
- Tomilho, manjericão e salsa secos
- Vela branca de sete dias

Fase da Lua recomendada: comece esta receita no primeiro quarto de lua (cerca de sete dias antes da lua cheia).

Todas as noites, pegue o espelho e reflita a luz da lua nele. Faça isso até a primeira noite após a lua cheia. Enquanto realiza o ritual, repita o seguinte encantamento por cerca de dez minutos:

Luna Lunita, bendita e formosa,
à medida que cresces, duplico sua luz.
Aumente o meu dinheiro, de forma vistosa,
com todo o poder que tua luz produz.

Envolva o espelho em um pano branco. Na noite seguinte à lua cheia, coloque uma pitada das ervas na vela branca. Acrescente também o açúcar e a canela. Acenda a vela e repita o cântico enquanto prepara a tigela.

Na tigela, desembrulhe o espelho e coloque-o virado para cima no centro. Cubra-o com arroz e ervas. Adicione o ímã e alimente-o com sua comida. Cubra a tigela com o pano branco. Coloque a vela por perto. Todos os dias, enquanto a vela estiver queimando, repita o cântico na vela por dez minutos. Quando a vela se apagar, coloque a tigela coberta em um local alto.

Você pode reutilizar esta receita retirando o espelho e repetindo o feitiço. Quando terminar, coloque o espelho de volta no fundo da tigela e complete a queima da vela branca como antes. Quanto mais a tigela for reutilizada, mais poderoso o feitiço se tornará. Com o tempo, será possível simplesmente iniciar o trabalho e começar a ver resultados rápidos.

Há apenas uma observação especial que é muito importante: o espelho nunca deve ver a luz do dia ou do sol depois que começar. Se isso acontecer, o feitiço completo se tornará inútil. Tudo terá de ser jogado fora e o processo deverá ser repetido do zero.

CONTOS TRIBAIS
Povo Kalinago / Caribs da Ilha / Los Indios Caribe

Os caraíbas das Pequenas Antilhas foram um dos primeiros povos americanos a serem identificados pelos europeus. Presentes ao longo de grande parte do litoral da América do Sul, os povos kalinago hoje também chamados de *caribes, caríbalos e karipona* – formavam um grupo que, na época do contato com Colombo, no século 15, ocupava o norte da Colômbia, boa parte da Venezuela e várias ilhas das Pequenas Antilhas.

Nas ilhas do mar do Caribe, eles desapareceram como grupo étnico independente em consequência da colonização europeia, mas na Venezuela, no Brasil e nas Guianas continuaram a dar origem aos atuais galibis (*kari'ñas*) e a outros povos.

Segundo as crônicas espanholas, eles costumavam ser apresentados em oposição aos taínos, que eram descritos como um povo pacífico e de alta cultura. Os caraíbas eram vistos como um povo guerreiro e selvagem, que praticava o canibalismo. De fato, seu nome é a origem dos termos "canibal" e "canibalismo".

Embora a maioria de seus descendentes pratique o catolicismo imposto a seus ancestrais, algumas famílias ainda preservam uma forma de politeísmo e animismo que consiste no culto aos ancestrais, ritos familiares de mistério e práticas de magia cerimonial associadas às fases da lua e aos eclipses. Nesses cultos politeístas, os deuses se manifestam como animais selvagens ou eventos cósmicos (eclipses, chuvas de meteoros, tempestades elétricas).

Ao contrário de outras tribos indígenas da América do Sul, os sonhos não formam uma parte vital de suas tradições. No entanto, desempenham um papel essencial na vida do feiticeiro cerimonial e do curandeiro. Os sonhos são interpretados diretamente pelo curandeiro da aldeia, a um preço elevado, seja publicamente ou em particular, e estão repletos de simbolismos esotéricos, que podem estar associados ao futuro ou às vidas passadas da pessoa que busca a consulta.

Os símbolos presentes nesses sonhos muitas vezes podem ser interpretados como rituais esotéricos de natureza cerimonial que buscam ser recriados. Por exemplo, se uma pessoa sonha que está em casa, cercada de pessoas e de um gato, e há água no sonho ou alguém tocando um instrumento musical, o sonho é recriado em uma cerimônia: a pessoa é colocada em pé em um rio próximo, animais são trazidos para serem alimentados no local e as pessoas dançam ou tocam instrumentos musicais ao seu redor, buscando dar vida ao sonho e receber poder ou visões por meio dele.

Historicamente, os caraíbas eram conhecidos por serem canibais. Durante os rituais cerimoniais, eles devoravam as vítimas de guerra ou qualquer indivíduo de outra tribo que tivesse causado danos a um dos seus membros. A ingestão de carne humana e outros órgãos poderia causar todos os tipos de infecções ou doenças aos guerreiros, especialmente quando se misturavam esses alimentos com suas bebidas fermentadas à base de vegetais e frutas. A combinação poderia gerar intoxicação e experiências de quase morte. As visões e os sonhos dessas experiências eram reinterpretados pelo sacerdote da tribo como visões dos deuses e dos ancestrais para celebrar o triunfo dos guerreiros.

Entre seus muitos deuses, cujos nomes em sua maioria não chegaram até os dias de hoje, está a serpente, reverenciada como guardiã do mundo espiritual, uma Deusa-Mãe que se alimenta de outros animais para trazer equilíbrio à selva. Um guerreiro ou sacerdote que fosse mordido por uma serpente e, de alguma forma, sobrevivesse ao veneno, era visto como um herói tribal, abençoado com a marca da divindade suprema. A marca da mordida era coberta com tinturas pretas, vermelhas e verdes, feitas de diversos minerais e ervas.

As visões e os sonhos presentes durante o período de intoxicação pela mordida são interpretados como *Ylas* (visões transmitidas pela Deusa-serpente através do veneno). Essas visões representam a origem do mundo e a criação de todas as coisas.

CAPÍTULO 12

TRAVESSEIRO DOS SONHOS

Um travesseiro é um recipiente usado para apoiar a cabeça na hora de dormir e proporcionar conforto ao usuário. O travesseiro dos sonhos é um recipiente mágico com ervas aromáticas, flores secas e outros elementos, usado para induzir sonhos felizes ou pesadelos profundos, de acordo com a intenção de cada feiticeiro.

Existem centenas de receitas e feitiços que exigem colocar um amuleto ou um punhado de ervas sob o travesseiro ou a cama. Essa prática permite canalizar a energia do elemento do feitiço enquanto dorme. Se, por alguma razão mágica ou esotérica, for necessário colocar dois ou mais elementos sob o travesseiro ou a cama, desde que esses elementos tenham o mesmo propósito, é possível combiná-los com flores naturais de algodão e preenchê-los em uma pequena almofada para mantê-los todos juntos. O que à primeira vista parece ser apenas uma pequena almofada pode, na verdade, ser uma poderosa ferramenta de feitiçaria.

Criando um Travesseiro de Sonhos

Embora possa facilmente comprar um travesseiro de sonhos on-line, existem duas outras opções: fazer um ou comprar um pessoalmente. Recomendo fortemente a opção A. Se você mesmo confeccioná-lo, o travesseiro carregará sua energia e suas intenções. Se optar pela opção B, certifique-se de que poderá abrir o travesseiro ou, de alguma forma, ver seu conteúdo interno antes da compra. A magia do travesseiro está no interior; é mais do que apenas um design exterior atraente.

Há muitas receitas e maneiras diferentes de fazer um travesseiro dos sonhos; algumas são mais elaboradas do que outras. Ao confeccionar o seu, tenha a certeza de que o está fazendo com tudo que tiver de melhor, incluindo os melhores ingredientes, tempo e dedicação. Coloque toda a sua energia e esforço nisso e sempre tenha em mente que, se você mesmo fizer um, mesmo com a ajuda das habilidades de costura de outra pessoa, é importante colocar todas as suas intenções. Em resumo, por que você está fazendo esse travesseiro?

Um travesseiro de sonhos pode ser feito para muitos propósitos diferentes, e é possível encontrar uma variedade de receitas para cada finalidade. Quando se trata de romance, por exemplo, existem diversos feitiços tradicionais que sugerem a confecção de um desses travesseiros para ajudar a sonhar com a pessoa amada. Para a boa sorte, na Venezuela e no Peru, são confeccionados pequenos travesseiros preenchidos com alecrim e folhas da planta-do-dinheiro, ou hera-sueca, usados para sonhar com números de loteria. Travesseiros brancos preenchidos com penas e flores brancas colhidas durante a Noite de São João são feitos para obter proteção contra entidades negativas e espíritos malignos. Para a saúde de alguém que está no hospital, coloca-se sob a cabeça do paciente um pequeno travesseiro recheado com ervas frescas de cura e uma moeda de prata, para ajudar na recuperação. Travesseiros preenchidos com flores de lavanda, folhas de hortelã e de eucalipto são usados para combater a insônia e promover o descanso.

Em muitas partes da América Latina, incluindo Guatemala, El Salvador, Peru, Venezuela, Colômbia e Paraguai, para citar apenas alguns, é comum encontrar travesseiros dos sonhos em mercados e lojas de produtos botânicos, e eles são comumente dados como presentes a outras pessoas. No Dia dos Namorados, muitos travesseiros de sonhos cor-de-rosa cheios de pétalas de rosas com um pequeno bolso para colocar uma fotografia são vendidos e dados aos parceiros como presentes para sonhar com seu amor.

Gosto de fazer travesseiros de sonhos para presentear, porque eles me lembram o conceito de uma bolsa de feitiços ou um saquinho mojo, ou seja, um pequeno travesseiro mágico. Trata-se de um amuleto feito à mão com um propósito mágico específico, que se conecta com suas intenções e sua energia, começando pela sua criação e pela ação necessária para ativar seu poder.

Considerações

Certamente você não vai querer um travesseiro com pontas afiadas que possam causar desconforto enquanto dorme, portanto, escolha um tecido confortável e espesso para o travesseiro. Ao utilizar ervas e flores, certifique-se de usar as partes macias das plantas, como as folhas, raízes de ervas de jardim e pétalas. Essas partes também podem ser pulverizadas em um almofariz para garantir que não fiquem pontas afiadas. Remova todos os galhos e espinhos que possam perfurar a superfície do travesseiro. Se considerar necessário, pode adicionar duas partes de algodão para cada punhado (aproximadamente 280 a 340 gramas) de ervas e flores utilizadas.

Se for utilizar algum óleo complementar para perfumar os travesseiros, como óleo de rosa ou de mirra, adicione apenas algumas gotas no interior do travesseiro ou na mistura de ervas que preparar para o preenchimento. Não aplique o óleo nas partes externas do travesseiro.

Tecido do Travesseiro

Recomendo que o tecido do travesseiro seja de algodão ou seda. Lembre-se de que é no travesseiro que você vai dormir, e certos tipos de tecidos e outros materiais não reagem bem à pele e ao suor. Eles podem ser altamente irritantes ou liberar produtos químicos durante o uso.

Eu prefiro usar tecido branco (para representar pureza e tranquilidade) ou azul-escuro ou índigo (para ter sonhos profundos e significativos), mas essas não são as únicas opções. Você pode usar um tecido rosa-claro se quiser ter sonhos voltados para o romance e o amor. Um tecido preto ou azul profundo ajudará a dissipar pesadelos, embora esse tom também possa provocar certa sensação de ansiedade durante a noite, dependendo do nível de sensibilidade psíquica da pessoa.

Enchimento do Travesseiro

O enchimento do travesseiro dos sonhos pode certamente variar de acordo com o resultado que deseja obter. Mais adiante neste capítulo, relaciono várias ervas, flores e outros elementos que poderá usar e incluo algumas misturas recomendadas que funcionaram muito bem para mim. Uma lista ainda maior de plantas e ervas o aguarda no capítulo 13.

Pelo menos metade das ervas e flores usadas em magia e feitiçaria está associada de alguma forma à energia psíquica, aos sonhos e às previsões do futuro. Em vez de se concentrar em uma planta específica, que pode ou não estar disponível em sua região, faça primeiro uma pesquisa local. Faça uma lista das ervas e flores encontradas ao seu redor e, em seguida, compare quais dessas ervas estão incluídas neste livro. Essa mesma dica será útil para qualquer outro livro de magia.

Ao preencher o travesseiro, utilize partes iguais de cada erva. A quantidade total vai variar de acordo com o tamanho do travesseiro; use entre 280 e 340 gramas de ervas para um travesseiro grande e entre 170 e 225 gramas para um travesseiro muito pequeno.

Ingredientes Essenciais

Há duas coisas que recomendo que estejam em todo travesseiro de sonhos. A primeira é um pedaço de cristal de quartzo, não maior do que uma moeda; isso estimulará sua energia psíquica e proporcionará clareza durante os sonhos. A segunda é artemísia ou milefólio, pois ambas as plantas têm uma reputação positiva entre médiuns, videntes e feiticeiros e serão de grande ajuda. Elas são boas não apenas para canalizar e aguçar suas habilidades psíquicas naturais, mas também para trazer clareza aos sonhos e desenvolver uma capacidade de raciocínio mais apurada para sua interpretação.

Receitas Básicas para o Travesseiro dos Sonhos

Aqui está uma breve lista de misturas para criar em casa de acordo com a finalidade do seu travesseiro.

- ***Para estimular seus sonhos:*** artemísia, lavanda, rosas e também flores de camomila.
- ***Para trazer sonhos proféticos (versão 1):*** artemísia, bergamota, heliotrópio, jasmim e um pedaço de cristal de quartzo.

- ***Para trazer sonhos proféticos (versão 2):*** artemísia, pétalas de rosas e flores de jasmim.
- ***Para evitar pesadelos:*** rosas brancas, calêndula e flores de camomila.
- ***Para combater a insônia:*** lúpulo, catnip, verbasco e um pedaço de ônix.
- ***Para encontrar seu amante perfeito:*** pétalas de rosa, flores de jasmim e magnólia e um pequeno pedaço de quartzo-rosa.
- ***Para se curar:*** rosas brancas, crisântemos, eucalipto, hortelã e um pedaço de cristal de quartzo.
- ***Para proteger contra ataques psíquicos, maldições e mau-olhado:*** alecrim, olíbano e mirra.

EXERCÍCIO
Como Criar um Travesseiro dos Sonhos

Fazer um travesseiro dos sonhos não é nada complicado. Leva apenas algumas horas de sua dedicação; alguns materiais baratos; várias ervas, que podem ser facilmente encontradas no jardim mais próximo e nada mais do que isso.

Você vai precisar de:

- Agulha
- Incenso de cânfora ou eucalipto
- Isqueiro ou fósforos
- Linha (recomendo o uso de linha dourada, pois ela está ligada a vários usos na magia, desde os grimórios de São Cipriano até os livros esotéricos mais modernos. A linha dourada também ajuda a diferenciar roupas e artefatos mágicos dos comuns).
- Preenchimentos que correspondam ao seu propósito mágico
- Suporte para incenso
- Tecido de sua escolha
- Tesoura

Do tecido, você só precisa cortar dois pedaços de pano do tamanho da sua mão em formato quadrado ou retangular (ou ser rebelde como eu e cortar os pedaços em formato de círculo ou estrela). Costure os dois pedaços com agulha e linha, deixando apenas uma parte aberta. Coloque os recheios em seu interior.

Depois que todos os elementos correspondentes tiverem sido colocados dentro do travesseiro, costure o último lado fechado com agulha e linha. Em seguida, acenda uma vara de incenso de cânfora ou eucalipto e mova o travesseiro ao redor da fumaça do incenso por todos os lados. Isso ativará totalmente suas propriedades energéticas e terapêuticas. Coloque o travesseiro na cama algumas horas antes de dormir.

Um Travesseiro para Outra Pessoa

Se você leu a isenção de responsabilidade sobre ética e moralidade no início deste livro, lembrará que na bruxaria tradicional latino-americana não consideramos que fazer o bem em nome de alguém sem pedir seja antiético ou imoral, como acontece na Wicca e na Bruxaria Ocidental Moderna sob a influência da Bruxaria Tradicional Britânica.

Fazer um travesseiro dos sonhos para outra pessoa – seja a pedido dela como um trabalho mágico ou como um presente que pode ser oferecido a ela – é fácil. Se quiser dar a alguém um presente único, algo realmente especial, um travesseiro dos sonhos é uma opção prática, pois pode ser feito de acordo com os desejos da pessoa e ainda mais personalizado.

Se, por exemplo, seu melhor amigo tem dificuldade para dormir ou você sabe que seus vizinhos estão passando por uma situação difícil, pode oferecer um travesseiro dos sonhos como um pequeno presente para ajudá-los. Se uma pessoa estiver com dificuldades para engravidar, um travesseiro dos sonhos cheio de grãos variados para representar abundância, flores vermelhas para representar o movimento do sangue no corpo e bulbos de tulipa para simbolizar a primavera poderá dar a ela um apoio extra para manifestar a fertilidade que está buscando.

Se quiser usar ervas, resinas ou minerais para ajudar alguém durante o repouso, mas prefere fazer isso com discrição e sem chamar a atenção, basta levar um buquê da planta em questão ou um pequeno pedaço da resina para a casa da pessoa. Uma vez lá, você pode escondê-lo dentro do travesseiro ou debaixo do colchão.

Por exemplo, um ramo de pétalas de rosa sob o colchão de alguém que fica vigiando durante a noite trará paz de espírito a essa pessoa. Um punhado de folhas de louro dentro do travesseiro de alguém que está em busca de emprego, mas está enfrentando dificuldade, pode fazer a diferença.

EXERCÍCIO
Travesseiro de Sonhos Proféticos

Os sonhos quase sempre foram associados a visões do futuro, presságios, premonições e avisos do que está prestes a surgir em nosso horizonte. E há várias ervas e elementos naturais que podem ser adicionados a um travesseiro mágico dos sonhos para atrair essas visões do destino. Para este feitiço, combinei muitos desses elementos em uma única mistura para provocar aquela visão tão esperada.

Você vai precisar de:

- Uma colher de sopa de flores de lilás
- Uma colher de sopa de pó de cedro
- Uma colher de sopa de pó de raiz de zimbro
- Uma colher de sopa de resina de estoraque
- Duas colheres de sopa de artemísia
- Três velas
- Cinco peças de cristal de quartzo (opcional)
- Agulha
- Fio dourado, prateado ou branco
- Fronha de travesseiro
- Incenso de cânfora em bastão
- Isqueiro ou fósforos
- Partes iguais de bolas de algodão e enchimento de travesseiro
- Suporte para incenso
- Tesoura

Fase da Lua recomendada: nova ou crescente

À noite, coloque as velas e o incenso em seu altar e acenda-os. Encha a fronha com todo o algodão e o enchimento do travesseiro, as ervas e os cristais, um a um. Passe a linha na agulha e comece a costurar a fronha com calma e serenidade. Sinta o cheiro do incenso e aprecie sua fragrância enquanto realiza esse pequeno ritual. Costure a fronha de um lado da abertura para o outro e depois para trás; faça isso com calma.

Quando terminar de costurar, corte a linha e deixe a fronha em seu altar. Deixe o incenso acabar e as velas queimarem completamente. Agite levemente o travesseiro antes de colocá-lo na cama e ir dormir.

Por mais três noites, acenda um incenso em seu altar dos sonhos algumas horas antes de dormir para limpar a energia e permitir que as visões noturnas cheguem até você sem muitos obstáculos.

Variação

- Se quiser saber como será seu relacionamento com uma pessoa específica no futuro, acrescente os seguintes itens à fronha antes de costurá-la:
- Fotografia da pessoa
- Pedaço de papel com o nome completo e o signo do zodíaco da pessoa
- Uma pitada de sal grosso
- Três colheres de sopa de pétalas de rosa trituradas e em pó

Essa variação ajudará a ver se você e a pessoa serão amantes, amigos ou inimigos; se ela receberá a promoção que está procurando; ou se ela fará alguma ameaça a você.

Consagrando seu Travesseiro

Na feitiçaria, há uma diferença entre fazer um amuleto e consagrar um amuleto. A confecção de um amuleto (ou travesseiro dos sonhos, saquinho de feitiços, etc.) é o processo que vai desde a escolha das fases lunares para a execução do feitiço e a seleção das cores e dos materiais, até a clareza de nossas intenções. A consagração é o processo de ativação da energia – de pegar um objeto e transformá-lo em algo realmente poderoso. Essa é a etapa que pode facilmente distinguir um novato inexperiente que compra um talismã pré-fabricado na internet (sempre uma opção válida também) de um bruxo mais experiente que adquire os implementos separadamente e faz seu próprio amuleto com a confiança e a experiência de que ele funcionará para um propósito específico.

Isso não é diferente de preparar uma sopa. Fazer o amuleto é como escolher os legumes, as carnes, os temperos e o caldo certos para a comida. Consagrar o amuleto é como finalmente acender o fogo e mexer a sopa no caldeirão para que os ingredientes se misturem.

Um travesseiro dos sonhos feito com suas próprias mãos para um propósito específico requer a escolha e a combinação de cada erva, cada fibra e as cores dos fios. Seu poder de decisão esteve presente, orientando cada etapa do processo. A magia está lá, existente e atuante, mas o momento de consagrar o travesseiro, como qualquer outro amuleto, é quando você ativa o poder dele e o leva a outro nível, guiando a energia do seu encantamento para manifestá-lo na direção certa.

EXERCÍCIO
Ritual de Consagração

Este feitiço pode ser realizado a qualquer hora do dia, mas tem um efeito maior se for realizado em um dia de lua nova ou crescente pela manhã.

Você vai precisar de:

- Algumas agulhas de pinheiro
- Incenso de mirra ou olíbano em bastão
- Isqueiro ou fósforos
- Pequeno pires com água
- Pequeno pires com algumas gotas de óleo de lavanda e eucalipto
- Pires com sal marinho
- Suporte para incenso
- Travesseiro dos sonhos que já fez
- Vela azul (simboliza a mente e os sonhos)
- Vela branca (simboliza a pureza e o descanso)
- Vela vermelha (simboliza a ação)

No seu altar ou em um espaço mágico, abra uma área ampla e organizada para trabalhar. À sua frente e no espaço escolhido, visualize a forma de um triângulo largo o suficiente para que possa colocar o travesseiro dentro dele confortavelmente. Coloque as velas nos cantos do triângulo e posicione o incensário e todos os outros elementos fora do triângulo.

Coloque o incenso no suporte e acenda-o. Em seguida, acenda as velas da esquerda para a direita. Quando o incenso estiver queimando e as velas estiverem acesas, umedeça três dedos mergulhando-os no óleo e depois na água. Use os dedos úmidos para aspergir cuidadosamente o ambiente e o espaço do ritual.

Pegue um pouco de sal e as agulhas de pinheiro em suas mãos e jogue-os suavemente no centro do espaço triangular para limpar definitivamente sua energia. Agora, pegue o travesseiro com as duas mãos e coloque-o com cuidado no centro do triângulo. Faça três respirações profundas e lentas e recite este encantamento:

Eu te abençoo, eu te ativo e, com minha energia eu te cativo.
Com os quatro elementos, eu te desperto.
Com a fumaça perfumada, eu te consagro.
Com o fogo e a luz, eu te liberto.
Com a água e o óleo, eu te purifico.

Com o sal e as ervas do mar e da terra, eu te glorifico.
Com minhas mãos e minha mente em união,
eu te abençoo de novo, em plena intenção.

Quando terminar de recitar o encantamento, toque o óleo e a água mais uma vez e aspirja os líquidos no travesseiro. Pegue mais sal e agulhas de pinheiro e polvilhe-os no travesseiro também.

Feche os olhos, respire fundo e, com os olhos fechados, diga:

Você foi abençoado, ativado e consagrado com meu poder,
e os elementos testemunharam isso.

Abra os olhos, retire o travesseiro do espaço do ritual, agite-o no ar e guarde-o até a hora de usá-lo. Deixe as velas e o incenso queimarem até serem consumidos e jogue seus restos e tudo o mais usado para o feitiço no lixo.

Um Tipo Diferente de Travesseiro dos Sonhos

Os ritos funerários Lucumi são repletos de simbolismo, elementos secretos, cantos e rituais religiosos. Muitos dos elementos desses ritos fúnebres ocorrem em público, em um cemitério ou até mesmo em um mercado, mas mesmo assim o simbolismo, a origem e a importância desses ritos nunca são explicados àqueles que não receberam a iniciação.

Quando um parente da família que pertencia à tradição Lucumi morreu, minha mãe foi procurar todas as roupas religiosas que essa pessoa possuía para realizar os rituais necessários. Era minha tarefa ajudar mamãe em cada passo – no cemitério, no rio, na igreja, no mercado e em outros lugares. Para qualquer lugar que ela fosse, eu a acompanhava. A pessoa em questão, no entanto, morreu em uma idade muito avançada, e não tínhamos ideia de onde essas roupas específicas estavam armazenadas. Não tínhamos nada.

Então, certa noite, mamãe teceu dois pequenos travesseiros quadrados e os encheu de ervas, mantendo um travesseiro com ela e colocando o outro sob a cabeça da pessoa falecida. Enquanto tecia os pequenos travesseiros, ela orava sem se distrair:

A ti que nos deixaste, a ti que seguiste à frente de nós,
embora tua consciência esteja livre do corpo,
permite-me ver em meus sonhos
as memórias que deixaste em tua carne.

Suas palavras eram algo totalmente improvisado e que ela não havia escrito em lugar algum. O feitiço nem sequer rimava, nem ela tinha qualquer pretensão de tentar fazê-lo. Mas funcionou. Cerca de três ou quatro dias após o funeral, minha mãe chegou com todos os pertences esotéricos e de iniciação desse parente – tudo o que não conseguimos encontrar antes. Minha mãe soube da localização deles em um sonho. Ela nunca me contou exatamente como era o sonho, mas guardei essa receita desde então.

Definitivamente, esse não era um ritual que eu tivesse presenciado, lido ou ouvido falar antes. Não era nem mesmo um ritual Lucumi. Minha mãe era uma bruxa, uma *bruja*, elaborando criativamente um feitiço prático e funcional a partir do nada, sem recorrer a livros ou a mais instrumentos e ferramentas do que os que ela tinha em mãos. Com a permissão dela, compartilhei aqui o feitiço simples exatamente como o escrevi em meu diário anos atrás:

> **Os dois pequenos travesseiros dos sonhos vinham com delicadas estrelas de cinco pontas bordadas com fios dourados. Na ponta de cada estrela, havia uma pequena lua crescente. Os travesseiros eram preenchidos com sálvia, erva-de-santa-maria (*Dysphania ambrosioides*), flores de jasmim-manga (*Plumeria rubra*) e flores de maravilha (*Tithonia diversifolia*). Um dos travesseiro dos sonhos deve ser colocado sob seu travesseiro e o outro sob o travesseiro do falecido para acessar as memórias dele.**

Magia dos Sonhos

TRAVESSEIRO DOS SONHOS PARA VIAJAR PELO MUNDO ASTRAL

de PHOENIX COFFIN WILLIAMS

Criei este feitiço há vários anos porque queria sair com amigos que havia conhecido na internet no mundo dos sonhos. Neste feitiço, eu oriento a criar um pequeno travesseiro do tamanho da palma da mão. Mais tarde, se quiser, poderá fazer uma maior.

Você vai precisar de:

- Um punhado de lavanda seca
- Uma colher de sopa de casca de laranja moída
- Uma pitada de canela em pó
- Uma pitada de noz-moscada moída
- Dois pedaços de tecido índigo ou roxo em formato retangular
- Duas colheres de sopa de pétalas de rosa
- Água benta (opcional)
- Agulha
- Caneta ou canetinha preta
- Incenso de rosa, lavanda ou hortelã
- Isqueiro ou fósforos
- Linha índigo ou roxa
- Óleos essenciais de lavanda e rosa
- Pedaço de papel
- Saco com pequenas bolas de algodão e enchimento de travesseiro (opcional)
- Suporte para incenso
- Tigela pequena
- Vela índigo, roxa ou azul

Em seu altar ou em seu espaço de trabalho mágico, realize as orações e invocações aos Deuses, divindades ou espíritos de seu panteão como faria normalmente em um ritual. Se não tiver um ritual específico do panteão para seguir, convido-o a rezar o seguinte encantamento:

À divindade acima de mim e ao meu redor,
à energia divina que me envolve em todos os momentos,
à presença divina que cuida de mim em todos os lugares,
à força que se manifesta em todos os atos de bondade e amor,
aqui e agora eu peço a sua orientação.
Peço a sua força; peço a sua assistência.
Guie-me em meu propósito e no trabalho mágico deste dia.
Obrigado(a).

Respire fundo, feche os olhos e converse com os espíritos presentes. Informe-os de sua intenção de aumentar sua capacidade de sonhar e de se mover entre as barreiras físicas.

Agora, com os lados do padrão do tecido voltados um para o outro, comece a costurar três lados do travesseiro com calma e paciência. Enquanto faz isso, imagine que os espíritos e sua energia divina estão presentes na sala. Converse com a energia e com seus espíritos, afirmando sua intenção para este ritual, dizendo coisas relacionadas a este trabalho mágico, como: "Posso sonhar com meu namorado e passaremos bons momentos juntos, embora estejamos tão distantes agora" ou "Ando livremente no mundo dos sonhos".

Se estiver criando o travesseiro para outras finalidades, pode dizer: "Estou sonhando tão certo que meus sonhos de profecia me ajudarão a saber com certeza o que está por vir", "Meus sonhos são tão certeiros que conseguirei os números da loteria se eu quiser" ou "Meus sonhos me alertam sobre perigos e condições ruins".

Depois de costurar os três lados do travesseiro, vire-o do avesso para que as costuras cruas que acabou de fazer fiquem do lado de dentro. Neste momento, deve ungir a vela com duas gotas de óleo de lavanda e duas gotas de óleo de rosas. Coloque algumas gotas de canela e noz-moscada na vela e acenda-a. Acenda também o bastão de incenso e passe o travesseiro ao redor da vela e pela fumaça.

Se estiver usando água benta, borrife um pouco dela nos dois lados do travesseiro neste momento.

Na tigela, misture todas as ervas para esse feitiço: as rosas, a lavanda e a casca de laranja.

Continue conversando com seus guias espirituais sobre todas as coisas que deseja manifestar e comece a colocar o algodão ou o enchimento no travesseiro. Borrife um pouco de óleo de lavanda sobre as ervas e adicione algumas delas ao travesseiro, orando pelo seu desejo sobre elas enquanto faz isso. Acrescente mais algodão ou enchimento, coloque algumas gotas de óleo de rosas e adicione uma pitada das ervas, certificando-se de continuar suas orações. Continue esse padrão até que o travesseiro esteja tão cheio quanto gostaria.

Quando sentir que o travesseiro está cheio, pegue a caneta e desenhe os símbolos dos sonhos no papel. Você pode desenhar um portal astral, olhos, estrelas, luas ou símbolos que considere atraentes para o trabalho psíquico e os sonhos. Unte o papel com os óleos de lavanda e rosa e coloque-o dentro do travesseiro. Com sua agulha, costure a última borda, finalizando suas orações. Deixe o travesseiro em seu altar até que a vela se apague.

Para usar esse travesseiro, leve-o para sua área de dormir. Se o travesseiro dos sonhos for pequeno o suficiente, coloque-o dentro da fronha com o travesseiro do dia a dia. Se optar por fazer um grande, coloque uma fronha sobre ele e coloque-o na cama.

Nas noites em que desejar usar esse travesseiro, enquanto estiver deitado na cama no escuro ou com pouca luz, declare três vezes suas intenções de sonho. Pode ser: "Esta noite eu sonho o que é verdade" ou "Esta noite meu amante e eu nos reunimos em nossos lindos e alegres sonhos" – qualquer que seja a sua intenção. Permita-se adormecer enquanto relaxa e vai se acalmando com os aromas leves de lavanda e rosa.

Magia dos Sonhos

FEITIÇO DO TRAVESSEIRO DOS SONHOS DE LAVANDA

de JENNIFER SACASA-WRIGHT

Sempre que tenho dificuldade para dormir, tenho sonhos ruins ou preciso sonhar com algo em particular, recorro aos travesseiros dos sonhos. Fazê-los pode ser um feitiço fácil que utiliza principalmente o que está à mão.

Há várias ervas que podem ser adicionadas a um travesseiro dos sonhos para obter resultados variados. Algumas são:

- **Alecrim:** garante o sono e afasta os sonhos ruins.
- **Artemísia:** ajuda o sonhador a se lembrar de seus sonhos; aumenta a clareza e incentiva o relaxamento.
- **Hortelã:** dá clareza, vivacidade e cor aos sonhos
- **Lavanda:** traz paz, conforto e calma; ajuda a acalmar o estresse e a depressão. Alivia dores de cabeça e ajuda a relaxar para dormir. A lavanda também atua como um protetor.
- **Manjerona:** alivia o nervosismo e a inquietação durante o sono; acrescenta calor, segurança e conforto aos sonhos.

Você vai precisar de:

- Agulha de costura ou máquina
- Enchimento (pode ser novo ou retirado de um travesseiro antigo)
- Ervas de sua preferência
- Lavanda (suficiente para encher a musselina/saquinho de sachê)
- Linha (da cor de sua preferência)
- Material para fazer o travesseiro (pode usar uma camiseta velha ou uma fronha)
- Musselina para fazer um pequeno travesseiro ou um saquinho de sachê para caber dentro do travesseiro
- Tesoura

Para fazer um travesseiro quadrado de 13 x 13 centímetros, corte dois pedaços de 15 x 15 centímetros cada do material escolhido. Isso garantirá um centímetro de margem para costura.

Se for usar musselina será necessário costurar um travesseiro de 7,5 x 7,5 centímetros. Corte dois pedaços de musselina com 10 x 10 centímetros cada, para garantir a margem de costura necessária.

Comece pela musselina, costurando três lados e metade do quarto lado, deixando uma margem de costura de meio centímetro. Seja costurando à mão – meu método preferido – ou à máquina, visualize-se dormindo com o travesseiro enquanto costura. Imagine-se segurando-o ou colocando-o sob o travesseiro. Veja-se tendo um sono reparador, dormindo profundamente durante a noite, sorrindo, tendo ótimos sonhos e acordando revigorado(a). Mantenha essas visões na mente enquanto costura, impregnando seu travesseiro com sua magia de manifestação. Enquanto faz isso, recite o seguinte encantamento em voz alta, em murmúrio ou mentalmente:

Com o primeiro ponto,
eu dou início ao meu intento.
Com o segundo ponto,
meu objetivo é pronto.
Com o terceiro ponto,
assim será meu conto.

Vire o travesseiro com o lado direito para fora, puxando-o pela parte não costurada do lado final. Encha-o com lavanda e as ervas de sua preferência e costure o buraco. Se estiver usando um saquinho de sachê, encha-o com todas as ervas e costure a parte superior para fechar o saquinho.

Com o material escolhido para o travesseiro maior, coloque os lados avessos voltados para fora e costure três lados e metade do quarto lado, deixando uma margem de costura de meio centímetro. Faça isso enquanto entoa o encantamento e mantém em mente suas visões de manifestação.

Vire o travesseiro maior para o lado direito, puxando-o pela abertura não costurada. Coloque o travesseiro de musselina ou o saquinho de tecido dentro do travesseiro maior e preencha ao redor com enchimento. Não é necessário usar muito enchimento – apenas a quantidade que preferir. Costure a abertura para fechá-lo.

Seu travesseiro dos sonhos está pronto. Bons sonhos!

CONTOS TRIBAIS
O Círculo de Iniciação de Paorima

O círculo iniciático de Paorima acontece duas vezes por ano e todos são bem-vindos. Os pouquíssimos descendentes dos Paurima, uma daquelas pequenas tribos esquecidas que hoje se mudaram para viver nas grandes cidades, reúnem-se na Montanha Sorte, um famoso conjunto de montanhas na Venezuela dedicado à Deusa Rainha aborígine Maria Lionza.

Uma vez nas montanhas, eles esperam até o pôr do sol. Em seguida, iniciam uma longa peregrinação que deve durar até o amanhecer. Essa caminhada ao redor do rio é acompanhada pelo som de tambores feitos de pele e maracas feitas de cascas de coco, pequenas pedras do rio e muitas sementes. Todos caminham juntos durante a noite, com o caminho iluminado por lanternas e velas acesas dentro de copos plásticos e grandes latas de tinta vazias.

Nesse momento, o local da iniciação ainda não foi escolhido. É onde eles veem a primeira luz do amanhecer chegar à beira do rio que é considerado o local designado pelos guias espirituais para a realização da iniciação.

Durante os dias seguintes, que podem variar de quatro a oito, são montadas tendas, mesas e fogões a lenha apoiados em tijolos de cimento. Essa área será o recinto sagrado para os dias e noites seguintes. Todos os que foram convidados para a celebração, para este rito de passagem sagrado, são chamados a viver aqui, tomar notas e aprender sobre o ritual, seja para manter a tradição viva (que a cada ano atrai menos participantes), seja para documentá-la.

Os participantes devem esperar até que tenham dormido por pelo menos três noites no mesmo local. Então, no amanhecer após a terceira noite de orações, festas, adivinhações e cantos, começa um dia inteiro de trabalho de iniciação.

Durante os três dias anteriores, os anciãos e as mulheres teceram uma longa corda com flores e ervas secas misturadas entre os fios. Essa grande corda, que foi feita coletivamente, é usada para marcar um enorme círculo no chão, tão grande quanto uma pequena casa. No centro do círculo, um buraco profundo é cavado para alimentar a terra. Dentro desse círculo, são depositadas frutas, flores e legumes; o solo é regado com uma xícara inteira de caldo; e são realizados alguns sacrifícios de animais. Os jovens (dois ou mais – nunca apenas um) que recebem a iniciação dançam ao redor desse círculo apenas com os ombros cobertos por um pedaço de couro na forma de uma ombreira decorada com penas e ossos de vários animais.

Os jovens dançam e dançam até a exaustão, sem beber mais nenhum líquido. Eles devem dançar até ficarem desidratados, porque estão realizando o Sabiuco, um rito sagrado e pré-colonial que simboliza as águas de um ser humano (suor do corpo) alimentando e nutrindo a terra ou retornando a ela. Quanto menos água for encontrada nos corpos famintos, sedentos e exaustos dos jovens, mais espaço haverá para que os espíritos os habitem.

A partir daí, uma grande tenda é erguida ao redor do local e somente os sacerdotes e os iniciados podem entrar. Eles devem permanecer lá dentro pelos dias seguintes, sendo que o número de dias varia de grupo para grupo. Para alguns, pode ser dois, e para outros, pode ser cinco ou seis dias. Somente aqueles que estão na tenda sabem o que acontece lá.

CAPÍTULO 13

ERVAS E PLANTAS DOS SONHOS

Neste capítulo, você encontrará um resumo das diversas plantas, flores e ervas comumente associadas aos sonhos. Mas antes de começarmos, observe que algumas dessas plantas podem ser moderadamente tóxicas e é altamente recomendável que as estude antes de usá-las para vários fins.

Há dois tipos de plantas mencionadas neste capítulo. O primeiro tipo é calmante ou relaxante (camomila, por exemplo). Essas plantas são reconhecidas por seu efeito sedativo e são comumente ingeridas na forma de chá ou infusão para esse fim. O segundo tipo é composto pelas plantas que têm um propósito esotérico ligado ao reino dos sonhos, ao sonho lúcido e à viagem astral.

Entre as plantas listadas, você verá algumas que são bastante comuns e outras que podem não ser as mais comuns. Não, você não precisa ter todas elas, mas ao obter algumas, compre-as no mercado ou em uma loja de ervas. Se você se deparar com alguma delas durante alguma viagem, será bom que conheça sua relação energética e seu uso em relação à magia dos sonhos.

Artemísia

A artemísia (*Artemisia vulgaris*) é comumente associada à clarividência, à energia psíquica, aos sonhos proféticos e à proteção psíquica e mental em geral. É uma erva essencial para todos os feiticeiros e bruxos dos sonhos.

Esta planta pertence ao gênero *Artemisia*, um grupo grande e diversificado de plantas e ervas que recebeu o nome de Ártemis, a Deusa padroeira das mulheres, sacerdotisas e donzelas virgens.

No folclore de muitos países latino-americanos, a artemísia está associada a *brujas* e feiticeiras e é considerada aliada das bruxas. Na Colômbia, é comum ouvir falar da artemísia como "a erva das bruxas", enquanto na Venezuela ela é "a grama que cresce onde as mulheres se reúnem à noite para fazer acordos com aqueles que não estão vivos".

Talvez seja o ingrediente mais comum encontrado em travesseiros de sonhos. Meu primeiro contato com essa erva foi em casa, quando minha mãe fazia travesseiros dos sonhos para minhas irmãs. Os travesseiros delas eram feitos de tecido branco e preenchidos com artemísia e pétalas de rosas vermelhas, ambos os elementos totalmente secos. Mamãe dizia: "A artemísia é para dar clareza e proteção psíquica durante os sonhos, e as rosas proporcionam força espiritual". Meu travesseiro foi recheado com artemísia e flores secas de crisântemo branco para clareza mental e força espiritual.

Artemísia e Poderes Psíquicos

A artemísia, como muitas outras ervas e flores que usamos em magia e feitiçaria, não traz ou cria algo novo. Ela não o torna psíquico ou cria sentimentos de amor e segurança do nada. O que a artemísia faz é encontrar essas energias e sentimentos e ajudar a expressá-los, acompanhá-los e incentivá-los a crescer favoravelmente para nós.

Esta erva é sua aliada para exteriorizar, controlar e manifestar seu poder psíquico. Um buquê de artemísia seca ao sol e amarrado com fio vermelho no pescoço é um amuleto perfeito para aumentar sua clarividência com o passar dos dias e fortalecer sua mente contra ataques psíquicos externos. Um vaso de artemísia ao lado da janela protege de ataques psíquicos durante o dia, enquanto um ramo de artemísia sob o travesseiro manterá você a salvo de invasões e influências psíquicas enquanto dorme. Polvilhar artemísia em pó ao redor e nos cantos de uma sala evita que médiuns e videntes invadam sua mente, enquanto queimar artemísia seca em carvão quente como incenso é uma das maneiras mais eficazes de fortalecer sua clarividência e clareza psíquica antes de realizar uma sessão de adivinhação.

Um dos ritos tradicionais do espiritualismo venezuelano consiste em misturar pó de artemísia com flores de camomila secas em uma garrafa de vinho branco e beber durante sete dias seguidos. Isso ajuda a desenvolver a clarividência e a despertar todos os nossos sentidos psíquicos.

Quando estiver com dificuldade para entender determinadas informações durante uma leitura de cartas de tarô ou qualquer outra leitura de oráculo, você pode queimar um pouco de artemísia como incenso e mover as cartas ao redor da fumaça para trazer clareza e dissipar quaisquer dúvidas que atrapalhem a leitura.

Artemísia e Sonhos

Se tiver tempo para fazer uma pesquisa rápida na internet ou explorar a farmácia local, perceberá que a maioria dos chás de ervas e remédios para dormir inclui a artemísia entre seus ingredientes. Isso não ocorre porque a artemísia criará sonhos do nada, mas porque ela é uma aliada tão boa do seu lado psíquico que ajudará você a se lembrar dos sonhos com mais clareza. Ela também pode guiar você no processo de compreensão e decifração dos sonhos, ajudando a dissipar qualquer confusão sobre eles.

Por exemplo, segurar um buquê de artemísia nas mãos e fazer uma breve meditação antes de dormir o pode levar você a ter sonhos mais longos, mais claros e muito mais vívidos e concretos. Essa poderosa planta aumenta seus poderes psíquicos, permitindo que diferencie os processos dos sonhos e até mesmo tenha sonhos lúcidos.

Para obter proteção enquanto pratica algum tipo de exercício de projeção astral ou desdobramento, ou se estiver tendo pesadelos recentemente, acenda um palito de carvão em um prato resistente ao calor. No carvão, queime três partes de artemísia seca e em pó com uma parte de alho seco em um canto do seu quarto. Não é a fragrância mais requintada do mundo, mas afugentará tudo, desde larvas astrais, que interrompem seus sonhos, até bruxas que tentam entrar neles.

★★★★★

RECEITA
Infusão de Artemísia para Dormir e Sonhar

Para fazer esta infusão de artemísia, basta começar fervendo água. Quando a água estiver quente, adicione um ramo de artemísia seca e deixe descansar por cerca de dez minutos, misturando ocasionalmente.

Esta infusão de artemísia pode ser feita para três finalidades mágicas:

1. Para beber como chá (sem mel ou adoçantes) antes de meditar ou dormir.
2. Para ser adicionada à água e desfrutar de um banho relaxante antes de dormir ou tirar um cochilo.
3. Para lavar seus espelhos e bolas de cristal, o que cria uma camada extra de clarividência que lhe permite ver a presença de entidades espirituais nos arredores.

Boneco de Barro (ou Argila) com Artemísia

Atendendo a um de seus muitos clientes, minha mãe e minha tia mais próxima criaram em casa esse boneco de barro em forma humana. Elas o confeccionaram seguindo as instruções de um espírito de uma bruxa indígena, canalizado por meio de uma médium.

Minha mãe, sempre procurando ser prática, adicionou cerca de seis gotas de óleo essencial de artemísia caseiro à argila. Mas isso não foi tudo; ela também adicionou alecrim, limão e ylang ylang, criando uma combinação de aromas realmente hipnotizante. Depois que a figura ficou pronta e saiu do forno, elas a cobriram com tinta amarela, à qual também adicionaram algumas gotas de óleo essencial de artemísia.

Quando o boneco ficou pronto, elas o colocaram dentro de um pequeno caldeirão com ervas secas e flores. Em seguida, acenderam cinco velas amarelas e espalharam algumas gotas de cera de cada vela sobre a figura.

Minha tia escreveu uma rima improvisada em um papel para refletir os desejos de seu feitiço (convencer o namorado da cliente a se comprometer com ela por meio de sonhos). Elas recitaram o encantamento tantas vezes que podem ter perdido a conta; devem tê-lo recitado umas quarenta ou cinquenta vezes.

Quando a última vela se apagou, elas pegaram a figura de barro e a colocaram dentro de um saco de pano com as ervas do caldeirão, fecharam o saco completamente e o levaram para o carro. Em seguida, foram enterrar o boneco em um parque próximo, perto do pôr do sol, para ter a certeza de que o ritual estaria pronto antes que o encantado fosse dormir.

Em cerca de seis ou sete semanas, o homem encantado em questão fez uma proposta de casamento à cliente. Esse seria o primeiro de seus três maridos.

EXERCÍCIO
Feitiço do Boneco de Argila com Artemísia

A seguir está o feitiço que minha mãe e minha tia utilizaram. Recomendo que a figura seja feita em casa em uma terça-feira, antes do meio-dia.

Você vai precisar de:

- Uma xícara de óleo de artemísia
- Três colheres de sopa de pó de artemísia seca
- Cinco velas amarelas
- Água
- Agulha (ou qualquer outra ferramenta de gravação)
- Argila
- Caldeirão
- Flores secas variadas (o suficiente para encher o caldeirão até a metade)
- Incensário ou prato resistente ao calor
- Incenso de rosas
- Isqueiro ou fósforos
- Óleos essenciais de alecrim, limão e ylang ylang
- Tinta amarela e verde

Acenda o incenso e molhe as mãos com água. Com a argila, modele uma figura humana. Você pode representar o sexo da pessoa ou não. Se ela tiver alguma característica física marcante, como nariz grande, cabelos longos, maxilar muito pronunciado ou mãos grandes, essas particularidades também podem ser representadas na figura. Quando o boneco estiver pronto, grave o nome da pessoa no peito ou no tronco dele de cima para baixo, usando a agulha ou qualquer ferramenta apropriada que tiver disponível.

Unte completamente a figura com três gotas de cada óleo essencial e, em seguida, deixe-a secar por cerca de sessenta minutos (ou siga o tempo indicado nas instruções da embalagem da argila).

Passado o tempo e estando a figura devidamente seca, adicione algumas gotas de óleo de artemísia à tinta. Usando os dedos, pinte completamente a figura de verde no lado esquerdo e de amarelo no lado direito. Enquanto faz isso, visualize a pessoa em sua mente, umedecendo os dedos ocasionalmente com o óleo de artemísia conforme continua essa operação.

Quando a figura estiver completa, coloque-a no caldeirão. Adicione as flores e a artemísia, acenda as velas ao redor e derrame algumas gotas da cera quente das velas sobre a figura.

Esfregue um pouco mais de óleo de artemísia na figura e mantenha-se em silêncio por trinta minutos, sem pronunciar nenhuma palavra. Deixe a magia agir em completo silêncio. Após esse tempo, recite algumas palavras para encantar a figura, como: "que seus sonhos sejam preenchidos com minha imagem e minha presença todas as noites" ou "em seus sonhos e visões, eu me imerso; em meus encantos, eu o envolvo".

Quando as velas estiverem completamente consumidas, recolha a figura com as flores e ervas e enterre-a em um parque próximo ou em um vaso com terra.

Essências Florais de Artemísia

As essências florais trabalham com diferentes concentrações e soluções de cada planta. Elas também usam a memória da água, ou seja, a capacidade da água de reter informações (de acordo com a ciência) ou o espírito (de acordo com a *brujeria*) de qualquer elemento dissolvido nela. Dessa forma, por exemplo, as essências florais canalizam a frequência de determinadas plantas e a mantêm a longo prazo. As essências florais são fáceis de obter on-line, mas gosto de sugerir que sejam compradas diretamente de uma farmácia homeopática especializada em remédios e essências florais de Bach.

Para canalizar sonhos profundos e pacíficos, adicione a essência de artemísia à água do banho com a essência de maçã, usando cerca de dez ou doze gotas de cada. Medite na banheira por cerca de quinze a vinte minutos antes de dormir. Esse exercício também ajudará a atrair clareza mental e clarividência ao dormir.

Se estiver procurando produzir mais sonhos, se tiver dificuldade para dormir ou se os sonhos não forem muito claros, prepare um banho quente conforme indicado, adicionando de dez a doze gotas de essências florais de artemísia e maçã e de uma a duas dúzias de pétalas de rosa branca. Acenda uma vela branca e mergulhe no banho. Você dormirá melhor e terá sonhos mais claros.

Erva-dos-sonhos Africana

Esta é uma planta interessante. Trata-se de uma liana, ou seja, uma videira robusta que cresce a partir do solo, com a aparência de uma grande serpente lenhosa, conhecida como erva-dos-sonhos africana (*Entada rheedii*) e como videira-do-casulo na Jamaica. As grandes sementes dessa planta são encontradas próximas a rios e pântanos da África e em áreas tropicais da África, da América do Sul e da Ásia.

A planta é usada na medicina tradicional africana para induzir sonhos lúcidos e facilitar a comunicação com o plano espiritual e outros mundos. Suas sementes são usadas para criar joias para proteção e boa sorte. Os sacerdotes e sacerdotisas da tribo ou cidade preparam as sementes secas com uma mistura de diferentes ervas locais. Depois de prontas, são consumidas ou fumadas como tabaco antes de dormir para induzir um sonho vívido e mais longo.

Ashwagandha (ginseng indiano)

Ashwagandha (*Withania somnifera*) é comumente conhecida como ginseng indiano, groselha-do-diabo ou *hierba mora mayor* (na América Latina). O epíteto específico "*somnifera*" refere-se às propriedades sedativas da raiz da planta. No entanto, seu uso tradicional no Ayurveda é semelhante ao do ginseng na medicina tradicional chinesa.

Seu nome em sânscrito foi traduzido como "aroma de cavalo" devido ao aroma característico que exala. Mesmo com essa desvantagem, suas folhas secas podem ser queimadas em pequenas quantidades no quarto algumas horas antes de dormir para criar uma atmosfera sedativa.

Embora não seja uma planta típica do Caribe, ela pode ser obtida nos mercados esotéricos ou botânicos por preços muito altos. É comumente queimada em rituais muito específicos como incenso votivo para induzir uma sensação de relaxamento e sono no local.

Um galho seco dessa planta com um cordão azul amarrado pode ser mantido perto da cama para induzir lucidez e clareza nos sonhos das bruxas.

Bálsamo do Peru

O bálsamo do Peru é extraído da planta *Myroxylon balsamum*, conhecida como chicarra ou sândalo-hispânico, que pode ser encontrada em diferentes regiões do México, Peru, Brasil e El Salvador. Embora seja amplamente utilizado na indústria cosmética, é um dos produtos que mais causam alergias na pele, por isso seu uso não é recomendado sem supervisão profissional.

Este bálsamo negro é popularmente associado à feitiçaria em vários países. Nas fronteiras do Brasil com a Venezuela, pode ser encontrado a um bom preço por garrafa, e o nome escrito de uma pessoa pode ser adicionado à garrafa antes de ela ser lançada em um rio, prometendo que o alvo não conseguirá descansar em paz por muito tempo. Ungir com o bálsamo o nome de uma pessoa escrito em um tronco de madeira à meia-noite é uma maldição que impedirá o indivíduo de dormir tranquilamente por nove noites. A única maneira de anular essa maldição é lançar um punhado de sal grosso no rio e depois tomar um banho nele à meia-noite.

Escutelária-azul

Conhecida popularmente como escutelária-azul (*Scutellaria lateriflora*), esta planta cresce nas florestas úmidas da América do Norte. Ela pertence (assim como todas as *Scutellaria*) à família das plantas da menta, as mesmas comumente utilizadas para a produção de certos tipos de mentol e óleos essenciais, variedades de chá de menta e algumas bebidas alcoólicas, como o mojito, por exemplo.

As flores frescas dessa planta são colocadas sob o travesseiro para induzir sonhos longos e profundos, especialmente em combinação com pétalas de rosa. As flores secas ao sol da escutelária podem ser combinadas com eucalipto e moídas em um pó para queimar em pedaços de carvão quente como incenso. Isso é feito para honrar os espíritos locais e proporcionar calma às almas dos recém-falecidos. Um galho fresco dessa planta pode ser plantado perto da janela do quarto como um amuleto natural perfeito para evitar que outras bruxas entrem em seus sonhos à noite. Se uma criança estiver sofrendo de pesadelos e acreditarem que há alguma feitiçaria envolvida no assunto, amarrar um buquê de escutelária seca ao redor das pernas da cama da criança a ajudará a encontrar confiança e força pessoal durante o sono. Ele também dissipará qualquer efeito de bilocação que uma bruxa possa estar usando.

Calea

A calea (*Calea ternifolia* ou *Calea zacatechichi*) é uma planta florida nativa do México e da América Central (principalmente da Costa Rica). É conhecida em inglês como *bitter grass* ("erva amarga").

Esta planta tem uma reputação muito boa no México, onde é usada como remédio para reduzir a febre, apesar de seu sabor amargo. Para a população diversa do país, ela recebe diferentes nomes, todos fazendo alusão ao gosto amargo. Por exemplo, o povo Zoque Popoluca a chama de *tam huñi* (goma amarga) e, para o povo Mixe, é conhecida como *poop taam ujts* (erva amarga branca).

O povo indígena Chontal de Oaxaca faz uso de várias partes dessa planta (principalmente as raízes e as folhas grandes) em seus rituais de adivinhação e magia relacionados ao mundo dos sonhos. De acordo com seu folclore e tradição, bebida como um chá de sabor muito amargo, a planta pode induzir sonhos proféticos, esclarecer os sinais que são procurados nos sonhos e ajudar a pessoa a se lembrar dos sonhos.

Para os seguidores da tradição mágico-religiosa dos Nahuatl, a calea é mastigada ou bebida em chá para ajudar a lembrar os sonhos com clareza. Nas casas de ervas da América Central, é comum encontrar pessoas que recomendam manter alguns galhos secos dessa planta ao lado da cama para ter sonhos felizes e lembrar-se deles com clareza no dia seguinte.

Queimada como incenso, a calea é usada para induzir a terapia do sono em pessoas que podem sofrer de vários sintomas relacionados a uma doença espiritual ou a um ataque psíquico que causa insônia. Travesseiros cheios de partes secas ao sol dessa planta podem proporcionar um sono profundo cheio de sinais relacionados ao destino da pessoa que a usa. Pode ser misturada com folhas de tabaco para a confecção de charutos mágicos, e sua fumaça ajuda a afastar espíritos malignos que aderem às pessoas do mundo dos sonhos. Queimada sozinha, sua fumaça pode ajudar o feiticeiro a entrar no mundo dos sonhos. Suas folhas podem ser queimadas durante os processos de adivinhação para apoiar a clarividência, e suas raízes podem ser misturadas com sálvia-azul e camomila em um saquinho de amuleto a ser mantido sob o travesseiro para induzir o sono e evitar ataques psíquicos.

Esta planta é difícil de germinar, mas, de acordo com a tradição mágica que a cerca, ela cresce muito rápido quando é semeada em uma lua nova. A calea tende a secar e morrer rapidamente quando é plantada por um bruxo que tem más intenções com relação ao seu uso.

Embora possa produzir uma forte reação alérgica e causar vômito e dor de estômago, sua popularidade em rituais relacionados a sonhos não diminui. É comum até mesmo seu uso como tabaco em rituais religiosos, para induzir sonhos profundos que nos levam a lembrar do passado.

Cañaduz ou Caña de Azúcar (Cana-de-açúcar)

A cana-de-açúcar (*Saccharum officinarum*) foi introduzida nas Américas durante a segunda viagem de Colombo. Devido às condições climáticas e ao trabalho de pessoas escravizadas, essa planta se proliferou nos seguintes países, muitos dos quais acabaram se tornando os maiores produtores de açúcar do mundo: Panamá, El Salvador, Cuba, Guatemala, Honduras, Brasil, Nicarágua, México, Argentina, Bolívia, Paraguai, Peru, Equador, Uruguai, República Dominicana, Porto Rico, Colômbia e Venezuela.

Na América Latina, a cana-de-açúcar é lavada com água de um rio e dada às crianças para que mastiguem para combater o mau-olhado, e os bastões de cana-de-açúcar são colocados nos cantos dos cômodos para atrair a fertilidade e ter visões relacionadas a crianças que ainda não nasceram e espíritos familiares. Quando uma vara de cana-de-açúcar bem-posicionada na parede cai repentinamente no chão, acredita-se que ela anuncia gravidez ou morte. No folclore oral tradicional das populações indígenas, os troncos dessa planta ficam mais altos e mais grossos nos locais onde morreram indivíduos escravizados.

EXERCÍCIO
Feitiço para Aparecer nos Sonhos de uma Pessoa Amada

Este é um ritual tradicional popular realizado da mesma forma em vários países. Ele requer um longo pedaço de cana-de-açúcar, que deve ter sido dado a você por outra pessoa.

Você vai precisar de:

- Um pedaço de pano branco grosso
- Um pedaço longo de cana-de-açúcar
- Palito grosso ou prego

Use o palito ou o prego para gravar o nome da pessoa amada três vezes na superfície da cana-de-açúcar e amarre o tecido em volta do nome várias vezes. Esconda a cana-de-açúcar debaixo da cama da pessoa, entre dois colchões ou sobre a cama como companhia, e ela começará a sonhar com você. Nas três noites seguintes, os sonhos se tornarão mais longos, claros e frequentes, e não cessarão até que a pessoa tenha uma conversa com você.

Diz-se que, se a cana-de-açúcar se quebrar debaixo da cama, é porque a pessoa carrega um poderoso amuleto de proteção ou é guardada por uma bruxa ou espírito.

Crisântemos

Os crisântemos, que pertencem ao gênero de mesmo nome, representam força, vigor, união e habilidade. Eles canalizam sabedoria, conexão divina, proteção e força de espírito.

Crisântemos vermelhos são mantidos em casa para que o amor sempre encontre o caminho de volta. Colocar crisântemos vermelhos ao lado da cama compartilhada pelos amantes augura sonhos profundos e repletos de romance entre eles, enquanto amarrar três crisântemos vermelhos com um barbante preto e lançá-los à porta de alguém é uma forma de amaldiçoá-lo com sonhos de desilusão e separação.

Já os crisântemos amarelos atraem abundância financeira e bons relacionamentos, sendo amplamente utilizados em feitiços para dinheiro e riqueza.

Os crisântemos brancos representam pureza e atraem cura, sendo comumente usados em rituais de limpeza, elevação e iniciação espiritual. Manter crisântemos brancos no quarto atrairá sonhos claros com mensagens concretas para sua interpretação. Eles também proporcionam força mental.

Centáureas

Na América Latina, a centáurea (*Centaurea cyanus*) é popularmente chamada de "azulejo" devido à cor azul intensa de suas flores, e é utilizada na magia para todos os propósitos relacionados a sonhos, devaneios, clarividência e proteção psíquica. Seu azul vibrante proporciona um foco adequado para sessões de meditação. A flor fresca é queimada em uma chama ou fogueira para evitar a repetição dos sonhos mais recentes.

Flor de Algodão

As flores de algodão crescem na Venezuela em praticamente todos os lugares, e eu me lembro de uma enorme árvore dessas flores crescendo ao lado de um estacionamento na cidade de Caracas, onde meus pais moraram nos últimos anos.

Essas flores simbolizam o amor puro, a clareza, a pureza e a espiritualidade. Elas são queimadas em um pequeno pires perto de uma porta para permitir que os espíritos de parentes e ancestrais saiam, e são ungidas com óleos mágicos e jogadas na frente das casas para abençoar ou amaldiçoar os habitantes.

Um punhado dessas flores no quarto de dormir absorve visões e sonhos indesejados. Ela também atrairá sonhos doces e proteção divina. Um ramo dessas flores em seu altar dos sonhos anuncia bons presságios e traz clareza e paz de espírito durante seu trabalho mágico.

Kava Kava

A kava kava (*Piper methysticum*) é um arbusto cultivado por seus efeitos calmantes, sendo capaz de produzir relaxamento muscular e sonolência, e as raízes da planta são usadas para produzir uma bebida com propriedades sedativas, anestésicas, eufóricas e enteogênicas, consumida em todas as culturas do Oceano Pacífico da Polinésia, incluindo Havaí, Vanuatu, Melanésia e partes da Micronésia, por esses atributos.

Para ter sonhos profundos e extensos, basta pendurar a raiz seca ao sol dessa planta em sua janela.

Passiflora-roxa ou Flor-de-maracujá-roxo

Comumente conhecida como *maypop*, damasco-selvagem (*wild apricot*) e videira-selvagem-do-maracujá (*wild passion vine*), a flor-de-maracujá-roxo (*Passiflora incarnata*) é uma liana trepadeira que alcança 9 metros de comprimento, com grandes flores aromáticas de cor atraente. Embora historicamente a planta tenha sido utilizada como remédio herbal para curar problemas de sono, seu consumo sem supervisão ou orientação médica não é recomendado. O óleo essencial da passiflora-roxa é um sedativo, razão pela qual é frequentemente utilizado em casos de insônia e ataques/crises de ansiedade.

A substância vegetal amarela que envolve as sementes das flores se acumula em pequenos pires e é cercada por velas brancas e oferecida às almas dos falecidos à meia-noite. Acredita-se que seu aroma exótico, sabor adocicado e efeito sedativo influenciarão aqueles que já faleceram e ainda não encontraram o descanso eterno.

Suas flores podem ser cultivadas para atrair sonhos felizes e longas noites de descanso. Se a planta se tornar escura e inodora no local onde foi plantada, isso indica que um corpo foi enterrado nos arredores e a alma desse corpo ainda não encontrou descanso. Se, por outro lado, a planta começar a crescer inesperadamente perto da casa, é uma indicação de que um andarilho entre os sonhos está vivendo nas proximidades.

As flores secas e em pó dessa planta podem ser misturadas com flores de camomila e folhas de eucalipto. Mantenha essa mistura mágica fechada em um frasco de vidro e use uma colher de chá na água do chuveiro antes de dormir para proporcionar relaxamento e calma.

Como nota pessoal, minha mãe costuma carregar (entre seus inúmeros pertences em sua enorme bolsa que parece não ter fundo) um sachê com essa mistura de pós. Ela sempre menciona que é para soprar sobre os túmulos dos falecidos quando eles estão sendo "usados" por algum palero[37], ou trabalhador da morte, um sugador ou alguma bruxa a caminho de causar danos a outros. Isso provocaria um efeito calmante na alma do falecido e, ao mesmo tempo, uma sensação espiritual semelhante à fadiga física.

EXERCÍCIO
Ritual do Sonho Mágico de Walpurgis

Na América do Norte, orquídeas e cayenas (*Hibiscus rosa-sinensis*) desfrutam de enorme popularidade – provavelmente porque seu nível de cuidado é bastante complicado, o que as torna flores incomuns. A flor-de-maracujá goza de popularidade semelhante na América do Sul, já que é, em grande parte, importada de outras regiões (América Central), e as altas temperaturas no Brasil, na Colômbia e na Venezuela afetam sua beleza e durabilidade.

Este feitiço usa a passiflora-roxa, que pode ser comprada on-line hoje em todas as suas formas (fresca, seca, pulverizada, etc.), e deve ser realizado uma semana antes da Noite de Walpurgis.[38]

Na Espanha e na América do Sul, a noite de Walpurgisnacht tem uma certa popularidade. Ela é chamada de "A Noite de Todas as Bruxas". Essa festividade ganhou enorme notoriedade por meio de canções populares, histórias infantis e alguns filmes.

---

37. Um palero é um praticante iniciado no Palo Monte ou nas Regras do Congo, uma tradição mágico-religiosa afro-caribenha que também se ramifica em vários outros caminhos. Ela é originária de Cuba e muito comum na América do Sul.
38. A Noite de Santa Walburga (Noite de Santa Valburga), ou Vappu, é uma celebração anual que ocorre entre os dias 30 de abril e 1º de maio em homenagem a Santa Walburga.

Você vai precisar de:

- Uma colher de chá de amêndoas
- Uma colher de chá de anis-estrelado
- Uma colher de chá de cravo-da-índia doce
- Uma colher de chá de folhas de verbena
- Uma colher de sopa de canela em pó
- Uma xícara de passiflora-roxa seca
- Duas velas brancas
- Almofariz e pilão
- Carvão vegetal
- Incensário ou caldeirão resistente ao calor
- Isqueiro ou fósforos
- Saco de tecido escuro ou jarra de cristal

Coloque a passiflora e as outras ervas no almofariz e triture tudo com calma por cerca de dez minutos ou até obter uma mistura uniforme. Guarde essa mistura em um saco de pano ou jarra de vidro perto da janela para mantê-la seca.

Na Noite de Walpurgis, acenda as duas velas brancas e um pedaço de carvão no incensário ou caldeirão durante a noite. Continue a jogar pequenas quantidades da mistura sobre o carvão como incenso. Quando a fumaça subir, recite duas vezes:

Ó bruxas, que habitam e ouvem do além,
atendam ao meu chamado para criar vínculo com alguém.

Venham abraçar aqueles que as respeitam,
nesta noite, nossos reinos as abençoam e aceitam.

Aqui, onde eu as convido a entrar,
eu as chamo para ficar.

Venham com seus talentos e suas bênçãos,
tragam o poder e os segredos dos sonhos em suas mãos.

Revelem sem medo seus profundos segredos,
por sete noites em meio aos arvoredos.

Continue a meditar, visualizando as figuras que a fumaça forma até que ela termine. Anote as figuras que estiverem presentes, bem como os sonhos que tiver durante as noites seguintes.

Quimbombó (Quiabo)

O quiabo (*Abelmoschus esculentus*) também é conhecido como gombo, bamia e candia em Cuba, Venezuela, Colômbia e Peru. Esta planta chegou às Américas vinda da África durante o tráfico transatlântico de pessoas escravizadas, motivo pelo qual está amplamente associada a cultos africanos e afro-caribenhos.

As flores de quiabo são secas ao sol, esmagadas e adicionadas a banhos para permitir que as pessoas curem as feridas emocionais de seus ancestrais por meio de um ritual à beira do rio. A fruta do quiabo é tradicionalmente usada para amaldiçoar ou curar, escrevendo os nomes das pessoas em sua superfície antes ou depois do pôr do sol, respectivamente. Se tiver pesadelos, coloque cinco pedaços de quiabo fresco embaixo da cama em uma tigela com água e uma pitada de sal, deixe descansar por cinco noites e depois jogue no lixo para se livrar de qualquer energia ruim.

Rosas

As rosas (*Rosa*) proporcionam proteção mágica e energética, orientação espiritual e estabilidade emocional, além de darem mais poder aos sonhos voltados para a busca de um ente querido.

Uma das plantas mais comuns e conhecidas do mundo, a rosa também está entre as mais usadas no mercado esotérico e é frequentemente apresentada em vários livros de feitiços de proteção, amor e boa sorte. Os usos das rosas na magia e feitiçaria são tão variados quanto os usos do quartzo. Essencialmente, as rosas (assim como o quartzo) podem aumentar a frequência e o poder energético de outras plantas e minerais quando combinadas em um mesmo feitiço.

É possível queimar rosas para amaldiçoar a pessoa que as ofereceu a você, ou deixar rosas mortas na entrada da casa de alguém para patrocinar a morte de um ente querido. Também pode dar uma rosa amarela a alguém e garantir que ela permaneça próxima à cama, para que sua imagem apareça em seus sonhos. Passe mel no caule de uma rosa branca antes de presenteá-la a alguém para garantir que ela tenha um relacionamento longo e próspero com você. Rosas brancas podem ser plantadas em sua porta da frente para indicar aos espíritos guardiões: "Aqui você é bem-vindo para proteger e se manifestar". E um buquê com rosas secas pode ser criado e pendurado na cozinha para trazer proteção, orientação e boa sorte. Para ter novos sonhos, colocar um buquê de rosas brancas ao lado da cama é a coisa certa a fazer. Usar uma coroa de rosas brancas do anoitecer ao anoitecer conecta você efetivamente com o mundo espiritual e, assim, entra em contato com os espíritos guardiões. Se uma bruxa o amaldiçoou e você sabe exatamente quem é, pode diplomaticamente dar a ela um buquê de rosas brancas ou amarelas. Se ela aceitar as flores (mesmo sem saber o motivo), a maldição lançada sobre você será imediatamente cancelada.

Um feitiço comum no espiritismo do Caribe é cobrir parcialmente a cama com pétalas de rosas para sonhar com um ente querido. Se fizer isso em uma lua nova e colocar uma foto da pessoa amada debaixo do travesseiro, ela será a única que sonhará com você.

Tulsi

Tulsi (*Ocimum tenuiflorum*) é popularmente conhecido como manjericão-sagrado em todo o mundo, *albahaca morada* na América Latina e *balanoi* nas Filipinas. Trata-se de uma planta nativa do subcontinente indiano. Cultivado e utilizado como óleo essencial para fins de medicina tradicional, além de ser comercializado para o preparo de chá de ervas.

Esta planta é comumente usada na Ayurveda e tem um lugar na tradição Vaishnava do hinduísmo. Suas folhas são adoradas como o avatar de Lakshmi e podem ser encontradas plantadas nos pátios das casas hindus ou nos templos de Hanuman. A oferta de suas folhas é recomendada na adoração ritualística de Vishnu e seus avatares, como Krishna e Vithoba.

A madeira do tulsi pode ser usada para fazer contas de oração para rosários e amuletos, seja para venerar as divindades guardiãs do lar ou para orar por proteção. Suas flores manifestam o poder da mediunidade nas pessoas que têm contato constante com elas. Quando secas, as flores podem ser queimadas em um incensário ou em um prato sobre o espaço do altar para ajudá-lo a meditar antes de dormir, elevando, assim, os sentidos a outros planos.

Valeriana

A valeriana (*Valeriana officinalis*), nossa amiga fedorenta do jardim, é comumente associada ao descanso e ao sono. No entanto, quando se pratica magia e *brujeria* há mais de duas décadas, você simplesmente se lembra dela como uma das plantas de pior cheiro em seu boticário.

Mencionada em vários feitiços de amor, sono, fama e reconhecimento, a valeriana é altamente eficaz em feitiços de amor, incluindo aqueles feitos para se projetar nos sonhos da pessoa amada, bem como em algumas maldições na Venezuela e na Colômbia para fazer o homem adormecer toda vez que tiver um encontro infiel com sua amante.

Quando seca, essa erva exala um aroma semelhante ao de roupas velhas e úmidas. Ao utilizá-la em feitiços, é importante acompanhá-la de outras plantas que ajudem a disfarçar sua fragrância. Por exemplo, um saquinho de feitiço para o amor feito com essa planta pode conter também rosas secas e lavanda, ou rosas e gardênias.

Queimada como incenso em um pedaço de carvão quente, a fragrância não é melhor, mas queimá-la em casa é altamente eficaz como um pequeno ritual para anular os feitiços que causam insônia e arruínam seu descanso.

EXERCÍCIO
Invocação Ritual de Clarividência de um Coven

Este ritual deve ser realizado entre duas ou mais pessoas (não individualmente) na Véspera de São João, que é uma das noites mais mágicas do ano no folclore venezuelano. É quando realizamos grandes eventos, dançamos em multidões ao redor da fogueira e queimamos bonecos de papel com nossos desejos escritos em suas cabeças. Este feitiço ajuda a criar um vínculo poderoso entre os feiticeiros que o executam, gerando energia de grupo concentrada em um único objetivo e ajudando a liberar as habilidades psíquicas e intuitivas naturais dos feiticeiros.

Você vai precisar de:

- Uma colher de chá de raiz de artemísia seca e pulverizada
- Uma colher de sopa de salsa seca
- Uma pitada de valeriana em pó
- Três cravos-da-índia doces
- Três pétalas de rosa vermelha
- Carvão vegetal
- Garrafa de vinho tinto e taças para cada pessoa no ritual
- Incensário ou prato resistente ao calor
- Isqueiro ou fósforos
- Pequeno almofariz e pilão
- Vela branca
- Vela preta

No almofariz, triture e misture a artemísia, os cravos-da-índia, as pétalas de rosa e a valeriana. Adicione uma pitada da mistura em cada copo.

Acenda as velas e o carvão, colocando-os no incensário ou na placa resistente ao calor. Adicione uma pitada de salsa ao carvão quente. Sirva o vinho em quantidades iguais nas taças com as ervas.

Sente-se com os outros participantes em frente ou ao redor do seu altar e converse abertamente sobre as visões que deseja ter e os sonhos que deseja gerar enquanto bebe lentamente das taças antes da meia-noite, adicionando ocasionalmente outra pitada de salsa ao incensário.

Depois de terminar o vinho, apague as velas. Cada participante deve ir para sua cama para dormir e receber visões.

Yerba de la Pastora

Também conhecida como sálvia-dos-adivinhos, a *yerba de la pastora* (*Salvia divinorum*) é comumente importada do México para o restante do mundo por suas qualidades psicotrópicas. Os xamãs mazatecas, que se tornaram muito conhecidos graças a María Sabina, a mais famosa curandeira mazateca, fazem uso dela, entre muitas outras plantas nativas, para induzir diversos estados de transe durante seus rituais.

As folhas dessa planta são mastigadas para provocar estados de sono profundo. Quando queimada como incenso, ela convida à comunhão com os espíritos, abrindo os caminhos entre os mundos. Como método de adivinhação, as folhas secas são usadas para prever o futuro observando as posições e os movimentos que elas assumem na superfície da água.

Plantas e Ervas Complementares

Aqui você encontrará uma lista de plantas complementares para feitiços e rituais relacionados a sonhos. As plantas a seguir têm explicações mais breves do que as anteriores, o que se deve ao fato de serem usadas em feitiços de sonhos como complementos e não como ervas principais. Elas também são importadas de outros países e, portanto, têm um uso menor em nossos cultos esotéricos.

Alecrim

O alecrim (*Rosmarinus officinalis*) está associado à magia da proteção e do dinheiro. É muito bom para ajudar a concentrar a mente durante os trabalhos mágicos. Um pequeno ramo de alecrim pendurado com fio vermelho no batente da porta impede que o mau-olhado entre na casa.

Amêndoas

Coma amêndoas (*Prunus dulcis*) antes de dormir para ter sonhos felizes, cheios de alegria e abundância, e para ajudar a manifestar esses sonhos na realidade. Coloque um saquinho azul com nove amêndoas e o nome de uma pessoa querida escrito em um papel debaixo do travesseiro ou no altar dos sonhos para que ela tenha visões de você nos sonhos.

Angélica

Quem costuma ter sonhos proféticos, colocar angélica (*Angelica archangelica*) dentro do travesseiro trará mais clareza, compreensão e visão deles. Coloque uma tigela de raiz de angélica seca embaixo da cama de uma pessoa doente para ajudá-la a se curar e jogue-a fora no dia seguinte antes do amanhecer.

Anis

O anis (*Pimpinella anisum*) evita pesadelos, aumenta o poder psíquico e está relacionado à estimulação dos sentidos. Quando preparado como um chá com flores de camomila e uma pitada de raiz de valeriana em pó, ajuda a obter um sono profundo e a descansar para melhorar suas visões noturnas.

Bergamota

A bergamota (*Citrus bergamia*) está relacionada principalmente a dinheiro e prosperidade, mas tem uma fragrância tão deliciosa que pode adicioná-la ao seu travesseiro e ela o deixará muito feliz. De nada. A bergamota se concentra na mente e na energia, protegendo contra larvas astrais.

Bordo-negundo

O Bordo-negundo (*Acer negundo*), também chamado de bordo-de-folhas--de-freixo ou bordo-de-caixa, é usado para criar feitiços e amuletos de ervas para sonhos proféticos, clarividência e para construir ou fortalecer seu escudo psíquico enquanto dorme.

Calêndula

A calêndula (*Calendula officinalis*) é usada para cura mental e emocional, bem como para proteção psíquica. A população imigrante cubana na Venezuela introduziu a crença de levar ramos dessas flores para a Virgen de la Caridad del Cobre (Nossa Senhora da Caridade) no início de cada mês. Diz-se que onde essas flores crescem a virgem caminha e abençoa seus seguidores com amor e boa sorte.

Camomila

A camomila (*Matricaria chamomilla*) é usada para saúde e cura, bons sonhos, bem-estar, prosperidade, relaxamento e proteção. É um excelente complemento para todos os chás e infusões relacionados ao sono devido ao seu efeito relaxante. Uma bolsa amarela cheia de flores de camomila e uma foto de uma pessoa fará com que ela se sinta sonolenta na maior parte do tempo.

Erva-de-são-joão

A cura, a proteção divina, a bênção e a consagração são todas beneficiadas pela erva-de-são-joão (*Hypericum perforatum*). Na América Latina, ela é comumente conhecida como Corazoncillo ou Corazon de San Juan (coração de São João) e é usada para exorcizar espíritos malignos, seja queimando-a como incenso com outras plantas ou pendurando um ramo de flores frescas nas molduras das janelas e portas para que os espíritos malignos saiam.

Eucalipto e hortelã

O eucalipto (*Eucalyptus globulus*) e a hortelã (Mentha spicata) funcionam perfeitamente juntos para proporcionar paz de espírito e sono tranquilo. Pode combiná-los com folha de louro e manjericão para criar o travesseiro perfeito de prosperidade e abundância. As folhas secas de ambas as plantas podem ser queimadas como incenso no quarto do bebê para que ele tenha um descanso tranquilo.

Freixo

O freixo (*Fraxinus ornus*) é altamente recomendado para evitar pesadelos, ataques psíquicos, mau-olhado e maldições relacionadas ao cancelamento do sono e do descanso das pessoas. Também ajuda a ver o rosto do inimigo nos sonhos. Um simples saquinho mojo com sementes de anis e alecrim garante uma poderosa proteção contra feitiços e maldições que invadem nossos sonhos.

Na Venezuela, essa planta, que é importada dos Estados Unidos, é vendida em lojas de ervas por preços bastante altos como um amuleto herbal de proteção. Para se proteger contra entidades e espíritos negativos, seque e pulverize qualquer parte dessa planta e misture-a à água do chuveiro por três manhãs consecutivas.

Jasmim

O jasmim (*Jasminum officinale*) é perfeito para afastar pesadelos e todos os tipos de sonhos que causam ansiedade ou desconforto emocional. Pode ser bebido como chá após uma sessão divinatória para ajudá-lo a refletir com calma sobre as coisas aprendidas e as visões obtidas.

Lavanda

A lavanda (*Lavandula angustifolia*) é usada para relaxamento, calma e proteção, proporcionando um aroma elegante e fresco às suas horas de descanso. Pode combiná-la com flores de lilás para criar um sonho terapêutico de cura. Queime suas flores para apoiar rituais relacionados à projeção astral e a todos os tipos de meditação.

Louro

As folhas de louro (*Luurus nobilis*) podem ser esmagadas e queimadas para ativar e elevar nossas habilidades psíquicas e extrassensoriais. Elas também são recomendadas para serem queimadas antes de sessões de adivinhação ou da realização de um feitiço ou ritual para sonhos proféticos. Mastigar folhas de louro antes de uma sessão de adivinhação é uma prática comum em várias tradições espiritualistas sul-americanas, pois acredita-se que as folhas de louro estimulam a clarividência e as habilidades premonitórias.

O louro também ajuda com sonhos proféticos, bons presságios, dinheiro e proteção de sua abundância financeira. As folhas podem ser queimadas pela manhã para trazer inspiração e clareza mental.

Magnólia

Além de ter uma das fragrâncias mais doces que se pode encontrar, a magnólia (*Magnolia virginiana*) proporciona calma e tranquilidade ao tentar dormir e meditar. Você pode encher um travesseiro com partes secas de magnólia e flores de lótus para dormir depois de um longo dia de meditação.

Manjericão

O manjericão (*Ocimum basilicum*) é a planta perfeita quando se trata de artes divinatórias e presságios. Adicione-o a travesseiros (de preferência com artemísia) para atrair sonhos premonitórios ou para decifrar os presságios que tem recebido em sonhos recentes. Queime nove folhas secas de manjericão na entrada de qualquer edifício para afastar encantamentos de infortúnio. Um jarro de água fresca com folhas de manjericão pode ser borrifado na mesma entrada para afastar pessoas com más intenções.

Matricária (Folha da Bíblia)

A folha da Bíblia (*Tanacetum balsamita*), também chamada de costumária, produz flores que podem ser secas e mantidas por perto para aprofundar sua sabedoria e ampliar sua intuição enquanto dorme.

Mimosa

As flores e os óleos de mimosa (*Mimosa pudica*) são usados para promover a meditação e a cura. Traz calma, relaxamento e sonhos proféticos.

Verbasco

O verbasco (*Verbascum thap*sus) tem flores amarelas que protegem contra pesadelos e promovem uma sensação de segurança e conforto.

Verbena

A verbena (*Verbena officinalis*) é uma planta protetora excelente contra entidades espirituais e astrais que tentam causar algum dano, e é especialmente poderosa para ritos noturnos de proteção. Na Venezuela e na Colômbia, onde essa é uma planta importada bastante cara, suas flores são oferecidas exclusivamente a San Benito, el Moro (Bento, o Mouro), que ajuda os sem-teto e as pessoas marginalizadas.

Magia dos Sonhos

UM FEITIÇO DO SONO PARA AJUDAR NA COMUNICAÇÃO COM AS PLANTAS,

de EMMA KATHRYN

Trabalhar com plantas atravessa a divisão entre as muitas práticas mágicas e espirituais, belas e variadas, que existem em todo o mundo.

O trabalho com plantas dentro de tradições como a Obeah[39] combina o trabalho espiritual com os aspectos mais mundanos do trabalho com plantas. Isso significa que o espírito da planta também é trabalhado de forma a aprimorar as propriedades mágicas e medicinais da planta, o que pode acrescentar profundidade real ao seu feitiço. O uso de plantas dessa forma, para feitiços e magias que envolvem sono e sonhos reflete o cruzamento e a indefinição de reinos encontrados no trabalho com plantas, tornando-o, de fato, uma magia potente.

Este feitiço se concentra na comunicação com as plantas e na sabedoria que elas podem nos oferecer como bruxos. Esse conhecimento pode ajudar a construir nossa Arte e fortalecer os laços entre nós e os outros seres com quem compartilhamos este mundo nos diferentes reinos.

Será necessário reservar um tempo antes de dormir para este feitiço. Eu sempre recomendo separar uma noite inteira para que possa relaxar plenamente. Cuidar de si é fundamental para o bem-estar, então não se culpe por dedicar esse tempo a você. Vai valer a pena, você verá!

Você vai precisar de:

- Duas colheres de sopa de artemísia seca
- Duas colheres de sopa de erva-cidreira seca
- Duas colheres de sopa de lavanda seca
- Duas colheres de sopa de passiflora
- Duas colheres de sopa de raiz de valeriana, seca e moída ou picada
- Bule de chá e caneca (uma panela também serve)
- Caneta e diário ou papel

39. Prática religiosa e de feitiçaria, comum nas Índias Ocidentais e no Caribe, que mistura elementos de religiões africanas e práticas cristãs, criando uma forma única de crença. (N. T.)

- Disco de carvão vegetal
- Isqueiro ou fósforos
- Prato ou caldeirão à prova de fogo
- Várias velas réchaud

Comece com um banho ritual. Prepare uma banheira e adicione uma colher de chá de cada erva, acenda uma das velas e entoe um cântico:

Plantas do sono, da profecia e do sonhar,
que o que está oculto venha agora se revelar.
Falem comigo nas profundezas da noite
enquanto minha alma voa, livre-me do açoite.
Mostrem-me o que preciso saber.
Assim como eu quero, assim há de ser!

Se não for possível tomar um banho, mergulhe as ervas em água morna e lave as mãos e o rosto. Vista-se com o que for mais confortável para você.

Em seguida, acenda o disco de carvão vegetal e coloque-o em seu prato à prova de fogo. Acenda as velas e espalhe-as pelo espaço de trabalho para criar uma luz suave. Pegue uma colher de chá de cada erva e misture-as. Polvilhe a mistura sobre o carvão vegetal. Faça uma infusão das ervas, usando uma parte de cada uma ou misturando de acordo com seu gosto.

Enquanto o chá é preparado (ou amassado, como dizemos em minha pequena parte do mundo), cante sobre ele novamente. Ao fazer isso, entre em estado meditativo. Enquanto o vapor do chá sobe, respire os aromas e visualize a essência de cada erva, planta e especiaria. Tente identificar cada aroma delicado. Observe como cada um contribui para o efeito geral.

Quando estiver pronto, sirva uma xícara de chá e aprecie-o à luz de velas. Mergulhe de verdade no ato de beber. Respire o aroma ao levar a xícara aos lábios. Saboreie cada ingrediente individual da mistura. Observe o que aparece primeiro e o que permanece. Enquanto bebe, visualize-se absorvendo a energia potente de cada ingrediente usado.

Após o último gole, repita o cântico. Apague as velas e vá para a cama, seguindo suas rotinas noturnas normais.

Ao acordar pela manhã, faça anotações em seu diário. É uma boa ideia fazer isso imediatamente para que possa se lembrar de qualquer informação importante de seus sonhos. Se não conseguir se lembrar de seus sonhos, não se preocupe. Ainda assim, é importante fazer anotações sobre como se sente.

Preste realmente atenção ao seu corpo e aos seus pensamentos, não apenas ao acordar, mas também ao longo do dia.

Pode repetir esse exercício quantas vezes for necessário. É uma boa ideia fazê-lo semanalmente, pois, às vezes, pode levar algum tempo para que qualquer entendimento obtido de seus sonhos e das plantas seja compreendido. É nesse ponto que manter um diário é útil, pois permite que volte às suas anotações. É incrível como a retrospectiva e a experiência podem esclarecer coisas que talvez não tenhamos entendido na época.

Com o tempo, você vai perceber que este exercício também aumenta e fortalece seu relacionamento com as plantas, seja ao cultivá-las ou ao trabalhar com elas em outros contextos e situações. Quanto mais trabalhar com essas plantas, mais clara se tornará a comunicação entre elas e mais aprenderá sobre si mesmo, sobre as plantas e sobre sua Arte.

CONTOS TRIBAIS
Os Mataco ou Wichí

Wichí é um grupo indígena bem conhecido na América do Sul. Suas tribos se estendem ao longo das cabeceiras do Rio Bermejo e do Rio Pilcomayo na Argentina (onde são conhecidos como *matacos*) e na Bolívia (nesse país, são chamados de *weenhayey*). Eles também são encontrados habitando diferentes partes do Paraguai e do Peru.

O sistema de crenças dos povos Wichí foi definido como uma fusão étnica e nativa de animismo e xamanismo indígena.

Historicamente, os Wichís compartilharam sua tribo e jornadas com os Chorotes e Chulupies (outros grupos indígenas), com os quais dividem certas crenças no animismo, além do uso das sementes de cebil e do tabaco. Todos utilizam essas plantas para curar doenças, enfermidades e males físicos, bem como para prever o futuro nas visões formadas pela fumaça e nas formas que as folhas de tabaco assumem ao serem queimadas.

O Yopo e o Cebil

Os curandeiros e feiticeiros da tribo Wichí são os autênticos mestres no uso de certas ervas para curar, embora seu uso possa causar distúrbios estomacais e espasmos naqueles que as ingerem. Essas ervas fazem parte de sua medicina tradicional, que não demorou a se espalhar (embora tenha perdido seu enorme valor cultural e metafísico) para outras partes da América Latina. Em algumas lojas esotéricas e de ervas, elas podem ser obtidas, embora ilegalmente, por um preço bastante acessível.

Entre suas plantas curativas, a mais popular é a *Anadenanthera*, uma árvore que pode atingir 20 metros de altura e é nativa da Argentina, Brasil, Bolívia, Peru e Paraguai. Duas variedades específicas derivadas dessa espécie possuem enorme valor mágico e cultural. A primeira é o yopo, cohobo ou paricá (*Anadenanthera peregrina*), cuja madeira é altamente resistente e utilizada na fabricação de móveis, e cujas sementes são altamente tóxicas e alucinógenas. A segunda é o cebil, curupay ou huilco (*Anadenanthera colubrina*), que cresce no Equador e em Cuba e a partir da qual se produz uma bebida doce fermentada.

O uso dessas ervas anda de mãos dadas com a ideia de que, ao entrar em um estado profundo de sono ou transe induzido, o feiticeiro ou curandeiro pode se mover entre os mundos e encontrar neles a capacidade de curar a si mesmo e aos outros, tratando as doenças pela raiz de sua origem.

Eles podem usar uma mistura de ervas em pó fino para adormecer o paciente ou muitos outros métodos de indução de transe. Se o Wichí entrar em transe com o paciente, ele poderá curá-lo a partir do mundo espiritual, onde ambos atuam como formas de energia.

Os Wichís coletam as sementes dessas árvores durante os primeiros meses do ano por meio de um ritual cerimonial. Tradicionalmente, as sementes são secas ao sol por vários dias dentro de grandes cestas de tecido, enquanto alguns grupos mais modernos da tribo preferem assá-las em fogo lento. De qualquer forma, as sementes são armazenadas posteriormente até o momento de serem usadas. Quando chega o dia, são pulverizadas entre cantos e orações e seus pós são misturados às folhas de tabaco para serem fumadas pelo sacerdote, enquanto os pacientes e os participantes das cerimônias inalam a fumaça.

Outro método, talvez ainda mais elaborado, consiste em misturar essas sementes em pó com folhas de tabaco em pó e conchas de caracol em pó. Essa mistura é inalada por meio de um instrumento semelhante a uma pequena flauta com dois orifícios em um dos lados, feito de madeira de alfarroba ou ossos de pássaros.

Entre os muitos efeitos do cebil, diz-se que ele conduz os pacientes a visitarem o mundo subterrâneo, onde podem encontrar a origem de seus desconfortos e combatê-la. Também pode ajudar o indivíduo a libertar-se de quaisquer espíritos nocivos que estejam a ele ligados. Aqueles abençoados com o dom da visão podem despertar seus instintos e visões por meio dessa cerimônia tribal.

De acordo com Julio Cezaro, um dos feiticeiros Wichí tradicionais, a fumaça do cebil que foi inalada bloqueia os sentidos do corpo físico, permitindo que a alma trabalhe sem angústia ou distrações de um plano superior nas doenças do corpo. Nesse plano, feito inteiramente de Ar e Espírito, a alma é capaz de se mover entre mundos, entrar nos sonhos de outras pessoas ou se manifestar no mundo físico na forma de pássaros e outros animais.

CAPÍTULO 14

INCENSOS, RESINAS E ÓLEOS

O incenso, as resinas e os óleos são usados na feitiçaria de duas maneiras. Primeiro, eles podem ser usados como a ferramenta principal de um feitiço ou de uma oferenda espiritual. Em segundo lugar, podem ser usados como complemento ritual para criar e canalizar o tipo específico de energia que buscamos manifestar em um feitiço.

As resinas, assim como o incenso, são comumente queimadas em brasas para criar uma fumaça perfumada que eleva nossa frequência espiritual e remove as distrações durante a realização de um feitiço.

Os óleos e perfumes são usados na bruxaria para abençoar ou amaldiçoar lugares, objetos e pessoas. Eles também são usados para ungir bonecas, talismãs, joias e velas para fins místicos e ritualísticos.

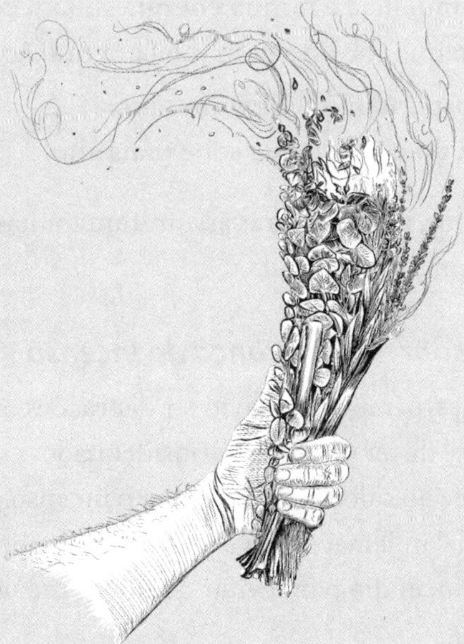

Noções Básicas sobre Incenso

O incenso é uma das ferramentas mais comuns na bruxaria – e também uma das formas mais populares. É fabricado de muitas maneiras diferentes e possui inúmeros usos. Além de aromatizar ambientes, certos tipos de incenso são utilizados para eliminar bactérias do ar; alterar a frequência aeônica de um lugar; dissipar energias negativas; estimular processos de cura; afastar espíritos malignos; atrair e influenciar diversas emoções, como amor, coragem, desapego e autoestima; ou ainda para gerar visões psíquicas e potencializar rituais de transmutação.

Em vários livros e ensinamentos relacionados a magia e feitiçaria, é fácil encontrar longas listas sobre os tipos de incenso que podem ser usados para atrair, influenciar ou dispersar cada tipo de energia (cura, proteção, abundância, etc.) ou emoção (amor, alegria, tristeza, etc.). Vou me concentrar no uso do incenso em relação à magia dos sonhos, à caminhada onírica e à viagem astral.

Há muitos tipos de incenso. O mais comum é provavelmente o incenso solto (meu favorito) porque os elementos puros – ervas, terra, resinas – queimam sem a necessidade de outros óleos misturados. Os cones são talvez os mais limpos e fáceis de limpar no final, e os bastões são os mais comuns de todos e estão disponíveis em uma ampla variedade de fragrâncias.

Quando acendo o incenso pela manhã, sempre gosto de recitar:

Que minha abundância e minha energia subam com direção,
como o incenso que sobe nesta manhã em oração.

Que minha prosperidade suba num salto,
como a fumaça do incenso que sobe mais alto.

Ao longo dos anos, essas palavras assumiram muitas formas, e cada uma delas se tornou meu mantra pessoal.

Uma Observação sobre a Segurança do Incenso

Durante as meditações, é importante não ter distrações ou riscos de incêndio, portanto, certifique-se de ter um incensário adequado, um caldeirão pequeno ou um prato resistente ao calor para usar com o incenso. Mantenha qualquer pano, papel ou material inflamável longe dele. Tente também acender o incenso longe de alarmes de incêndio para evitar qualquer incômodo.

EXERCÍCIO
Método para Queimar Incenso Herbal Caseiro

A queima de incenso caseiro é uma das práticas rituais mais poderosas em minha opinião. Não há problema em acender um bastão ou cone de incenso do mercado; é bastante prático. No entanto, quando você acende um pedaço de carvão, espera até que ele mude de cor, aplica o incenso em pequenas doses com uma colher própria, move a fumaça em diferentes direções com seu ventilador e aplica mais incenso ocasionalmente enquanto o carvão ainda está queimando, toda a prática é pura cerimônia ritual, não permitindo distrações de qualquer tipo ou conforto. Aqui, eu lhe mostro como fazer isso corretamente.

Você vai precisar de:

- Caldeirão pequeno, incensário ou prato resistente ao calor
- Carvão vegetal
- Colher de chá
- Combinação de ervas secas e/ou incenso solto
- Isqueiro
- Leque de mão

Embora hoje em dia haja uma dúzia de ferramentas que podem ser usadas para acender cuidadosamente um pedaço de carvão, elas tiram um pouco de toda a experiência mágica para os menos experientes, e é por isso que vou ensinar você a fazer exatamente como meus vários professores me ensinaram.

Com muito cuidado, segure o pedaço de carvão com uma das mãos (pode usar uma boa pinça, se preferir). Com o isqueiro, acenda uma ponta do carvão. Mantenha-o aceso por apenas alguns segundos – até perceber algumas faíscas mínimas. Uma vez que o carvão tenha faíscas, significa que está aceso e começará a queimar em alguns segundos; portanto, coloque-o rapidamente no caldeirão, no prato ou no incensário e mantenha-o lá por um minuto. Perceba que o carvão começa a queimar em vermelho vivo e lentamente fica branco. Isso significa que ele está aceso e pronto para ser usado.

Usando a colher de chá, pegue as ervas secas para queimar. Coloque-as sobre o carvão em brasa. Você verá imediatamente como ele queima e libera a fumaça aromática.

Aguarde de cinco a dez minutos antes de colocar mais incenso no carvão da mesma forma. Se notar que ele parou de produzir fumaça, use o ventilador para soprar sutilmente um pouco de ar em direção ao carvão para produzir mais fumaça.

Variação

Muitos rituais exigem que você mova o incenso por vários lugares, salas e espaços. Mas devido à inexperiência, muitos novatos cometem o erro de segurar o incensário ou o caldeirão com as próprias mãos. Em muitos casos, esses utensílios são feitos de metal ou cerâmica, que queimam suas mãos quando aquecidos. Ou, pior ainda, a pessoa inexperiente pode jogar o incenso de forma descuidada, sem perceber que o incenso quente pode cair em uma cama, cortina, toalha de mesa e causar um incêndio. Para rituais com movimento, sempre coloque o incensário ou caldeirão em um prato resistente ao calor para que possa mover o incenso sem se queimar.

Para começar, coloque o incensário ou caldeirão sobre o prato. Use um pilão para misturar e triturar todos os elementos herbais. Coloque metade da mistura no incensário. Acenda o pedaço de carvão e coloque-o sobre a mistura no incensário. Quando o carvão começar a queimar e apresentar uma coloração vermelha intensa nas bordas, adicione lentamente o restante da mistura, cobrindo completamente o carvão.

Carregando o prato, mova a fumaça do incenso para os cantos da sala onde realizará o feitiço ou ritual. Entre pequenos períodos de tempo (cerca de três a cinco minutos), mova o carvão e a mistura com um bastão ou varinha para evitar que se apague.

Receitas de Incenso

Escolher as combinações e porções corretas de diferentes elementos para criar seu próprio incenso não é fácil. É preciso algum tempo e experiência para aprender quais são as melhores combinações. Por exemplo, se uma fórmula de incenso requer especificamente apenas valeriana, mas não menciona qual parte usar, um novato pode não saber que a melhor coisa a fazer é usar as raízes em pó da planta e não as folhas ou flores, o que ofuscaria completamente qualquer outra erva usada na combinação. (É por esse motivo que a planta também é usada em doses muito pequenas).

As fragrâncias mais comuns que usaremos para complementar nossos rituais para sonhos e magia psíquica incluem:

- ***Artemísia:*** adivinhação, fortalecimento psíquico, magia dos sonhos.
- ***Cânfora:*** limpeza, trabalho espiritual, remoção de obstáculos.
- ***Mirra:*** bênçãos, proteção sagrada, alta magia ritual.

- ***Olíbano:*** proteção contra o mau-olhado e ataques psíquicos, consagração.
- ***Palo santo:*** adivinhação, limpeza, proteção.
- ***Rosa:*** amor, união, proteção emocional, conexão com os ancestrais.
- ***Sândalo:*** amor, abundância financeira, prosperidade, atração de dinheiro.
- ***Sangue de dragão:*** proteção contra todos os tipos de maldições e transformações.

A seguir, há uma variedade de combinações de incensos para diferentes finalidades. As instruções foram escritas com base em como eu as preparo de acordo com meu próprio gosto e funcionalidade. Você pode alterar ligeiramente as quantidades das minhas receitas e de outras de acordo com seus gostos e preferências. Observe também que todas as listas de receitas incluem apenas as ervas e outros ingredientes, porém, é recomendável sempre ter um almofariz e pilão (ou algo semelhante) em seu espaço de trabalho para misturar os ingredientes – além de uma maneira de queimar a mistura quando chegar a hora. Isso está de acordo com a suposição de que você deve ter e usar um isqueiro e um incensário quando for apropriado, não porque um autor tenha dito para fazer isso; é simplesmente algo importante e básico para se ter em seu espaço.

RECEITA
Incenso dos Sonhos

Esta receita resulta em um incenso prático e fácil de usar, que dispersa larvas astrais (pequenas entidades negativas que se prendem ao ambiente) e perturbações psíquicas. Também auxilia a concentrar a energia psíquica do mago que está prestes a lançar o feitiço. Entre os elementos utilizados aqui, a artemísia é o mais importante, pois é a planta por excelência que é queimada por médiuns, videntes, sensitivos e cartomantes antes de realizar uma leitura ou conduzir uma sessão divinatória.

O sal marinho está incluído nesta receita e é queimado para dispersar a ansiedade, que pode se transformar rapidamente em todo tipo de distração. O açúcar mascavo é queimado para atrair e reforçar pensamentos positivos, o que ajudará a manter sua mente concentrada no ritual, substituindo os pensamentos ansiosos que obstruem o processo.

Você vai precisar de:

- ½ colher de sopa de mirra ou copal
- Uma colher de sopa de anis-estrelado
- Uma colher de sopa de flores de jasmim
- Uma colher de sopa de olíbano
- Uma pitada de açúcar mascavo
- Uma pitada de sal marinho
- Três colheres de sopa de artemísia

Você pode dobrar ou triplicar as quantidades listadas para fazer mais incenso e armazená-lo em um frasco de vidro, saco de pano ou caixa de madeira para conservá-lo até que precise dele.

★★★★★

RECEITA
Incenso para Manifestar Sonhos Proféticos

Normalmente, os incensos para dormir são uma combinação de aromas e essências que ajudam a proporcionar um descanso profundo, como flores de camomila, sálvia-branca, cânfora, menta, hortelã e eucalipto.

Se estivermos criando um incenso caseiro que nos permita estimular levemente nossa psique para produzir visões de eventos no futuro, no passado ou mesmo eventos atuais ocorrendo em algum lugar, é importante acompanhar esses aromas calmantes com elementos que aumentem ou estimulem nossa clarividência, como artemísia, mirra, copal ou cânfora.

Outra etapa importante ao fazer o incenso para induzir sonhos proféticos é concentrar a mente no que queremos ver, seja por meio de uma meditação breve e silenciosa para visualizar o que estamos procurando ou escrevendo a situação ou o evento que desejamos ver.

Estas misturas devem ser queimadas no cômodo ou espaço em que esperamos receber as visões, seja no quarto algumas horas antes de dormir, seja em seu altar antes de uma sessão de adivinhação. A seguir, apresento uma pequena lista de receitas que têm sido bastante eficazes para mim e que são fáceis de usar e implementar em sua prática individual.

Para a primeira receita, você vai precisar de:

- Uma colher de chá de artemísia seca
- Uma colher de chá de folhas de acácia
- Uma colher de chá de pétalas de rosa em pó

Para a segunda receita, vai precisar de:

- Um punhado de alecrim (para proteção psíquica)
- Um tablete de cânfora
- Uma colher de chá de artemísia seca

Para a terceira receita, vai precisar de:

- Uma colher de chá de canela em pó
- Uma colher de chá de flores de lilás secas
- Duas colheres de chá de artemísia seca

Para a quarta receita, vai precisar de:

- Uma colher de chá de absinto seco
- Uma colher de chá de artemísia seca
- Uma colher de chá de cardamomo em pó
- Uma colher de chá de coentro em pó

★★★★★

RECEITA
Incenso para Afastar Pesadelos

Para usar este incenso com o objetivo de afastar pesadelos, misture partes iguais dos ingredientes. Em seguida, acenda uma vela e queime a mistura de ervas na chama enquanto se movimenta pelo quarto, tomando o cuidado de não evitar nem esquecer nenhum canto nem a entrada. Deixe o incenso queimar e, depois, caminhe cuidadosamente sobre a fumaça três vezes.

Você vai precisar de:

- Bagas de zimbro secas
- Camomila seca
- Copal
- Flores de ciclâmen ou lavanda

★★★★★

RECEITA
Incenso para Dormir

A insônia é um dos problemas mais comuns enfrentados por praticantes de feitiçaria dia após dia. É tão frequente que a mencionamos na maioria de nossos livros. Quando se trabalha com energia com tanta frequência (tanto a própria quanto a de outros), acaba-se desenvolvendo uma certa sensibilidade às mudanças energéticas mais sutis do ambiente. Essas mudanças podem se manifestar na forma de ansiedade, desconforto físico e insônia – praticamente os sintomas mais básicos de uma pessoa enfeitiçada. Seu corpo energético está percebendo alterações que seu corpo físico ainda não é capaz de notar e, por isso, você sente como se estivesse em um estado constante de alerta.

Queimar incenso no quarto algumas horas antes de dormir não apenas ajuda a descontaminar o ar contra diversas bactérias e germes presentes na atmosfera, como também é um método eficaz e simples para limpar e equilibrar a energia do ambiente, permitindo que se alcance um estado de descanso mais profundo na hora de dormir.

Devido a todos os motivos que acabei de mencionar, compartilharei uma variedade de receitas eficazes para queimar no quarto cerca de duas vezes por semana. Você vai precisar de partes iguais de cada ingrediente em todas as receitas a seguir.

Para a primeira receita, vai precisar de:

- Acácia seca
- Cipreste
- Sândalo

Queime essa mistura para aprimorar e aumentar suas habilidades psíquicas. A acácia está relacionada aos mitos de Osíris e ao poder da clarividência.

Para a segunda receita, vai precisar de:

- Acácia
- Artemísia
- Olíbano

Queime essa receita como incenso votivo para permitir que os fantasmas e espíritos se manifestem ao seu redor. A artemísia (a erva-mãe) está relacionada à maioria dos feitiços para clarividência e mediunidade, mas deve ser usada com moderação, pois é tóxica em grandes quantidades, especialmente para mulheres grávidas.

Para a terceira receita, vai precisar de:

- Acácia
- Artemísia
- Sálvia-azul

Misture essas ervas, queime-as em um pedaço de carvão e medite por vinte e cinco minutos, observando a fumaça ao seu redor para abrir sua visão espiritual para o outro mundo. Você pode adicionar a esse mesmo incenso uma pitada de raiz de sangue de dragão e alecrim para ver e detectar maus fantasmas e presságios ao seu redor.

★★★★★

RECEITA
Incenso para Sonhar por Cinco Noites

Prepare uma boa quantidade deste incenso para queimar durante cinco noites consecutivas. Ele é perfeito para liberar a mente antes de dormir e facilita a captura das visões noturnas que está buscando. Entre a segunda e a quarta noite, provavelmente terá dificuldade para adormecer, mas após a quinta noite, retomará seus horários normais de sono.

Você vai precisar de:

- Uma parte de artemísia
- Uma parte de bálsamo storax (resina)
- Uma parte de copal
- Uma parte de hortelã-pimenta

Triture os ingredientes em um pilão e, em seguida, coloque uma parte da mistura em um incensário. Guarde o restante do incenso em um pote de vidro tipo Jarra Mason. Acenda um pedaço de carvão em um recipiente resistente ao calor e coloque a mistura de incenso ao redor do carvão, adicionando mais mistura a cada dois a cinco minutos. Passe o incenso ao redor do quarto e da cama. Repita o processo pelas quatro noites seguintes, usando a mistura guardada no pote.

★★★★★

RECEITA
Presente do Incenso dos Sonhos

Se alguém que não está familiarizado com feitiçaria e encantamentos quiser reviver um sonho recorrente ou compreendê-lo melhor, você pode oferecer um punhado deste incenso caseiro. É fácil de preparar e proporciona um resultado leve o suficiente para não sobrecarregar a pessoa.

Você vai precisar de:

- Uma colher de chá de flores de madressilva
- Uma colher de chá de folhas de artemísia
- Uma colher de chá de lascas de madeira de cedro
- Uma colher de chá de mirra

Misture todos os ingredientes e armazene a mistura em uma caixa, saquinho de tecido, amuleto aberto ou pequeno frasco. Ofereça como presente com um ou dois pedaços de carvão para que a pessoa possa queimar o incenso em casa. Talvez até inclua um pequeno leque no presente, para que ela possa espalhar a fumaça pelo quarto uma hora antes de dormir.

Feitiços e Rituais de Incenso

Como já avançamos bastante no trabalho com incensos, é hora de levar nossa arte para o próximo nível e fazer uso deles. Não os usaremos para atrair, mover, aprimorar ou dissipar uma forma de energia, mas para complementar e acompanhar feitiços e rituais mais poderosos que exigem sua experiência, dedicação e concentração.

Convido você a criar suas próprias fórmulas e rituais com o que aprendeu. Além dos feitiços, aqui estão alguns rituais poderosos. Um deles aumentará sua clarividência e os outros dois podem ser feitos para abençoar e proteger seu quarto.

EXERCÍCIO
Feitiço do Pote de Incenso dos Sonhos

Com este feitiço, você criará uma mistura de magia dos sonhos, que poderá queimar ocasionalmente como incenso para elevar sua mente subconsciente durante os sonhos (sonho lúcido), obter maior clareza durante o sono (clarividência) ou captar vislumbres do futuro através dos sonhos (oneiromancia).

Você vai precisar de:

- Frasco de vidro limpo com tampa
- Incenso de rosa ou lavanda
- Isqueiro ou fósforos
- Partes iguais de anis, eucalipto, hortelã, manjerona, jasmim, hibisco, alecrim e mil-folhas
- Pedaço de labradorita ou celestita
- Pedaço de cristal de quartzo
- Suporte para incenso

Horário: entre o pôr do sol e a meia-noite de uma quarta-feira

No frasco limpo, misture as ervas e, em seguida, adicione o cristal de quartzo e a labradorita ou celestita. Feche o frasco completamente, posicione com segurança o bastão de incenso no suporte e acenda-o. Agite o frasco lacrado várias vezes na fumaça, desenhando círculos no ar. Guarde o frasco em um local seco, fresco e escuro, como uma dispensa fora da cozinha ou um armário grande.

Nas noites em que desejar praticar um feitiço ou meditação relacionados aos seus sonhos, acenda um pedaço de carvão em um caldeirão pequeno e queime de uma a duas colheres de sopa desse incenso sobre o carvão.

Para usar como Saquinho Mágico

Em uma noite de lua crescente ou cheia, use três colheres de sopa desta mistura de ervas para encher um saquinho de feltro azul ou roxo. Adicione algumas gotas de óleo de lavanda ou de rosa, feche e sele completamente o saquinho e acenda uma vela azul. Mantenha este amuleto no quarto para potencializar sua clarividência enquanto dorme ou descansa.

EXERCÍCIO
Ritual para Encantar e Proteger o Quarto da Bruxa, Versão I

Quando se trata de magia dos sonhos, o quarto do praticante é uma extensão da própria feitiçaria. Isso não é muito diferente de outros caminhos. Por exemplo, bruxas que se especializam em trabalhar com a natureza podem gostar de ter plantas no quarto para purificar o oxigênio ou adicionar flores à decoração para trazer mais cor ao ambiente. Bruxas e *brujas* na América Latina, embora isso soe como um estereótipo, geralmente possuem três espaços mágicos de trabalho. Esses locais são tão importantes que parecem ser os três altares da bruxa:

- **Cozinha**: é aqui que os frascos de temperos e sabores são usados para todos os tipos de feitiços. Na Venezuela, em Cuba e na Colômbia, é na cozinha que ficam os altares mais importantes da casa (o cofre espiritual, o altar dedicado ao falecido), para que seu espírito possa perceber o delicioso aroma da comida e ser guardado onde o vinho e outras bebidas são servidos.
- **Pátio ou jardim**: esse local geralmente contém todos os tipos de plantas aromáticas, hera venenosa e especiarias. É o local onde plantamos nossas flores sazonais e hera venenosa, onde enterramos amuletos (entre outras coisas) e onde colocamos nossa tigela para descansar à noite para preparar a água da Lua.
- **Quarto de dormir**: é onde as avós penduram fotos em molduras de espelho, bordam os nomes de seus inimigos nas cortinas e geralmente têm um pequeno altar com imagens e figuras de santos para rezar antes de dormir. Esse é um claro resquício da influência dos povos espanhol e português em nossas famílias indígenas modernas.

Para a magia dos sonhos o quarto é muito importante e sua finalidade vai além de ser um simples local para dormir. As bruxas têm todos os tipos de amuletos debaixo da cama; saquinhos mojo e patuás debaixo do travesseiro; amuletos e bonecos pendurados nas janelas para atrair o favor de alguns espíritos e afastar outros; travesseiros de cores e tamanhos diferentes, que não combinam entre si, sempre cheios de ervas e flores secas sobre a cama e inúmeros rosários, oráculos, talismãs e colares pendurados nas maçanetas das portas.

Se o corpo é um templo para nosso espírito, o quarto de dormir é claramente o templo para o corpo da bruxa. É onde dormimos enquanto os espíritos nos assistem à noite e cuidam de nosso valioso sono e das viagens astrais.

Este ritual é realizado para abençoar o quarto e manifestar boa energia e proteção espiritual. Pode ser feito em qualquer dia, desde que haja total liberdade e privacidade para sua realização.

Você vai precisar de:

- Cinco folhas de papel
- Cinco peças de cristal de quartzo
- Cone de incenso de baunilha ou mirra
- Fita adesiva
- Incensário, caldeirão pequeno ou prato resistente ao calor
- Isqueiro ou fósforos
- Tinta preta
- Vela alta branca ou azul em um castiçal

Em cada folha de papel, use a tinta para desenhar um Pentagrama (estrela de cinco pontas dentro de um círculo). Cole um Pentagrama em cada uma das paredes de seu quarto, na altura de sua cabeça, usando a fita adesiva. Coloque mais um sob a cama e coloque um pedaço de cristal de quartzo em cada uma das pontas do Pentagrama.

Coloque o incenso no incensário, no prato ou no caldeirão e acenda o incenso e a vela. Com o incensário em uma mão e a vela na outra, circule pela sala, iluminando os Pentagramas nas paredes, um a um.

Depois de iluminar os quatro Pentagramas, coloque a vela e o incensário em um local seguro perto da cama. Sente-se na posição de lótus na cama e respire fundo. Visualize os Pentagramas nas paredes e imagine a luz vindo desses desenhos. Observe como a densa luz dourada que vem desses pequenos portais se espalha das paredes para todo o ambiente, movendo-se pelo quarto e protegendo totalmente o local.

Em seguida, feche os olhos e continue com o exercício de visualização. Continue a visualizar a luz se movendo pelo cômodo, banhando o espaço com segurança.

EXERCÍCIO
Ritual para Encantar e Proteger o Quarto da Bruxa, Versão II

Este é um feitiço curto que compartilha o mesmo propósito do ritual anterior. Utilizando boas energias, ele atua para abençoar e exaltar os espaços usados para descanso e trabalho mágico, como o altar, o quarto e todos os outros locais que exigem o canalizar da calma e a remoção de todo tipo de distração.

Você vai precisar de:

- Uma xícara de erva-de-são-joão
- Uma xícara de pétalas de rosa
- Uma xícara de verbena moída
- Seis gotas de óleo essencial de papoula
- Incenso de sândalo ou mirra (na forma que preferir)
- Isqueiro ou fósforos
- Luvas de borracha (opcional)
- Suporte de incenso ou incensário, caldeirão pequeno ou prato resistente ao calor
- Tigela de madeira cheia até a metade com água
- Vela branca
- Vela marrom

Acenda as duas velas e o incenso (em um recipiente apropriado para o tipo de incenso) em um canto do espaço escolhido para consagrá-lo. Na tigela, misture as ervas e o óleo com as mãos (de preferência com as mãos desprotegidas, mas se achar que precisa de luvas, use-as). Misture os ingredientes por cinco a dez minutos com os olhos fechados, respirando profundamente e visualizando todos os tipos de imagens bonitas que lhe tragam uma sensação de alegria, bondade, segurança, proteção, cura, beleza e amor.

Depois que todos os ingredientes estiverem combinados, comece a espalhar a mistura nos cantos do cômodo com calma e com uma sensação de segurança. Isso pode ser feito em silêncio ou com música de fundo. Nu ou com sua roupa ritual – como se sentir mais confortável. Por meio desse ritual, reivindicará esse espaço como seu e comandando a energia do local. Continue com esse processo, marcando todos os cantos do cômodo, além das molduras das portas e janelas, repetindo várias vezes.

Quando terminar o ritual, deixe as velas e o incenso queimarem até o fim. Jogue o restante da água e das ervas fora de sua casa ou ao redor dela; pode até regar a porta com essa mistura.

Resinas para Misturar em seus Feitiços de Sonho, Saquinhos Mágicos e Incensos

As resinas podem ser queimadas como incenso usando um pedaço de carvão vegetal. Elas têm uma concentração química/elementar mais alta, e é por isso que a fumaça parece ser mais espessa e mais carregada de aroma. Assim como o incenso, a fumaça aromática das resinas altera a energia do local e nos permite concentrar melhor nossa energia antes e durante o trabalho mágico.

Ao usar a resina, é inteligente obter vários pedaços pequenos, evite pedaços grandes. Por exemplo, se colocar um pedaço grande de olíbano ou mirra em um carvão quente, ele pode acabar derretendo, cobrindo o carvão e tornando-o frio e inútil. Tendo isso em mente, certifique-se de ter resina suficiente em pequenos pedaços e um bom almofariz para triturá-la antes do uso.

Aqui estão algumas resinas comuns a serem consideradas:

Âmbar

O âmbar está relacionado à clarividência, à visão psíquica e a todas as formas de mediunidade e precognição. Em resumo, o âmbar é a artemísia das resinas. Um ou dois pedaços de âmbar dentro de um travesseiro ajudam a equilibrar a mediunidade nos sonhos.

Copaíba

A copaíba é uma resina altamente oleosa extraída das árvores do gênero *Copaifera*, nativas do Brasil e que começaram a se espalhar por outras partes da América do Sul. O aroma amargo dessa resina está ligado à medicina popular tradicional do Brasil, onde é usada como um medicamento comum para várias doenças. O óleo é usado pelos povos indígenas do Panamá e do Brasil para afastar pesadelos, espíritos malévolos e bruxas mal-intencionadas. A resina é deixada secar por vários dias para remover todos os vestígios de óleo e é queimada para venerar e despertar os espíritos das árvores.

Copal

Esta resina tem um efeito calmante sobre o humor. Por esse motivo, certa vez enchi um travesseiro inteiro com copal e crisântemos como presente para minha irmã mais velha, que sofre de depressão. De acordo com suas próprias palavras, isso a ajudou a dormir melhor todas as noites.[40]

---

40. O copal vem da palavra *náuatle copalli*, que significa "incenso".

Damla Sakızı (Mástique)

Originária da Grécia e enormemente popular na Turquia, de onde é exportada para diversas partes do mundo, esta resina dourado-amarelada é utilizada em combinação com olíbano no jogo divinatório *üç göz, bakmak, üç kehanet* (três olhos para três presságios ou três olhos observando três presságios). Nesse jogo secreto e juvenil, três pessoas se sentam em círculo ao redor de um incensário. Queima-se o mástique com olíbano como incenso enquanto cada participante cobre o olho direito. Usando apenas o olho esquerdo, todos tentam enxergar uma figura na fumaça. Se duas ou três pessoas virem a mesma figura ao mesmo tempo, isso é considerado um presságio do destino.

Mirra

A mirra proporciona proteção divina e espiritual durante o sono. Se estiver participando de meditação noturna, sonho lúcido, projeção astral ou qualquer outra forma de experiência fora do corpo (EFC), um pequeno ramo de mirra e olíbano lhe dará a proteção necessária enquanto seu corpo permanece no plano físico e sua consciência viaja para fora dele.

Olíbano

O olíbano, também chamado de frankincense, está associado aos estados elevados de consciência, que consideramos sagrados, e ao apoio de uma força cósmica ou entidade superior a nós mesmos. Um pequeno ramo de olíbano colocado perto da cama pode ajudá-lo a se sentir mais confortável e mais seguro enquanto dorme.

Sandaraca

Esta resina é majoritariamente importada do Marrocos e de diferentes partes da África. Na América Latina, está associada à prática da magia popular de origem espanhola. Não é muito perfumada; entretanto, quando misturada com copal e olíbano ou com copal e mirra, e queimada, pode limpar a energia de uma casa antes de receber visitantes. Também pode ser queimada para honrar os espíritos da noite durante sessões de magia e espiritualismo.

Óleos Essenciais

Assim como as plantas extraem todos os benefícios energéticos da terra, o mesmo ocorre com os óleos essenciais que vêm das plantas. Os aromas desses óleos contêm as micropartículas vegetais que nos relaxam e induzem a certos estados de calma. Os óleos essenciais têm sido amplamente estudados por botânicos e herboristas em todo o mundo. Na verdade, eles ainda estão sendo estudados para que se saiba como eles tratam todos os tipos de problemas relacionados à ansiedade, ao estresse e à depressão.

Os óleos essenciais são um ótimo aliado no combate à insônia. A própria insônia tem um grande número de aliados que encontramos em nossa rotina diária, incluindo uma dieta pobre, bebidas cafeinadas, álcool, dores musculares causadas por excesso de trabalho (ou falta de movimento diário), mal-estar geral e irritabilidade diária que acaba causando desgaste emocional. Essas coisas sozinhas – ou combinadas – nos deixam incapazes de aproveitar as horas de sono.

Embora existam muitos estudos científicos que apoiam o uso desses óleos como tratamentos para doenças, neste capítulo vamos nos concentrar em seus usos esotéricos. Além de nos ajudar a dormir e relaxar, eles também nos ajudam a induzir episódios de sono profundo e a elevar nosso estado de consciência durante esses episódios.

Não existe um método único a ser usado quando se trata de óleos essenciais. Na verdade, há uma grande variedade de métodos que podem ser usados com base no orçamento e no gosto individual. Por exemplo, antes de chegar aos Estados Unidos, meu método de usar os óleos essenciais era colocá-los em uma garrafa de vidro perto de uma janela e depois colocar algumas varetas longas de madeira dentro da garrafa. Isso funcionava como um aromatizador de ambiente, espalhando o aroma pelo quarto ao longo do dia; escolhi esse método porque banheiras não são tão comuns em meu país de origem. Agora, vivendo nos Estados Unidos, utilizo óleos essenciais na banheira de duas a três vezes por semana, seja adicionando algumas gotas diretamente à água ou preparando bombas de sal caseiras carregadas com uma infusão desses óleos.

Em lugares onde as pessoas costumam se reunir às margens dos rios para lavar roupas, como fazíamos em diferentes regiões do meu país, utiliza-se uma barra de sabão sem fragrância para a limpeza das peças. Depois, quem está lavando aplica à água limpa do último enxágue perfumes caseiros feitos com óleos herbais e florais, que levaram consigo. Assim, as roupas ficam com um perfume agradável no final.

Nos Estados Unidos, você pode comprar um frasco plástico de spray por apenas um dólar e enchê-lo com sua combinação favorita de óleos. Se fizer isso, borrifar espaços, lençóis e roupas de dormir com seus óleos relaxantes será uma tarefa simples. E não vamos nos esquecer dos purificadores de ar e difusores de óleo, que existem em todos os tamanhos, cores, formas e estilos; eles geralmente são adequados para movimentar os vapores dos óleos essenciais em um cômodo grande por longos períodos de tempo.

Óleos Mais Comuns para o Sono

A seguir, uma pequena lista com os óleos mais recomendados em relação ao sono e ao combate à insônia. Lembre-se de que os óleos essenciais podem, às vezes, causar reações alérgicas quando aplicados na pele. Isso pode ocorrer devido a vários fatores diferentes, e é importante lembrar que nunca se deve aplicar óleos puros diretamente na pele. Dilua-os em água sob as instruções de um químico ou especialista, pois todos os óleos podem ter concentrações diferentes. Sempre faça um teste de óleo em sua pele meia hora antes de usá-lo.

Óleo Essencial de Artemísia

O óleo essencial de artemísia, também chamado de *mugwort*, é de grande valor para os praticantes de bruxaria e magia, mas é comumente confundido no mercado botânico com o óleo de absinto. Ambos têm sabor semelhante e aroma amargo. Por isso, é importante verificar a origem e a qualidade do óleo. No mercado internacional, o óleo de artemísia é frequentemente rotulado como *armoise*, termo usado para diferentes espécies do gênero *Artemisia*, que também inclui o estragão e a losna.

Observe que o óleo de artemísia pode ser altamente tóxico, especialmente para mulheres grávidas. Devido à sua alta concentração de cânfora, ele é considerado uma neurotoxina, portanto não deve ser ingerido nem aplicado diretamente nos olhos, nas membranas mucosas ou na pele. Embora muitos livros e receitas tradicionais de bruxaria sugiram o uso da artemísia em banhos para dormir, ter sonhos vívidos ou insônia, como também fiz ao longo deste livro, a maioria dessas receitas pede artemísia seca e pulverizada em pequenas quantidades, não o óleo. Novamente, o óleo é altamente concentrado e pode ser perigoso.

Uma última observação importante: não confunda também a essência floral da artemísia com o óleo essencial. As essências florais costumam ser aplicadas na água do banho sem causar muito incômodo. Elas são destiladas das flores e não são iguais aos óleos essenciais concentrados.

Para usar o óleo com segurança na magia, experimente um conta-gotas. O óleo pode ser adicionado a um pot-pourri floral no quarto, por exemplo, para evocar sonhos felizes e tranquilos. Ele pode ser esfregado com um pano em velas para a realização de feitiços de sonhos, como os usados para entrar nos sonhos de outras pessoas, projetar mensagens nos sonhos, interpretar sonhos ou conjurar sonhos vívidos.

Óleo Essencial de Bergamota

Um dos óleos cítricos mais populares, a fragrância de bergamota é muito comercializada na indústria de perfumes, e é por isso que certamente terá um cheiro familiar quando trabalhar com ela pela primeira vez. O óleo de bergamota é amplamente usado para acalmar a ansiedade. Se combinado com algumas gotas de óleo de laranja ou limão, é perfeito para recarregar as energias pela manhã após uma noite difícil ou sem dormir.

Se você tem um trabalho noturno, pode criar um sabonete caseiro à base de glicerina com óleo de bergamota e laranja para usar pela manhã. Isso lhe dará uma sensação extra de energia.

Óleo Essencial de Camomila

O óleo essencial de camomila romana é um dos relaxantes naturais mais conhecidos. Ele ajuda a combater o nervosismo, a irritabilidade, a inquietação e a insônia comum. Devido ao seu aroma leve e perfumado, é um dos poucos óleos que um farmacêutico qualificado recomendaria usar em crianças pequenas para ajudá-las a adormecer. Você pode aplicar algumas gotas desse óleo essencial diretamente nos travesseiros antes de dormir para proporcionar uma sensação extra de calma e serenidade.

Óleo Essencial de Capim-limão (Hierba luisa, Caña Santa ou Té de limón)

O óleo de capim-limão é recomendado principalmente para combater sentimentos de ansiedade, depressão e angústia, especialmente na Venezuela, onde é um óleo comum para uso específico contra a ansiedade. Uma mistura é feita com quatro partes de azeite de oliva e uma parte de óleo de capim-limão, e algumas gotas dessa fórmula são adicionadas à água e bebidas em casos de ataques de ansiedade e desconforto emocional.

Para realizar um trabalho mágico, é importante estar descansado, bem como física e mentalmente presente em todos os momentos. Portanto, se for difícil adormecer e descansar, algumas gotas desse óleo em um difusor no quarto farão maravilhas.

Óleo Essencial de Laranja

Há duas variedades diferentes de óleo de laranja: o óleo extraído da laranja doce e o óleo extraído da laranja amarga. Ambos são altamente recomendados, não apenas por sua fragrância floral frutada, mas também por seus benefícios para o sistema nervoso. Os aromas podem proporcionar uma sensação de alegria, calma profunda e bem-estar. Misture qualquer uma das variedades com óleo de camomila em um difusor e ligue-o algumas horas antes de dormir para preparar o quarto para o descanso.

As propriedades calmantes e sedativas do óleo de laranja combatem rápida e eficazmente a insônia e a ansiedade, bem como as sensações de depressão noturna, estresse acumulado durante o dia e nervosismo. Se você deseja um sono profundo, mas ao mesmo tempo está procurando encontrar algo em seus sonhos (uma previsão do futuro, uma resposta, um sinal), o óleo de laranja é mais adequado do que os outros, porque sua qualidade energética nos permite uma sensação de alerta, mesmo enquanto estamos dormindo.

Óleo Essencial de Lavanda

O óleo essencial de lavanda é um dos primeiros óleos que as pessoas escolhem para dormir devido ao seu aroma floral e herbáceo. Ele é relaxante e quase hipnotizante, o que o torna um óleo ideal para adormecer, mesmo em casos crônicos. Pode misturar algumas gotas desse óleo essencial com uma colher de sopa de azeite de oliva e usá-lo para massagear os músculos do pescoço, deixando-o funcionar como um óleo relaxante e antiespasmódico.

Óleo Essencial de Limão

O óleo de limão é um dos óleos essenciais mais benéficos que existem. Algumas gotas desse óleo com uma colher de sopa de mel puro são a solução imediata para vários desconfortos físicos. Também é uma ótima solução natural para limpar a garganta antes e depois de cada ritual ou para aliviar um pouco os sintomas da gripe.

Borrife algumas gotas de óleo de limão em cada canto da cama antes de dormir para iluminar o ambiente e proporcionar uma sensação de conforto e relaxamento. Um copo de água com cinco gotas de óleo de limão pode ser bebido pela manhã por aqueles que falam enquanto dormem para acalmar a garganta e limpar o trato respiratório.

Óleo Essencial de Manjerona

A manjerona tem uma das fragrâncias mais calmantes e relaxantes do mundo dos óleos essenciais. É um facilitador do sono e do descanso por excelência. Usado em um difusor de óleo, ele ajuda a ter um ar mais limpo e saudável. Combinado com algumas gotas de óleo essencial de valeriana ou camomila, é um sedativo bastante forte com o qual poderá aromatizar o quarto se quiser ter uma longa sessão de sono reparador.

Você pode criar um travesseiro dos sonhos rosa-claro ou azul-claro com flores secas de camomila e lavanda, dois ou três pedaços pequenos de cristal de quartzo polido e algumas gotas de óleos essenciais de manjerona e laranja para criar o travesseiro de descanso perfeito.

Óleo Essencial de Rosa

Embora o óleo essencial de rosa seja usado com frequência no setor de beleza, a combinação com o óleo de laranja ou de camomila o torna um aliado incrível na hora de dormir. Quando usado em um difusor para o quarto ou adicionado a uma banheira, o óleo essencial de rosas é um dos mais adequados para quem deseja ter uma noite de sono tranquila depois de um dia muito agitado.

Óleo Essencial de Sálvia Esclareia

A sálvia esclareia é um dos óleos mais valorizados do mercado. Tem uma fragrância fresca, doce e amadeirada. Muito usado em feitiçaria para consagrar, reativar e carregar feitiços e amuletos relacionados à abundância financeira, prosperidade e amor familiar ou conjugal.

Embora não esteja diretamente relacionado ao campo dos sonhos, algumas gotas desse óleo essencial podem ser combinadas com os óleos essenciais de lavanda e laranja doce em um umidificador de ar pela manhã para energizar o ambiente após uma noite cansativa.

Óleo Essencial de Tangerina

Os óleos cítricos, como os de laranja e tangerina, são extremamente populares por sua fragrância peculiar. Eles têm um efeito relaxante, calmante e sedativo. O óleo essencial de tangerina tem uma nota mais frutada e é adequado para o quarto de jovens que sofrem de insônia ou estresse. Poderíamos até ousar recomendar seu uso no quarto de alguém que sofre de ansiedade, porque sua fragrância é um agente calmante natural que reaviva o espírito.

Óleo Essencial de Valeriana

Conhecida por suas qualidades relaxantes e calmantes, a valeriana proporciona uma sensação sedativa e um sono reparador e curativo. É comumente usada em um difusor de óleo ou umidificador de ar algumas horas antes de dormir. Seis a doze gotas desse óleo essencial também podem ser adicionadas a uma loção ou creme para uma sessão de massagem relaxante antes de dormir.

As sementes da planta valeriana, bem como suas flores, também são usadas para formular todos os tipos de feitiços e talismãs relacionados ao descanso, ao sono e ao relaxamento.

★★★★★

RECEITA
Mistura de Óleos Essenciais para Proteger seus Sonhos

Esta mistura poderá ser usada em um difusor para consagrar velas de altar ou para borrifar levemente nos travesseiros.

Você vai precisar de:

- Três gotas de óleo de baunilha
- Três gotas de óleo de cravo
- Três gotas de óleo de sândalo

Banhos dos Sonhos

Na América Latina, os banhos energizados com óleos, ervas e flores têm uma popularidade enorme e crescente. Esses banhos mágicos combinam o poder naturalmente purificador e transformador da água com uma variedade de óleos florais e essências de ervas para atingir um objetivo específico. Neste livro, faremos uso de banhos relacionados ao mundo dos sonhos e às fases lunares.

Estes banhos devem ser preparados em casa, preferencialmente. E podem ser feitos de duas maneiras: em um balde para serem aplicados no chuveiro ou diretamente em uma banheira, que é onde provavelmente oferecerão maior relaxamento ao feiticeiro ou ao paciente em questão.

Os quatro banhos a seguir combinam a energia das fases lunares, que influenciam fortemente as horas de sono, com diferentes essências que o levarão a mergulhar mais facilmente no mundo dos sonhos.

Instruções Básicas

Faça um cronograma com os ciclos lunares e tenha tudo preparado para cada banho com pelo menos dois dias de antecedência.

Para cada receita, ferva todos os ingredientes em um caldeirão ou panela grande. Deixe a mistura ferver por cerca de cinco minutos e, em seguida, deixe-a descansar por mais trinta minutos. Pode armazenar a mistura pronta em um pote até a hora do banho ou da ducha. Para usar a mistura, dilua-a em um pouco de água morna antes de tomar banho.

Quando chegar a hora do banho, recomendo que acenda algumas velas azuis em um pires no banheiro. Depois disso, poderá levar as velas para o seu altar e deixá-las lá pelo resto do dia. Isso fará com que se sinta mais calmo.

Lembre-se de apagá-las se for sair. Acenda-as novamente quando voltar. Nunca deixe uma vela sem supervisão. Se elas ainda estiverem acesas quando estiver pronto para ir para a cama, apague-as antes de dormir e acenda-as novamente pela manhã.

★★★★★

RECEITA
Banho dos Sonhos de Lua Nova

Depois que este banho for aplicado em seu corpo, feche os olhos por cinco minutos e visualize uma Lua escura no céu noturno. Veja-a escurecer, desaparecer e se misturar com a noite escura diante de seus olhos; visualize o céu estrelado que se forma no espaço ao seu redor. Abra lentamente os olhos e comece a se secar.

Você vai precisar de:

- Um litro de água
- Um ramo de flores de camomila
- Uma colher de sopa de óleo de coco
- Duas colheres de sopa de óleo de amêndoas
- 12 gotas de essência floral de artemísia

★★★★★

RECEITA
Banho dos Sonhos com Lua Crescente

Depois de aplicar este banho em seu corpo, feche os olhos, respire fundo e visualize um céu escuro e estrelado ao seu redor. Em seguida, imagine uma lua crescente à sua frente, que está ligeiramente eclipsando o céu com sua luz branca pálida. Visualize a forma e a cor perfeitas dessa luz brilhante e suave. Sinta-a refletir em você e iluminar uma parte do seu corpo. Leve o tempo que for necessário para realizar esta meditação. No final, abra os olhos lentamente e se enxugue.

Você vai precisar de:

- Um litro de água
- Três colheres de sopa de óleo essencial de oliva
- 12 a 20 gotas de essência floral de artemísia
- 12 a 20 gotas de essência floral de maçã
- 12 pétalas de flores brancas (de preferência rosas)

★★★★★

RECEITA
Banho dos Sonhos da Lua Cheia

Este banho pode ser feito no meio da noite de lua cheia, na noite anterior ou no dia seguinte, antes de escurecer. Depois de aplicar este banho em todo o corpo, feche os olhos, respire profundamente e visualize um espaço escuro repleto de pequenas estrelas. Imagine o crescente brilhante à sua frente e observe a Lua se cobrir de luz em sua totalidade. Visualize essa esplêndida lua cheia se formando à sua frente e perceba essa luz prateada ostensiva cobrindo cada centímetro de seu corpo. Deixe-se banhar por essa luz e não interrompa a visualização da lua cheia até que sinta que é hora de terminar. Depois disso, abra os olhos e se enxugue.

Você vai precisar de:

- Um litro da água mais natural que puder encontrar
- Uma colher de chá de anis-estrelado moído
- Duas colheres de sopa de mel puro
- Duas colheres de sopa de óleo de amêndoas
- 12 gotas de óleo essencial de neroli
- 21 pétalas de flores brancas (de preferência de crisântemos ou rosas)

★★★★★

RECEITA
Banho dos Sonhos da Lua Minguante

Depois de aplicar este banho ritual em todo o corpo (que pode ser completado com uma barra de sabonete natural de mirra ou sândalo), feche os olhos e comece a respirar lenta e profundamente. Visualize um céu estrelado iluminado com uma lua cheia ostensiva em seu centro. Observe como a luz da Lua desaparece lentamente de um lado até que haja apenas uma meia-lua iluminada à sua frente. Imagine cada detalhe dessa lua crescente – suas cores, sua superfície, sua luz vibrante – e respire fundo antes de abrir os olhos, aceitando que outro ciclo lunar está terminando. Depois que seus olhos estiverem abertos, enxugue-se.

Se estiver sonhando com o fim de um ciclo ou tiver visualizado em seus sonhos qualquer situação em que esteja se desfazendo de algo, repita este banho para permitir que seus sonhos lhe deem uma interpretação melhor e mais profunda do que está prestes a acontecer.

Você vai precisar de:

- ½ litro de água
- Uma colher de sopa de açúcar
- Uma colher de sopa de sal grosso
- Duas colheres de sopa de azeite de oliva
- 12 a 20 gotas de essência de flor de artemísia
- 12 rosas desidratadas e secas ao sol

✶ ✶ ✶

EXERCÍCIO
Banho Relaxante da Mente para Sonhar Profundamente

Para manter a mente devidamente focada durante um ritual, sugiro que realize este banho de uma a duas horas antes de iniciá-lo. Dedique todo o tempo que precisar neste banho e repita-o antes de qualquer ritual sempre que sentir necessidade. Memorize a sensação de relaxamento e calma – aquela sensação de "estou pronta". Grave essa sensação como se fosse uma carta de tarô, para poder evocá-la como um estado mental completo toda vez que for realizar um ritual.

Você vai precisar de:

- Um a dois litros de água
- Um punhado de artemísia seca
- Um punhado de flores de camomila secas
- Duas colheres de sopa de mel
- Incenso de mirra em bastão
- Suporte para incenso
- Isqueiro ou fósforos

Ferva a água e adicione as ervas e o mel. Deixe a infusão descansar e esfriar até atingir uma temperatura que considere confortável para o banho.

Caso tenha uma banheira, adicione a mistura a ela. Se usar um chuveiro, use uma tigela pequena para ajudar a aplicar a água. Coloque o bastão de incenso no suporte e acenda-o antes de entrar na banheira ou no chuveiro.

Se desejar, pode acrescentar algumas gotas de óleo de bergamota à mistura para proporcionar uma sensação de despertar e proteção.

Magia dos Sonhos

MEDITAÇÃO COM FUMAÇA DE ERVAS PARA INTENSIFICAR SONHOS E VISÕES

de ALY KRAVETZ a.k.a. A BRONXWITCH

Em minha experiência pessoal, os sonhos sempre foram evasivos. Durante grande parte da minha vida adulta, meu sono não tinha sonhos e eu lutava para me aprofundar nos estágios do sono REM necessários para experiências de sonhos visíveis. Como bruxa, sei que a medicina herbal está disponível para todos nós e senti que poderia haver uma solução entre as plantas e flores que chamo de minhas amigas. Mas uma coisa que também aprendi sobre trabalhar com ervas é que, assim como trabalhar com pessoas, cada uma é diferente e afeta o usuário de uma maneira diferente.

Depois de anos de experiências com cada uma das ervas que vou compartilhar, encontrei uma combinação que me ajuda, sem falta, a mergulhar em estados profundos de sono com sonhos ativos e claros. Descobri que, embora possa usar essa combinação de ervas como incenso ou chá (se não se importar com coisas amargas), ela tem melhor desempenho quando fumada e inalada.

Você vai precisar de:

- Uma a duas pitadas de artemísia seca (*Artemisia vulgaris*)
- Uma a duas pitadas de erva do sonho mexicana seca (*Calea zacatechichi*)
- Uma a duas pitadas de flor de lótus azul seca (*Nymphaea caerulea*)
- Uma a duas pitadas de verbasco seco (*Verbascum thapsus*)
- Isqueiro
- Tigela de fumo, cachimbo ou papel natural de sua preferência

Reúna seus ingredientes e certifique-se de usar somente ervas secas, não frescas. Uma pequena quantidade, aproximadamente uma ou duas pitadas de cada uma é tudo o que precisa. Moa as ervas até obter uma consistência fina e adicione-as a uma tigela de fumo, cachimbo ou papel natural de sua preferência. Faça um ritual de preparação para dormir, certificando-se de que não será incomodado. Quando estiver pronto, sente-se em uma posição meditativa e confortável.

Comece a aprofundar sua respiração, inspirando e expirando pelo nariz. Segure as ervas para fumar em suas mãos e faça uma oração de agradecimento a cada uma delas. Declare a sua intenção e informe que elas estão sendo chamadas para estar com você enquanto dorme e para guiar o seu eu espiritual para o mundo dos sonhos. Acenda as ervas e faça de três a quatro inalações lentas, dando a si um ou dois minutos de intervalo entre cada uma. Não tenha pressa. Imagine a fumaça preenchendo seu corpo da cabeça aos pés a cada inalação.

Quando terminar, apague cuidadosamente as ervas. Apague todas as velas ou incensos que possa ter acendido (lembre-se da segurança em primeiro lugar!) e vá para a cama. Mantenha um diário ao lado da cama para registrar facilmente qualquer lembrança do meio da noite ou do início da manhã. Repita este ritual todas as noites ou sempre que precisar receber mensagens em seus sonhos.

CONTOS TRIBAIS

Povo Inga / Os Ayahuasqueros

O povo indígena Inga ou Ingano é um grupo quéchua cujos territórios se encontram na Bolívia, no Equador e no Peru. Também estão presentes no extremo sudoeste da Colômbia, especialmente no atual departamento de Putumayo, e, em menor escala, no norte de Nariño, em Piedemonte e em Santa Rosa.

As migrações inganas estão intimamente relacionadas à prática da medicina tradicional itinerante. A espiritualidade eclética e politeísta do grupo envolve não apenas a prática de atividades de cura e o cultivo de plantas mágicas e medicinais, mas também a troca, a entrega e a venda das próprias plantas. O estudo e a troca de conhecimento dos Inga com outras comunidades e povos indígenas próximos também os enriquece.

Entre os Inga, os anciãos sábios e sacerdotes são chamados de *sinch* (que se traduz como "velho" ou "sábio"), e recebem diversas funções como médiuns e curandeiros, denominados respectivamente *taitas* e *curacas*. Os *sinch* realizam a prática de administração da *Banisteriopsis caapi* (também conhecida como *yagé* ou *ayahuasca*), com efeitos psicotrópicos. A importância dessa planta na medicina inga indica uma forte relação com as culturas da floresta, especialmente os povos Andaquí, Cofán, Siona e Witoto.

A formação dos *sinch* começa na infância. Eles são escolhidos pelos *taitas* e educados no conhecimento da natureza, espiritualidade, vida, sociedade e medicina. Cultivam plantas medicinais e mágicas em *chagras* com guardiões espirituais, organizadas como um microcosmo que representa as forças da natureza, homens e mulheres, e as relações interétnicas e sociais.[41]

---

41. Não há uma tradução exata para *chagras*; são lugares de culto onde plantas e hortaliças tradicionais são plantadas e colhidas para o consumo dos Inga, utilizando métodos ancestrais. Esses espaços também funcionam como escolas de herbologia tradicional e como locais sagrados de oração e conexão espiritual, sendo de vital importância para o povo Inga. Embora os homens possam participar das atividades na *chagra* e compartilhar algumas responsabilidades, são as mulheres que lideram e tomam as decisões nesses espaços sagrados, onde são colhidos diversos alimentos para a tribo e para suas oferendas, como mandioca, yagé, batata, banana, mamão, tangerina, lulo e feijão.

CAPÍTULO 15

GEMAS E CRISTAIS DOS SONHOS

Embora cristais e minerais não façam parte da bruxaria tradicional latino-americana (seu uso é, na verdade, uma influência da era moderna da bruxaria), eles são ferramentas de muitos feiticeiros e sensitivos e carregam um poder imenso que vem da raiz da terra. Toda vez que seguramos um pequeno mineral ou cristal nas mãos – assim como qualquer outra pedra –, muitas vezes, sem saber, estamos segurando um fragmento da história humana, que pode ter estado ali por centenas, talvez milhares de anos, mergulhado nos poderes do tempo e carregando um enorme potencial consigo.

Quando adicionamos cristais e pedras a qualquer feitiço relacionado a sonhos, é importante levar em conta alguns aspectos. Por exemplo, alguns cristais e pedras têm cores ativas, como vermelho, laranja ou amarelo vibrante, e omitem uma energia movimentada. Devemos optar por gemas com cores que convidem à calma mental e ao descanso, como tons de branco, cinza ou azul. Podem ser peças de quartzo, ágata-azul, lápis-lazúli ou ametista em tons claros.

Outro fator importante a ser levado em conta é que algumas gemas têm propriedades energéticas que convidam ao descanso, à calma, à paz interior e ao relaxamento, como a pedra da lua arco-íris e a calcita-azul. Embora sejam de uma cor brilhante que ativa a energia, algumas gemas vermelhas, como jaspe e granada, são recomendadas para manter a mente desperta durante uma sessão de meditação prolongada ou para complementar feitiços e rituais voltados para o sonho lúcido e o fortalecimento da memória.

Pedra da Lua (a Favorita das Bruxas Sonhadoras)

Não confunda pedra da lua com labradorita branca ou opalina, que muitas vezes são comercializadas erroneamente como pedra da lua devido às suas cores semelhantes.[42]

A pedra da lua tem sido uma das gemas favoritas dos joalheiros desde as civilizações antigas, graças à sua aparência lunar.

Para as Bruxas modernas, essa gema não perdeu o espírito e a fama. A pedra da lua ainda é associada a divindades lunares, especialmente à Deusa romana Luna (a personificação divina da lua), e é encontrada em dezenas de livros de bruxaria modernos para todos os tipos de altares e feitiços associados a essas divindades, seja para venerá-las ou para solicitar prosperidade, proteção, saúde e cura a elas.

A maneira correta e simples de ativar a pedra da lua é colocá-la em uma tigela limpa em um local onde receba raios diretos de luz da lua cheia, seja em uma janela seja em um pátio.

---

42. A pedra da lua possui algo chamado adularescência – uma ilusão óptica única que exibe um brilho azulado-leitoso na superfície da gema. Na maioria das vezes, se a sua pedra da lua for atingida pela luz e mostrar um brilho pálido azulado, trata-se de uma peça autêntica. A labradorita é um cristal cinza-escuro, preto ou às vezes azulado que costuma ser vendido como pedra da lua. A opalita (que não deve ser confundida com a opala) é uma variedade de vidro produzida artificialmente que também pode ser comercializada como pedra da lua por engano.

Depois de ativada, a pedra oferece proteção, cura e clareza mental a quem a usa, razão pela qual é um bom presente de uma bruxa para alguém que ela queira proteger.

Manter uma tigela com pedaços de pedra da lua e cristal de quartzo em seu altar concede poder sobre o mundo dos sonhos e os espíritos que dele provêm, incentivando-os a servir aos seus trabalhos mágicos.

Um feiticeiro que tenha entrado no mundo dos sonhos mais de uma vez entende o segredo que essa gema esconde e sua conexão com as divindades lunares e os espíritos da noite.

Pedra da Lua contra Ataques Psíquicos

Para se proteger contra pesadelos e sonhos indesejados, mantenha um pedaço de pedra da lua dentro da fronha do travesseiro. Se sentir qualquer tipo de perturbação energética proveniente da gema durante a noite, que pode se manifestar como um som estranho dentro do travesseiro ou a sensação de alguém colocando as mãos em sua cabeça, isso indica que alguma bruxa está tentando lançar um ataque psíquico contra você ou invadir seus sonhos. Remova a gema imediatamente do travesseiro, lave-a com água limpa e esfregue-a com óleo de lavanda, rosa, gerânio, sândalo ou bergamota. Em seguida, acenda um incenso para limpar a energia e uma vela branca para dar clareza aos seus espíritos guardiões. Feito isso, devolva a gema, agora limpa e recarregada, ao travesseiro.

★★★★★

RECEITA
Óleo Energizado de Pedra da Lua

Se você vem praticando magia relacionada a sonhos há algum tempo e já experimentou as dificuldades que isso pode trazer, convido-o a preparar este óleo e usá-lo para se ungir.

Você vai precisar de:

- Um ou mais pedaços de pedra da lua
- Duas colheres de sopa de pétalas de rosas secas
- Frasco de vidro grande o suficiente para caber todos ingredientes
- Partes iguais de óleos essenciais de rosa, jasmim e gerânio

Fase da Lua recomendada: é preferível realizar este feitiço em uma noite de lua cheia, pois ela proporcionará clareza e compreensão durante o ritual.

Misture todos os ingredientes no frasco de vidro. Quando estiverem combinados, unte as mãos, os cotovelos, os joelhos e a ponta da cabeça entre as têmporas e as orelhas (cuidado com os olhos).

Depois de preparar esse óleo várias vezes, comecei a misturá-lo com duas colheres de sopa de creme base, que é fácil de encontrar em farmácias homeopáticas, por uma questão de praticidade. Eu uso esses cremes como loção corporal antes de dormir.

Outras Gemas e Cristais

Embora a pedra da lua seja a preferida das bruxas, praticamente todos os minerais têm um certo nível de influência em nossas emoções e humor e, em sua maioria, ajudam a equilibrar nosso estado emocional e nossa mentalidade. Em resumo, todos eles têm propriedades que podem ser empregadas durante o trabalho de feitiço. A seguir, apresento uma lista das gemas e cristais que se mostraram mais eficazes em relação à magia dos sonhos e visões noturnas durante minha prática.

Ágata-azul

Imagine que acabou de passar por um dia que consideraria um dos piores de sua vida! Seu estresse está nas alturas e, por causa disso, tem a sensação de uma ansiedade sem fim. Uma peça de ágata-azul lhe trará a sensação de calma e cura que precisa nesses momentos.

A ágata-azul é a pedra perfeita para usar em feitiços de sono/repouso e joias relacionadas à caminhada e visão de sonhos. Uma bola de cristal de ágata-azul pode ser colocada em seu altar dos sonhos para evitar aquelas noites de ansiedade, proporcionando-lhe um bom descanso.

Ametista

A ametista é a pedra da transmutação por excelência e possui um alto valor energético no campo metafísico. Coloque um pedaço de ametista sobre o travesseiro se estiver passando por uma situação cotidiana que precisa ser completamente transformada. A ametista é mantida em escritórios e quartos para converter energias e pensamentos negativos em positivos. É colocada em altares para complementar rituais que buscam transformar uma situação negativa em positiva, converter pesadelos em bons sonhos e auxiliar na recuperação após uma noite de ansiedade.

Celestita

Também conhecida como celestina, esta pedra tem uma tonalidade azulada pálida e atrai serenidade, calma interior e inspiração. É perfeita para ser usada como joia se o seu desejo for meditar profundamente ou desenvolver uma visão mais clara do mundo espiritual durante suas viagens astrais e espirituais.

Cristal de Quartzo

O cristal de quartzo atua como um filtro de energia que permite distinguir o que é real do que não é. Ele também potencializa o poder de todas as outras gemas. Por isso, é comumente colocado em saquinhos mágicos e amuletos com diversos propósitos. É uma excelente gema para acompanhar sessões de meditação, especialmente se você se considera iniciante, e ajuda a ampliar a clareza e a compreensão nos sonhos.

Fluorita

A fluorita é usada para complementar feitiços que estimulam a memória, bem como para atrair equilíbrio, amor, amizade, entusiasmo e bom humor, e é uma boa adição a qualquer amuleto usado para equilibrar a mente e proteger seu bem-estar mental. Também é um excelente talismã de proteção que pode ter no quarto para se manter em segurança enquanto descansa.

Lápis-lazúli

O lápis-lazúli é uma pedra mágica usada em várias tradições de bruxaria. Se procurar por ela em livros, verá que há muito folclore e usos mágicos associados a essa gema.

Ofereça a alguém um pequeno travesseiro azul cheio de pétalas de flores e um pedaço de lápis-lazúli para lhe proporcionar bons sonhos, boa sorte e proteção psíquica.

Ônix

Talvez a gema mais incompreendida de todas, o ônix causa depressão, nostalgia e tristeza para muitos. É a gema correspondente a Capricórnio (o signo astrológico da rigidez e da ordem excessivas) e Saturno (o planeta do carma e da revisão constante), e a maioria das outras coisas associadas a essa gema escura parece gritar "cuidado" também. O ônix age como um buraco negro no espaço, devorando a luz e tudo em seu caminho, e pode ser usado para absorver vibrações ruins e negatividade. Dentro de um travesseiro dos sonhos, ela absorverá sentimentos de tristeza e melancolia, mas deve ser evitada para uso diário. Embora seja um grande aliado das bruxas, o ônix pode levar as pessoas à depressão profunda e à tristeza interior.

Ouro

As civilizações inca e andina – nos dias anteriores à colonização da América – usavam o ouro para fazer todos os tipos de ornamentos, inclusive chocalhos, brincos, máscaras, colares, sinos e flautas. O ouro não era visto simplesmente como um metal precioso, mas como um símbolo do poder da tribo ou da família que o possuía. Era um presente divino que se acreditava conceder ao seu portador contato direto com a divindade ou com um poder superior. O ouro, embora não seja muito representado no campo da feitiçaria, tem sido usado para construir e decorar altares para divindades criadoras e espíritos do mundo da água e do mundo dos sonhos.

Os símbolos vistos em sonhos e presságios eram gravados em ouro em máscaras e outros objetos, e esses itens eram considerados emblemas sagrados entre os Mochicas.[43] O ouro era associado ao Sol, ao dia e ao despertar, e a prata, da qual também havia grandes depósitos, era associada à Lua e à noite entre esses povos indígenas da América. Portanto, as máscaras funerárias eram decoradas com ouro e não com prata; as máscaras de ouro davam ao falecido a oportunidade de acordar quando sua alma chegasse ao além.

Pedra Crisântemo

A pedra crisântemo é frequentemente confundida com a pedra peônia, uma das gemas mais raras e talvez difícil de encontrar fora da Ásia. Ela possui a

43. A cultura Moche ou Mochica, também conhecida como Proto-Chimú, é uma cultura arqueológica do antigo Peru que se desenvolveu entre os séculos 2 e 7 EC.

poderosa capacidade de trazer calma interior e equilíbrio emocional. Essa gema também auxilia na compreensão dos segredos ocultos nos pesadelos. Para meditar com a pedra e usá-la para mergulhar nos seus sonhos e medos mais profundos, ela deve ser colocada sobre um prato de madeira, vidro ou cerâmica, separado de todos os outros elementos do altar ou espaço ritual. Em seguida, deve-se queimar incenso de aroma floral ao seu redor.

Quartzo-fumê

O quartzo-fumê está associado à clarividência e aos segredos (dois tópicos totalmente opostos entre si). A superfície escurecida desse quartzo simboliza algo coberto por neblina ou nuvens (segredos), enquanto as áreas claras representam e incentivam nossa capacidade de ver além desses impedimentos (clarividência).

Se estiver tentando decifrar um sonho recorrente que parece difícil (ou até impossível) de interpretar, não hesite em colocar um pires com três pedaços de quartzo-fumê (para representar os três deuses primordiais do sono que tendem a ficar escondidos dentro deles) no criado-mudo. Com um conta-gotas, aplique três gotas de óleo essencial de artemísia em cada cristal. Este pequeno ritual levará você a ter mais clareza enquanto dorme e enquanto focaliza sua visão nos elementos que precisa interpretar ou decifrar. Como mencionamos no capítulo 13, a artemísia esclarece nossa visão e compreensão do mundo espiritual.

Quartzo-rosa

O quartzo-rosa não é apenas conhecido por sua capacidade de atrair o amor, mas também por seu poder de fortalecer os laços de amizade e confiança e estabelecer o entendimento entre os membros da família.

Uma vela branca ou rosa e um incenso com aroma de rosa ou peônia devem ser acesos ao lado de um pedaço de quartzo-rosa antes de dormir. O cristal energizado deve então ser colocado ao lado de sua cama para atrair sonhos felizes e positivos. Ele também o ajudará a acordar com melhor humor.

Um travesseiro dos sonhos azul-claro ou rosa-claro preenchido com três pedaços de quartzo-rosa polido em forma de coração e partes iguais de algodão, penas e pétalas secas de rosa e lavanda permitirá que sonhe com uma pessoa querida.

Selenita

A selenita tem uma vibração energética altamente poderosa, e um pequeno pedaço no travesseiro pode levar a se conectar com seu corpo emocional e espiritual em perfeita sincronia. Se sentir que não está agindo como você mesmo ultimamente ou se sentir desconectado, alguns pedaços de selenita dentro ou embaixo do travesseiro proporcionam a calma emocional necessária para realizar uma revisão interna precisa.

EXERCÍCIO
Saquinhos Mojo de Cristais

Cristal de quartzo, jaspe e granada são minerais aliados da magia dos sonhos. Separadamente, atuam de forma sutil, juntos, formam um poderoso aliado para sua conexão com o mundo onírico. Convido você a usar o exercício a seguir para criar um saquinho mojo, pois ele será um bom acompanhamento para seus rituais mágicos.

Você vai precisar de:

- Uma colher de chá de alecrim em pó
- Cone de incenso de mirra ou palo santo
- Fita de tecido azul ou branca (entre 15 e 45 centímetros de comprimento)
- Incensário, caldeirão pequeno ou prato resistente ao calor
- Isqueiro ou fósforos
- Óleo essencial de lavanda
- Pedaço de cristal de quartzo
- Pedaço de jaspe ou granada
- Saquinho de tecido azul (saquinho mojo)
- Vela branca em um castiçal

Se quiser fazer uma longa sessão de meditação na cama ou em um sofá confortável e não quiser dormir, mas manter a mente concentrada em um objetivo específico, encha o saquinho de pano azul com o cristal de quartzo (clareza, intuição, cura), o jaspe ou granada (foco, energia, proteção psíquica) e o alecrim em pó (proteção).

Faça sete nós na fita de tecido azul ou branca. Use a fita para amarrar o saquinho de pano e borrife algumas gotas de óleo essencial de lavanda nele.

Acenda a vela e o incenso e coloque esse saquinho mojo perto deles enquanto faz sua sessão de meditação.

Magia dos Sonhos

AMULETO DE QUARTZO PARA PROTEGER SUA MENTE

de MIRA A. GADE

Como bruxos, trabalhamos com as mãos, cultivando, moendo e misturando plantas e incensos, embaralhando nossas cartas de tarô e virando as páginas de nossos livros de feitiços. Estamos sempre conscientes de nossas ações e de como cada feitiço que realizamos manifestará seus resultados em um futuro próximo. Proteger nossa mente exausta à noite é de extrema importância.

Este ritual é simples e fácil, e você pode realizá-lo à noite antes de dormir para proteger sua energia contra ataques psíquicos, espíritos perturbadores e qualquer energia psíquica residual em seu ambiente.

Você vai precisar de:

- Isqueiro ou fósforos
- Mistura de óleo essencial de lavanda e bergamota
- Pedaço de cristal de quartzo não menor do que uma moeda pequena
- Pedaço quadrado de tecido azul ou índigo
- Pires resistente ao calor de algum tipo
- Vela branca

Depois de tomar uma ducha fria e se preparar para dormir, acenda a vela branca em um pires resistente ao calor; pode ser um pequeno caldeirão ou uma bandeja de metal. Esfregue não mais do que duas gotas do óleo essencial em suas mãos. Se não gostar de trabalhar com óleos diretamente na pele por algum dos vários motivos, pode diluir o óleo com água. Continue esfregando o cristal entre as mãos por cerca de trinta segundos com os olhos fechados e com respirações lentas e profundas.

Abra os olhos, aproxime o cristal de seu rosto e sussurre o seguinte encantamento para ele:

Com minhas mãos, mente e palavras, eu te encanto.
Protege-me enquanto durmo e cuida de mim enquanto descanso.
Cuida do meu espaço e cuida do meu sono.
Sem passar por ti e por teu poder, nada interrompe meu repouso.

Apague a vela e coloque o cristal sobre o pano azul. Certifique-se de que ele esteja em uma superfície próxima à cama antes de dormir. Todas as manhãs, cubra o pedaço de quartzo com o pano e mantenha-o completamente embrulhado.

Em qualquer ocasião em que sentir algum tipo de distúrbio energético ou psíquico, repita o encantamento com o mesmo cristal.

CONTOS TRIBAIS
Os Ritos Iniciáticos do Camorá

Camora é o nome dado a um grupo de indivíduos de origem brasileira que vive nas regiões amazônicas, misturando-se aos povos nativos e locais, mas sem perder ou mesclar suas crenças. As famílias Camora formam um grupo muito recente e de expansão lenta, composto principalmente por famílias que desejam fugir das cidades e da modernidade. Elas se mudam para as montanhas e tentam viver, por um período, de forma nômade, passando por diversos lugares antes de se estabelecerem por um longo tempo em um só local.

Embora se identifiquem principalmente como católicos, os Camora, praticam sua própria forma de magia popular. Para essa magia, os devotos veneram os espíritos dos falecidos, praticam feitiços na beira dos rios (devem ser sussurrados no ouvido da água para serem cumpridos) e realizam todos os tipos de banhos e irrigações rituais. Eles também se voltam para A Virgem das Águas, uma poderosa divindade feminina que personifica a maternidade e a fertilidade, a vida e a morte, os oceanos e os rios e todas as formas de água.

As famílias Camora preparam todos os tipos de pratos e saladas à base de frutas que são jogados no rio para fins rituais. Eles acendem velas coloridas nas pedras à beira do rio durante seus banhos rituais e realizam uma iniciação tradicional bonita e simples, mas simbolicamente poderosa, à beira das águas.

Todos são bem-vindos a participar desses rituais. Enormes baldes cheios de água doce de quatro rios locais são reunidos, e moedas de prata e pedras preciosas são adicionadas ao fundo desses baldes. Todos os tipos e cores de flores são jogados neles. A maioria são rosas, girassóis e crisântemos dos mercados próximos, bem como flores silvestres que crescem ao longo dos rios. As flores e outras plantas são retiradas uma a uma e com muito cuidado para manter apenas as pétalas na água. Adiciona-se uma grande quantidade de mel e melaço preparados em casa.

Os iniciados então se banham nus usando barras de sabão de coco, e uma mulher vestida de branco, sentada à beira do rio, executa cânticos e orações em um dialeto que apenas eles parecem conhecer. É uma forma do que eles chamam de "português da costa", um termo que eu pessoalmente nunca ouvi em nenhum outro lugar, embora soe semelhante ao francês.

Sacerdotisas vestidas de branco entram no rio com cascas de coco vazias e as usam para adicionar à água do rio dentro de grandes baldes cheios de flores, moedas e cristais, além de mel e melaço. Essas misturas doces são então derramadas sobre os corpos nus dos indivíduos que participam da iniciação, e eles ficam de pé com as palmas das mãos abertas para o céu, prontos para receber todos os presentes e bênçãos de Deus em suas mãos.

Aqueles que recebem moedas de prata que caem em suas mãos durante o banho são especialmente abençoados. Eles guardam as moedas em um pequeno caldeirão de barro com água, que é trocada todas as noites de lua escura (lua nova), pois esse pequeno talismã concederá vida longa e saúde a eles e a seus entes queridos.

Esses ritos de iniciação, embora tão rápidos quanto simples, representam o que eles chamam de "O Primeiro" (o primeiro de todos os sonhos). Em sua tradição mística, embora majoritariamente católica, o mundo estava incompleto até que a Deusa das Águas emergiu do mar e viu um mundo sem vida. Ela então pegou uma pedra afiada do chão e cortou sua barriga. Sangue e água fluíram de seu ventre por muitos dias e muitas noites. Por causa da dor, a Deusa Virgem adormeceu. Durante os dias, todas as primeiras criaturas emergiram das poças de sangue. Durante as longas noites, as águas limparam o sangue do mundo, permitindo que as plantas crescessem e os rios e mares fluíssem.

Depois de muitas luas, a Deusa Virgem permaneceu adormecida e seu corpo foi afundado no fundo das águas. Recifes de coral cresceram ao seu redor. As sereias fizeram para ela uma coroa de madrepérola e coral, e os mares e rios continuaram a crescer a partir de seu ventre.

Na tentativa de despertar a Deusa Virgem, as sereias trouxeram mel das costas. Esse mel era produzido por animais e criaturas selvagens. As sereias queriam dar a ela o doce mel para beber e, assim, acordá-la, mas o mel se dissolveu nas águas antes de chegar à Deusa. Com o passar dos anos, ao irem e virem das costas para o fundo do mar, as sereias ficaram menores e perderam a memória. Tornaram-se peixes e agora nadam de um lado para o outro em busca de alimento e estão sempre agitadas porque sabem que sua missão não está completa.

Os grandes baldes usados no ritual são preparados com flores, mel e melaço para representar esse primeiro sonho da Virgem das Águas. As sacerdotisas que ajudam a banhar os iniciados estão vestidas de branco, para simbolizar as sereias com vestidos de pérola que cuidavam da Deusa.

CAPÍTULO 16

FEITIÇOS DOS SONHOS

Desde os tempos antigos, as pessoas criaram todos os tipos de feitiços relacionados ao mundo dos sonhos. Na cultura hispânica, identificamos quatro tipos de feitiços de sonhos: feitiços de cura, feitiços para a incubação de sonhos, feitiços de comunicação psíquica e feitiços para andar nos sonhos.

Os feitiços de cura são bem conhecidos na moderna terapia do sono, bem como na magia tradicional dos curandeiros sul-americanos. Muitas vezes, esses feitiços de cura são sonhos induzidos que nos levam a reparar nosso corpo e mente enquanto descansamos. Esses feitiços também permitem que o corpo encontre outras formas alternativas de cura e fortalecimento para melhorar nossa saúde.

A segunda variedade de feitiços de sonho concentra-se na incubação de um tipo específico de sonho. Isso inclui sonhar com um amante, sonhar com um futuro melhor e sonhar com sinais ou bons presságios.

Há também feitiços que se concentram na comunicação psíquica. É com esses feitiços que nos permitimos receber e enviar mensagens enquanto dormimos. Esses sonhos incluem a comunicação psíquica de longa distância, como a comunicação com entidades espirituais e ancestrais, guias mestres do outro reino e outros.

Por fim, há os feitiços que se concentram no desenvolvimento das habilidades psíquicas e místicas do feiticeiro, elevando-as a um novo nível. Esses feitiços nos permitem suavizar ainda mais nossa energia durante o sono. Com prática e trabalho constante, eles nos permitem explorar os limites da mente e elevar nosso estado de consciência, levando ao sonho lúcido, projeção astral, entre outros.

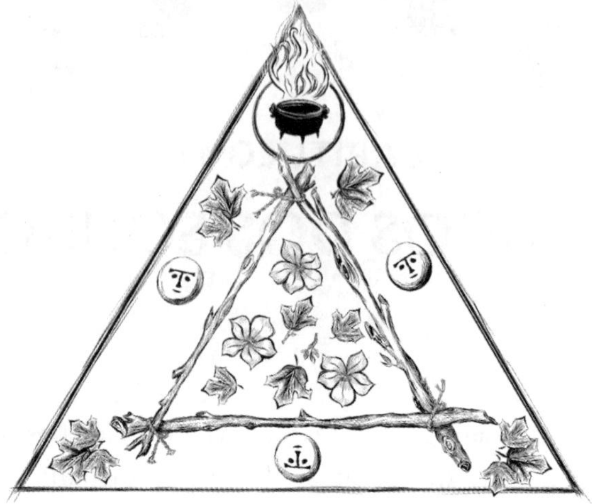

Saquinhos Mágicos dos Sonhos

Uma bolsa de feitiços, gris-gris ou saquinho mojo é um amuleto artesanal preparado para ajudar a atingir um objetivo específico ou para estimular um processo. Existem muitos tipos de saquinhos mágicos em diferentes culturas e tradições mágicas.

Para criar um saquinho mágico simples, primeiro vai precisar de um saquinho de tecido na cor correspondente ao seu objetivo. Preencha-o com dois ou mais elementos que canalizem o tipo de energia que estiver buscando. Para ativar o poder deste amuleto, recomenda-se formar um círculo com sal grosso (e talvez um pouco de alecrim), acender uma vela da mesma cor do saquinho e um incenso. Segure o saquinho com você dentro do círculo e realize uma oração ou encantamento de sua autoria para ativar seu poder.

Os saquinhos mágicos são normalmente mantidos perto do usuário (geralmente amarrados com barbante no pescoço ou guardados em uma bolsa). Em algumas situações, elas são mantidas no altar ou em um local específico da casa. Os saquinhos mágicos associados à magia dos sonhos devem ser mantidos debaixo do travesseiro, debaixo da cama (em um pires), ao lado da cama ou em uma mesa de cabeceira. E não devem ser abertos em nenhuma circunstância. Se precisar se livrar de um deles, o método mais adequado é queimá-lo dentro de um círculo de sal. Pode também enterrá-lo ao pé de uma árvore ou queimá-lo em uma encruzilhada e depois enterrar as cinzas.

EXERCÍCIO
Saquinho Mágico para Inspirar Sonhos Românticos

Para inspirar sonhos românticos em seu/sua amante, prepare esta receita.

Você vai precisar de:

- Uma colher de sopa de artemísia seca
- Uma colher de sopa de flores de hibisco secas
- Uma colher de sopa de pétalas de rosa vermelha ou rosa secas
- Dois ou três pedaços de quartzo-rosa
- Agulha e linha ou fita de tecido (opcional)
- Foto recente sua e de seu amante
- Incenso de morango ou rosa em bastão ou cone
- Isqueiro ou fósforos
- Mecha de seu cabelo
- Saquinho de tecido rosa
- Suporte para incenso ou incensário, caldeirão pequeno ou prato resistente ao calor
- Vela vermelha em um castiçal

Fase da Lua recomendada: lua nova ou noite sem lua

Acenda a vela e o incenso e coloque todos os ingredientes em seu altar ou área de trabalho. Coloque uma música suave e inspiradora ao fundo. Pode ser uma lista de reprodução de músicas românticas que inspirem as emoções que deseja transmitir durante o sono: amor, sinceridade, sedução, luxúria, paixão, romance, confiança, etc.

Com a música de fundo tocando, comece a colocar calmamente todos os ingredientes dentro do saquinho, um a um (exceto a agulha e a linha), sendo a fotografia e a mecha de cabelo os últimos itens. Feche o saquinho com agulha e linha, com cera de vela ou simplesmente dando um nó com fita de tecido.

Quando o saquinho estiver lacrado, segure-o em suas mãos e recite este antigo encantamento traduzido, que vem de uma canção de ninar venezuelana:

Encantamento (em português):

Eu entro em seus sonhos.
Neles eu me ancoro.
Neles eu te encontro
Neles eu te adoro.

Encantamento (em inglês):

Into your dreams I step.
In them I anchor myself.
In them I find you.
In them I love you.

Canção de ninar original (em espanhol):

En tus suenos entro.
En tus suenos me anclo.
En tus suenos te encuentro.
En tus suenos te amo.

Depois de recitar o encantamento, apague a vela e deixe o incenso continuar a queimar. Coloque o sachê encantado dentro ou embaixo do travesseiro e, a partir de então, acenda a mesma vela todas as noites, recite o encantamento na frente da vela, deixe-a queimar por 20 a 30 minutos e apague-a novamente. Repita esse procedimento todas as noites até que a vela seja completamente consumida.

EXERCÍCIO
Saquinho Mágico para Ter Mais Clareza nos Sonhos

Buscar clareza e compreensão em nossos sonhos é uma tarefa contínua, por isso, quanto mais ferramentas colocarmos em prática, melhores serão os resultados que poderemos alcançar. Aqui está uma receita prática e fácil de realizar.

Você vai precisar de:

- Um pedaço de quartzo-fumê e um pedaço de cristal de quartzo (opcional)
- Uma colher de sopa de flores de lúpulo ou tulipas secas
- Uma colher de sopa de jasmim seco
- Uma colher de sopa de papoulas secas
- Uma pitada de flores de lavanda secas
- Agulha
- Bulbo de rosa branca seco
- Fio azul ou dourado
- Pedaço de vidro cristalino ou uma lente de aumento
- Qualquer incenso floral que tiver
- Saquinho de tecido azul, índigo, lilás ou rosa
- Suporte para incenso, incensário, caldeirão pequeno ou prato resistente ao calor
- Vela branca em um castiçal

Acenda a vela e o incenso e, em seguida, encha seu saquinho com todos os elementos (exceto a agulha e a linha), um a um, enquanto entoa o encantamento:

Cristal e vidro, flor e raiz,
eu te encanto desde já, com o que me faz feliz.
Deixa-me ver o óbvio, o consciente, o que incomoda,
revela o que está oculto diante de mim, gira a roda.
Abre minha mente, ilumina meu fim.
Leva-me a ver a densa neblina longe de mim.
Faz sem pressa, mas não tão lento assim,
pois o relógio não espera, enfim.

Feche o saquinho e costure-o com agulha e linha, depois apague a vela. A cada noite em que desejar realizar um ritual de sonhos, segure o amuleto e recite o encantamento antes de dormir. Coloque o saquinho ao lado ou debaixo do travesseiro.

EXERCÍCIO
Saquinho Mágico para Sonhos Proféticos

Prepare este saquinho para fins de adivinhação, meditação, visualização, mediunidade e sessões profundas de sonhos.

Você vai precisar de:

- Uma colher de chá de artemísia seca
- Uma colher de sopa de flores de calêndula secas
- Incenso de lavanda (na forma que preferir)
- Isqueiro ou fósforos
- Óleo essencial de olíbano
- Saquinho de tecido azul ou índigo
- Suporte para incenso, incensário, caldeirão pequeno ou prato resistente ao calor
- Vela azul ou de cor escura

Fase da Lua recomendada: fica melhor se for preparada na noite de lua cheia.

Acenda a vela e o incenso e encha o saquinho com as ervas, adicionando-as uma após a outra. Adicione duas gotas do óleo ao saquinho e feche-o.

Toda vez que estiver se preparando para realizar uma sessão espiritual ou um experimento mediúnico, acenda uma vela e um incenso e, em seguida, esfregue um pouco de óleo de olíbano sobre o saquinho. Mantenha-a perto de você durante toda a sessão.

EXERCÍCIO
Saquinho Mágico para Sonhos Doces

Este exercício ensina como preparar um saquinho para ter doces sonhos, perfeito não apenas para você, mas também para presentear alguém que esteja passando por um momento difícil ou enfrentando noites sem dormir.

Você vai precisar de:

- Uma colher de chá de açúcar demerara
- Uma colher de chá de folhas secas de louro ou zimbro
- Uma flor de algodão
- Isqueiro ou fósforos
- Óleo de amêndoas doces
- Óleo de madressilva
- Saquinho mojo rosa ou cor de rosa
- Vela azul, branca ou rosa em um castiçal

À noite, unte a vela com algumas gotas de ambos os óleos e, em seguida, acenda a vela. Unte o saquinho com algumas gotas de ambos os óleos por dentro e por fora.

Unte sua flor de algodão levemente com os óleos e coloque as folhas secas e o açúcar demerara dentro do saquinho. Feche o saquinho e mantenha-o perto de sua cama ou no altar de seus sonhos. De vez em quando, unte-o com mais algumas gotas de óleo de amêndoas doces para mantê-lo eficaz.

Espelho Mágico dos Sonhos

Os espelhos são itens energéticos que nos permitem olhar e monitorar outros mundos. Eles também são portais para esses outros mundos, por isso é importante mantê-los limpos e posicionados adequadamente de forma que reflitam toda a luz possível em um cômodo. Devido à crença tradicional de que os espelhos podem duplicar tudo o que refletem, é importante mantê-los longe do fogão e evitar que reflitam qualquer lixo.

Na magia relacionada aos sonhos, os espelhos são considerados portas diretas para o nosso mundo onírico. Se uma pessoa estiver olhando fixamente para um espelho, um vidente experiente pode observar esse mesmo espelho e ver os sonhos dessa pessoa projetados no reflexo.

Qualquer espelho colocado no quarto de dormir deve ser previamente purificado. Os espelhos, em sua função de portais, podem manifestar sonhos e pesadelos, ou podem ser usados por um mago mais experiente para invocar todos os tipos de pesadelos, visões e presságios.

Os espelhos têm usos mágicos enormes e variados. Podem funcionar como talismãs de proteção e comunicação com o mundo dos sonhos, o mundo dos espíritos e o plano astral. Também são comumente usados por magos em guerras mágicas para buscar os medos ocultos e pesadelos de seus inimigos ou para lançar todo tipo de ataque psíquico contra eles.

EXERCÍCIO
Encantamentos Simples

Espelhos refletem o bem e o mal de volta à sua origem. Com este encantamento e suas variações, poderá consagrar um espelho para que atue como reflexo energético a seu favor. Também é possível selá-lo, impedindo que seus pesadelos ou piores medos se projetem em sua realidade enquanto dorme.

Você vai precisar de:

- Água
- Artemísia seca
- Espelho de mão
- Flores de jasmim secas
- Folhas de louro secas
- Óleo de cânfora
- Óleo essencial de mirra
- Pano de algodão seco
- Pedaço de cristal de quartzo
- Sal grosso
- Tigela de água
- Vidro de cristal

Fase da Lua recomendada: lua nova

Na noite de lua nova, prepare uma infusão com partes iguais de artemísia, flores de jasmim, folhas de louro e duas gotas de óleo essencial de mirra. Deixe-a esfriar e acrescente o cristal de quartzo no líquido. Mantenha em repouso por algumas horas.

Use essa infusão para lavar completamente o espelho de mão e, em seguida, utilize o pano de algodão seco para limpá-lo por completo. Guarde o cristal de quartzo para quando for realizar este feitiço novamente. Coloque o espelho no quarto.

Encha o copo de cristal com água limpa, sal grosso e cânfora. Coloque o copo embaixo da cama, trocando a água a cada três dias.

Variação I

Em uma noite de lua nova, encha um copo de cristal com água limpa e mergulhe um pedaço de cristal de quartzo nele. Troque a água todas as manhãs para ter clareza nos sonhos e descanso profundo.

Variação II

Para cuidar dos sonhos de alguém, perfume um pedaço de fita azul ou violeta com óleo essencial de lavanda e hortelã. Amarre uma mecha de cabelo da pessoa com um pedaço dessa fita consagrada.

Outros Banhos Mágicos

Se você gostou dos exercícios e das receitas de banho apresentados até agora, veja a seguir mais algumas opções para incorporar à sua prática.

EXERCÍCIO
Ritual de Banho para Amantes Sonhadores

Este ritual de banho deve ser realizado entre amantes para que tenham uma noite tranquila de descanso juntos, carregada de confiança e proteção. Ele também permitirá que se sintam mais conectados, mesmo enquanto dormem, o que favorece um despertar positivo.

Você vai precisar de:

- Uma colher de sopa de açúcar mascavo
- Uma colher de sopa de anis-estrelado
- Duas colheres de sopa de flores de laranjeira frescas
- Duas colheres de sopa de flores frescas de hibisco
- Duas colheres de sopa de pétalas frescas de rosas brancas
- Duas colheres de sopa de pétalas frescas de rosas vermelhas

- Água fervente
- Isqueiro ou fósforos
- Óleo essencial de gardênia
- Óleo essencial de lavanda
- Tigela grande
- Vela azul-clara
- Vela branca
- Vela vermelha

Encha a banheira com água morna e acenda as três velas. Prepare uma infusão enchendo a tigela com água fervente e adicionando todos os elementos (flores, anis, açúcar), exceto os óleos. Deixe a mistura descansar por cerca de trinta minutos antes de adicioná-la à água da banheira. Em seguida, adicione seis gotas de óleo essencial de gardênia e seis gotas de óleo essencial de lavanda.

Neste ponto, os amantes podem entrar na banheira e descansar nela com os olhos fechados por cerca de dez minutos. Eles devem usar um cronômetro para não exceder esse tempo. Após os dez minutos, os amantes podem abrir os olhos e meditar ou conversar na banheira entre quinze e vinte e cinco minutos antes de irem dormir juntos.

Você pode complementar este banho com sabonete de rosas ou sabonete com óleo de lavanda.

RECEITA
Banho para Destravar a Mente

Prepare este banho para destravar sua mente, relaxar os pensamentos e, assim, alcançar maior profundidade e clareza nos sonhos. Basta misturar todos os ingredientes em um pote de vidro, adicioná-los à água do banho e deixá-los repousar por quinze a vinte minutos antes de usar.

Você vai precisar de:

- Um ramo de flores de hibisco secas ou bulbos de rosa
- Três gotas de óleo essencial de hibisco
- Três gotas de óleo essencial de neroli
- Seis gotas de óleo essencial de jasmim
- Seis gotas de óleo essencial de lavanda

★★★★★

RECEITA
Banho para Visões em Sonhos

Misture estes ingredientes e use-os para tomar um banho mágico antes de dormir. Ele limpará sua mente e seus sonhos, permitindo que enxergue além dos fatos simples e evidentes.

Você vai precisar de:

- Água de rosas secas
- Alecrim seco
- Artemísia seca
- Flores de hibisco secas
- Folhas secas de manjericão

EXERCÍCIO
Sabonete para Ter Sonhos Belos e Felizes

Este exercício não é propriamente um banho, mas está ligado a ele. A proposta é criar um sabonete artesanal que, além de aplicar os conhecimentos sobre óleos e gemas, também nos convida ao trabalho manual.

Você vai precisar de:

- Base de sabão de glicerina
- Isqueiro ou fósforos
- Mel
- Molde(s) de silicone resistente(s) ao calor
- Óleos essenciais de lavanda, rosas, gerânio e bergamota
- Pedaço de cristal de quartzo oval ou circular
- Pedaço de labradorita oval ou circular (opcional)
- Tigela grande resistente ao calor e colher de mistura
- Vela branca em um castiçal

Hora recomendada/fase da lua: uma lua nova ou quarta-feira à noite (a quarta-feira é regida por Mercúrio, patrono das comunicações).

Acenda a vela e recite:

Este momento místico de elaboração é abençoado para todos os espíritos que agora presentes estão.

Em seguida, derreta a glicerina em banho-maria ou em uma panela de dupla caldeira. Despeje a glicerina líquida em um recipiente resistente ao calor e adicione de duas a três gotas de cada um dos óleos essenciais. Misture bem, adicionando o mel (duas colheres de sopa para cada unidade de sabonete).

Despeje a mistura no(s) molde(s) e adicione as gemas ao sabonete. Deixe o sabonete secar ao ar livre por duas horas. Em seguida, desenforme.

Use esse sabonete exclusivamente à noite, algumas horas antes de dormir para manter sua intuição e seu campo de energia aguçados ou antes de realizar qualquer ritual mágico.

Feitiços Bônus para Noites Tranquilas e Bons Sonhos

Certa vez, criei um feitiço para ajudar meus sobrinhos a dormirem à noite. Ambos têm autismo e os medicamentos que tomam lhes causam muita ansiedade e insônia. Como não sou médico nem terapeuta profissional, não havia muito que eu pudesse fazer a respeito. Mas eu podia fazer esse pequeno feitiço, o que foi muito bom para mim também; eu estava fazendo algo útil.

Pesadelos, terror do sono e insônia são alguns dos maiores problemas que muitas pessoas enfrentam. Aqui estão alguns feitiços bônus para tornar seu tempo de sonho seguro, calmo e até mesmo agradável.

EXERCÍCIO
Feitiço do Sono para uma Criança

Este é o feitiço que criei para meus sobrinhos. Se você já esteve na Amazônia, que é um ótimo lugar para estar e conhecer, talvez reconheça facilmente o exercício a seguir. Este feitiço curto e simples é semelhante a um ritual que sempre realizávamos quando explorávamos o Orinoco no Amazonas. Naquela época, usávamos óleo de cobra e algumas ervas secas para estimular o descanso.

O óleo de cobra é um licor-óleo tradicional muito popular nas cidades da Venezuela, especialmente na versão importada do Amazonas. É utilizado para aliviar dores e ajudar no combate a parasitas no corpo. Diferente do óleo de cobra americano de origem chinesa – frequentemente produzido com óleos minerais, ervas e, às vezes, gordura animal, sem conter derivados reais de cobras –, este óleo da Venezuela e da Colômbia é feito com uma mistura de óleo vegetal puro, flores de *ajo sacha* (*Mansoa alliacea*), folhas de *piri piri* (*Justicia pectoralis*) e folhas de *wais* (*Ilex guayusa*), além de cortes de pele e dentes da cobra conhecida como *pucarara* ou *surucucú* (*Lachesis muta*). Às vezes, esse óleo também contém açúcar de cana.

Para este feitiço, mudei os ingredientes com a intenção de fazer uma versão moderna da receita, que também é mais eficaz e menos cara.

Você vai precisar de:

- Base de creme inodoro (encontre-a em farmácias homeopáticas)
- Óleos essenciais de patchouli e gardênia

Comece com a base de creme sem fragrância e adicione seis gotas de óleo essencial de patchouli e seis gotas de óleo essencial de gardênia. Misture o creme e os óleos com as duas mãos, espalhando a mistura sobre elas. Una as mãos em posição de oração, respire fundo e reserve um momento para visualizar um círculo de luz curativa se formando entre suas palmas. Sinta esse círculo girar e, em seguida, perceba a luz quente e curativa provocar um leve formigamento ao tocar sua pele. Continue visualizando por alguns segundos.

Agora, abra os olhos e visualize esse halo de luz se dividindo em dois à medida que você abre as mãos. Coloque-as ao redor da cabeça da criança (a pessoa a ser cuidada), tocando suas têmporas com as pontas dos dedos.

Visualize ambos os círculos de energia e luz girando ao redor de suas mãos enquanto você e a outra pessoa permanecem nesse breve transe, no qual as energias são compartilhadas entre vocês.

Mantenha essa visualização por cerca de dois a cinco minutos. Ao final, basta "liberar" a luz para a outra pessoa através de suas mãos. Por fim, solte fisicamente a pessoa, retirando suas mãos dela.

EXERCÍCIO
Corda Consagrada para o Sono

Prepare este ritual para se proteger durante as horas de sono.

Você vai precisar de:

- Um copo de conhaque ou licor de laranja
- Um punhado de flores de jasmim secas
- Um punhado de folhas secas de eucalipto

- Um punhado de pétalas de rosas secas
- Uma pitada de raiz de gengibre seca e moída
- Isqueiro ou fósforos
- Corda branca ou azul (com pelo menos 15 metros de comprimento)
- Caldeirão
- Vela roxa ou azul em um castiçal

Fase da Lua recomendada: noite de lua nova ou noite escura

Em uma noite de lua nova ou escura, coloque todo o comprimento da corda dentro do caldeirão mágico. Adicione os próximos cinco ingredientes, um a um.

Acenda a vela e recite o seguinte encantamento cinco vezes com as duas mãos segurando o caldeirão.

Nesta noite escura, invoco a luz para me proteger.
Nesta noite escura, invoco a escuridão para me defender.

Nesta noite mágica, recito este feitiço para reivindicar,
longas noites de descanso, venham me encontrar.
Que meus sonhos e minhas noites sejam encantados,
e que os portais do descanso estejam bem guardados.

Pegue a corda e agite-a. Amarre a primeira ponta da corda na perna da cama mais próxima da porta, fazendo um nó nela. Passe para a próxima perna, dando outro nó. Proceda da mesma forma com cada uma das pernas da cama até que você tenha conseguido amarrar completamente todos os lados. Quando essa operação mágica estiver concluída, basta recitar:

Meu feitiço está lançado;
meu leito e meus sonhos estão resguardados.

Meu feitiço está terminado;
este espaço está selado.

As ervas e flores restantes no caldeirão podem ser usadas para criar incenso ou para encher pequenos sachês mágicos de proteção que podem ser dados como presentes a outras pessoas. Você também pode enterrá-los nos arredores de sua propriedade.

EXERCÍCIO
Feitiço da Vela em Forma de Pirâmide

Realizei este feitiço em uma ocasião em que meus pesadelos, que por algum motivo estavam relacionados às fases da lua, estavam se tornando progressivos. Depois de realizar este feitiço várias vezes, descobri que uma daquelas velas de pirâmide disponíveis no mercado era bastante eficaz. Se não houver uma disponível, você pode usar uma vela grande.

Você vai precisar de:

- Isqueiro ou fósforos
- Óleos essenciais de laranja e lilás
- Pequeno ramo de eucalipto seco
- Vela em forma de pirâmide roxa ou rosa

Unte a vela com os óleos essenciais, acenda a vela e queime o ramo de eucalipto seco na chama, depois, recite o encantamento e deixe a vela se apagar:

Meus sonhos são transformados; meus sonhos se manifestam em sinais,
são guias que eu posso compreender; são formas que não esqueço jamais.
Pesadelos e visões que causam temor – nesta casa, não têm valor.
Mantenho-os fora da minha mente, e sigo minha vida contente.

EXERCÍCIO
Feitiço para Enviar Sonhos Doces a Alguém

Este feitiço é especialmente útil se alguém próximo a você estiver passando por um momento difícil. Ele lhes oferecerá noites de descanso e momentos de paz.

Você vai precisar de:

- Corda amarela ou azul
- Fotografia da pessoa (de preferência uma foto alegre)
- Isqueiro ou fósforos
- Lápis
- Óleos essenciais de eucalipto, hortelã-pimenta e rosa
- Papel amarelo ou branco

- Porta-retratos de madeira
- Tesoura
- Três velas amarelas em castiçais

Horário: este feitiço pode ser realizado em qualquer dia que você desejar; apenas certifique-se de realizá-lo antes do pôr do sol.

No verso da fotografia, escreva o nome completo da pessoa e seus votos de felicidade. Esse sentimento pode ser algo como "Que você tenha sonhos doces e bonitos", "Que seus sonhos sempre o inspirem a perseguir seus objetivos e ser melhor" ou "Que seus sonhos sejam cheios de alegria e bons presságios". Coloque a foto na moldura.

Corte o papel amarelo ou branco no formato de uma estrela de cinco pontas. Dentro dela, escreva as mensagens e os bons desejos que você quer que essa pessoa manifeste em seus sonhos, como "Que seus sonhos o ajudem a passar por esses momentos, guiem, inspirem, fortaleçam e levem você a um sono tranquilo cada vez mais. Que assim seja!"

Esfregue uma das velas com os óleos e acenda-a. Com a corda, amarre a fotografia emoldurada e a estrela juntas (de preferência, de modo que a estrela fique cobrindo o rosto da pessoa).

Deixe a vela queimar em segurança durante a noite e acenda a segunda vela no dia seguinte e a terceira vela no outro dia. No terceiro e último dia, desamarre a estrela de papel da fotografia. Com a chama da terceira vela, continue a queimar a estrela, consagrando o feitiço permanentemente. Coloque a fotografia em um local visível para manter este feitiço ativo por um longo período de tempo.

EXERCÍCIO
Para Manifestar Sonhos Eróticos

Para ter sonhos cheios de romance e erotismo, os bruxos e feiticeiros têm vários métodos, e muitos deles, como queimar pétalas de rosas nos cantos do quarto, abrir um buraco no colchão para esconder um ramo de flores de lavanda e costurá-lo com linha vermelha ou perfumar o quarto com incenso floral antes de dormir, são muito simples. Com base nesses métodos fáceis, mas eficazes, criei este ritual, que usa ingredientes simples e, ao mesmo tempo, funcionais, que podem ser colocados em prática em casa. Embora os resultados demorem algumas noites para se manifestar, tenho a certeza de que você também poderá aproveitá-los.

Você vai precisar de:

- Carvão vegetal
- Fio vermelho
- Incensário, caldeirão pequeno ou prato resistente ao calor
- Isqueiro ou fósforos
- Saquinho de pano vermelho
- Xícara cheia com partes iguais de mirra, jasmim seco e rosas secas

Para criar e estimular sonhos eróticos, acenda o carvão, coloque-o no incensário, no caldeirão ou na placa resistente ao calor e adicione doze pitadas da mistura de ervas, uma a uma. Deixe a fumaça encher o ambiente. Com cuidado, mova o incensário, o caldeirão ou o prato para um canto da sala e adicione outra pitada de ervas. Repita esse processo em cada canto, voltando ao primeiro. Quando terminar de adicionar fumaça ao ambiente, aguarde algumas horas para ter a certeza de que o carvão foi reduzido a cinzas frias e não pode queimar nada. Carregue todas as cinzas no saquinho vermelho com o que restou dos ingredientes na xícara. Usando o fio vermelho, amarre o saquinho como um colar e use-o em seu pescoço do anoitecer ao amanhecer por vários dias ou, se preferir, pendure-o ao lado da cama.

Magia dos Sonhos

BANHO DE PRAZER NOTURNO E EXPLORAÇÃO

de MAWIYAH KAI EL-JAMAH BOMANI

Este é um feitiço sensual para transformar a energia sexual em abundância de sonhos. O trabalho visa conectar nossos desejos físicos ao plano astral por meio de orgasmos. É um delicioso trecho de magia sexual que tem o potencial de desafiar a forma como invocamos a magia fora dos locais cerimoniais. O exercício pode ser realizado com a frequência que desejar; seus orgasmos são da sua conta. Depois de apenas uma sessão, você testemunhará uma conexão mais profunda com sua história pessoal de sucesso, verá o que é possível alcançar em sua vida e criará um mapa definitivo para atravessar os momentos difíceis. Sua energia sexual e sua energia astral produzirão uma abundância em sua vida que tornará esse caminho gerenciável e alegre. Espero que goste.

Você vai precisar de:

- Uma colher de sopa de canela
- Uma colher de sopa de noz-moscada
- Duas xícaras de flores de hibisco secas
- Nove gotas de óleo de jasmim
- Nove gotas de óleo de rosas
- Nove gotas de óleo de ylang ylang
- Barra de sabonete de lavanda
- Seu brinquedo sexual favorito à prova d'água

Prepare seu banho como de costume. Coloque seu brinquedo ao alcance do braço. Em seguida, comece a adicionar os óleos, as flores de hibisco, a canela e a noz-moscada. Mexa a água e seu conteúdo com sua mão dominante. Enquanto estiver mexendo, recite o seguinte:

> **Que meus prazeres noturnos me tragam abundância em saúde, riqueza e estabilidade financeira.**
> **Que o Universo abra meus braços enquanto exploro e me alinho com minha maior verdade, meu propósito mais elevado.**

Ao dormir, quando tudo estiver feito, que meus sonhos anunciem as bênçãos das doces satisfações que virão.
Recebo com alegria o surgimento delicioso de múltiplos orgasmos.
Que venham então. Axé.

Em silêncio, entre na banheira e comece a se lavar com o sabonete de lavanda. Permita que a água corra sobre seu corpo enquanto ensaboa e enxágua. Repita o cântico enquanto continua a se lavar. Após a terceira lavagem, pegue o brinquedo e toque no espaço de seu coração recitando o mantra novamente. Agora é hora de usar seu brinquedo. Faça o que sabe fazer. Enquanto desfruta de sua exploração, pense nas metas que estabeleceu para si mesma. Visualize-se atingindo cada meta e experimentando a felicidade de se sentir vista e abençoada pelo Espírito de realização. Depois de atingir o orgasmo, agradeça ao seu Espírito, à sua Alma, por participar desse evento tão sagrado. Lave seu corpo mais uma vez. Repita o mantra uma última vez e saia da banheira.

Quando estiver seca e pronta para dormir, acomode-se nas metas que visualizou realizar durante o orgasmo. Concentre-se nessas experiências até cair no sono. Pela manhã, você estará no caminho certo para o estrelato.

CONTOS TRIBAIS
Uma História Folclórica Venezuelana sobre Espelhos e Magia

No Monumento Natural Montaña de Sorte (Cerro María Lionza) em Yaracuy, Venezuela, você pode encontrar o Rio Vivo (River Alive). Na verdade, não se trata de um rio, mas de uma espécie de pequeno vale escondido entre as montanhas. Nele, há uma vala comum aberta, cheia de espelhos quebrados de todos os tamanhos. Os espelhos são jogados lá depois de terem cumprido sua função.

As bruxas se reúnem à noite para uma grande celebração. Elas bebem aguardente e fumam tabaco a noite toda, compartilhando a luz de fogueiras, lanternas e telefones celulares, o que proporciona uma sensação de familiaridade e segurança no meio da noite.

Essas bruxas viajam das cidades para a festa com seus espelhos, grandes e pequenos, e celebram todos os tipos de maldições e feitiços em frente a esses artefatos. O mais curioso aqui, entretanto, são suas máscaras.

Quando as bruxas visitam a montanha da Sorte no dia da Deusa Maria Lionza, a tradição determina que elas devem usar máscaras – obviamente, porque você não pode deixar que seus inimigos o vejam através dos espelhos, pois assim eles saberão quem você é.

Por causa de Maria Lionza e de sua corte de fadas, as visões das bruxas são apenas um pálido reflexo do que a água e os espelhos podem ver.

Quando a longa noite de maldições e feitiços termina, as bruxas vão para o Rio Vivo em um barco a remo. Lá, elas jogam seus espelhos na cova até que eles se quebrem, garantindo que seus inimigos e quaisquer espíritos que eles enviem não possam ver quem lançou a dolorosa maldição sobre elas.

CAPÍTULO 17

CURADORES DOS SONHOS (CURANDEROS & YERBATEROS)

Um dos principais motivos pelos quais tantas pessoas viajam para a Amazônia, bem como para partes do Caribe, em busca de cura é que a magia indígena praticada pelas bruxas nativas, além de ser um folclore incrível, é bastante real e eficaz. Os remédios e curas locais à base de ervas, que são preparados com flores nativas da Amazônia e água pura de cachoeiras e riachos, são potentes e rápidos.

Um dos sintomas mais comuns de estar sob um feitiço ou maldição é a insônia constante – uma insônia às vezes contagiosa, que acaba afetando todos na casa. Muitas pessoas que lidam com esse problema viajam para a Amazônia e para diferentes partes do Caribe para buscar uma cura.

A insônia, quando causada por feitiços ou maldições, pode se manifestar como uma sensação de ansiedade misturada ao esgotamento físico, acompanhada por uma inquietação constante que mantém a pessoa afetada acordada por longas noites.

Na maioria das vezes, quem sofre desse mal começa a tomar todos os tipos de medicamentos. Xaropes, pílulas e tratamentos médicos podem funcionar facilmente, mas, às vezes, esses paliativos modernos podem apenas alterar o metabolismo do indivíduo e levá-lo a experimentar drogas e medicamentos cada vez mais fortes.

Não tenho a pretensão de ser médico e não sou contra a medicina moderna, mas ver membros da minha família lutando constantemente contra os efeitos desses tratamentos muito caros me fez considerar minha própria abordagem e examinar como é importante para muita gente tentar métodos e curas alternativos. Por isso, foi muito importante para mim começar a aprender com mais dedicação com os praticantes indígenas e curandeiros das aldeias e cidades. Essas pessoas não afirmam ser "a única cura", mas sim uma "alternativa medicinal à base de ervas" para apoiar seu processo enquanto as primeiras soluções e medicamentos fazem o trabalho.

Em um grande número de casos, os mesmos médicos que prescrevem ou sugerem o medicamento acabam direcionando seus pacientes a um curandeiro. É bastante normal encontrar uma pessoa que tenha sido encaminhada por um médico especialista. Se estiver dentro de suas possibilidades financeiras, a pessoa pode viajar para outros cantos do mundo para tratar de suas doenças e enfermidades. Entretanto, a insônia nessas regiões sempre foi curada por curandeiros com as águas do rio.

Curandeiros tradicionais aprendem a curar estudando e canalizando os espíritos curativos das ervas e de diversas plantas. O *curandero* acaba se tornando um curador físico, um terapeuta de ervas e um *brujo-hechicero* (uma espécie de bruxo e feiticeiro herbal). Eles são o que chamamos comumente na América do Sul de *yerbatero* ou, em um vocabulário mais urbano e moderno, *yerbero*.

Esses *yerbateros* e curandeiros tratam seus pacientes com ervas locais. Eles não saem em busca das ervas mais caras trazidas de outras partes do mundo só porque um livro recomenda. Em vez disso, aprendem quais ervas crescem em seu próprio ambiente. São plantas que literalmente estão ao alcance das mãos, nutrindo-se dia após dia, noite após noite, da própria energia do feiticeiro. Às vezes crescem à beira da estrada e, com frequência, são justamente as plantas que os grandes livros de magia herbal tendem a subestimar.

Naturalmente, esses herbalistas tradicionais – para usarmos um nome possível – aprendem a colher as mesmas plantas locais encontradas em vasos e pequenos jardins caseiros. Ervas comuns como:

- ***Alecrim:*** para todos os tipos de problemas respiratórios.
- ***Aloe vera:*** consumir com água para limpar o sistema, faz maravilhas na pele.
- ***Camomila:*** para ajudar a dormir e tratar distúrbios digestivos.
- ***Coentro:*** para fadiga, insônia e problemas estomacais.
- ***Dente-de-leão:*** para o colesterol.
- ***Echinacea:*** para o sistema imunológico.
- ***Eucalipto:*** para aliviar a tosse e limpar os pulmões.

- ***Ginseng:*** para tratar a exaustão e a fadiga.
- ***Hortelã e hortelã-pimenta:*** para acalmar o nervosismo e ajudar a dormir.
- ***Manjericão:*** para o sistema imunológico; é incrível quando misturado em chá com coentro e camomila para ajudar a dormir.
- ***Salsa:*** para a saúde dos rins.

Embora a insônia não seja a única coisa que esses curandeiros curam, esse é um dos principais motivos pelos quais as pessoas os procuram. Isso é diferente de ir a alguém para comprar um remédio. Os pacientes vão para serem curados e aprender a se curar. Você não vai a um curandeiro para que ele o cure; vai para que ele possa ajudar seu corpo a se lembrar de como se curar, encontrando apoio para isso nas ervas e flores locais.

Sofrer de insônia pode facilmente arruinar a rotina diária de uma pessoa, e então surgem as consequências de não ter dormido bem: dores de cabeça, mau humor, dor no pescoço, fadiga e sensação de cansaço e negatividade durante todo o dia. Uma pessoa com insônia pode acabar tomando mais café do que o necessário, o que pode causar problemas estomacais e renais a longo prazo. A cafeína no sangue acaba causando mais insônia, e a pessoa entra em um pequeno ciclo vicioso de tomar café para ficar acordada, tomar pílulas para dormir e descansar, tomar mais café para passar o efeito das pílulas e, em seguida, tomar mais pílulas para neutralizar o café.

Agora, quando uma bruxa sofre de insônia, que energia ou entusiasmo ela tem para seu trabalho mágico? Para realizar seus feitiços e rituais? Para preparar um altar e honrar seus entes queridos? Elas estão exaustas demais para tudo isso.

Ser um curandeiro tradicional é algo que não acontece da noite para o dia com a leitura de livros. É uma doutrina que acaba se tornando um estilo de vida focado em processos de cura e no uso de ervas para fins medicinais, mágicos e até mesmo divinatórios. Dependendo da região, o curandeiro pode depender inteiramente de ervas ou pode aprender a curar usando bálsamos de árvores e até mesmo pedras de rio para canalizar e retirar doenças do corpo.

Esse processo que acabei de mencionar pode ser realizado por meio de sonhos. Isso é feito enviando sua própria energia de um ponto da Terra para outro por meio de vários canais energéticos ou extraindo a energia residual do mundo dos sonhos e direcionando-a para a pessoa necessitada.

Cura pelos Sonhos

Para iniciar bem o trabalho com a terapia energética conhecida como "cura pelos sonhos", é essencial manter a mente clara e focada na pessoa que será curada. Realize esse trabalho místico em momentos em que não esteja completamente exausto, pois, do contrário, simplesmente não funcionará, seu corpo não será capaz de utilizar sua própria energia para redirecionar outras formas de energia curativa para o indivíduo em questão.

Ao curar, sugiro usar um talismã ou algum tipo de amuleto. Isso permitirá que mantenha um vínculo energético com a pessoa que deseja curar. O que será muito útil em suas primeiras tentativas de cura – ou pelo menos enquanto adquire mais experiência. Realize este trabalho energético totalmente concentrado e sem nenhuma distração.

EXERCÍCIO
Cura pelos Sonhos

Para colocar este ritual em prática, sente-se de pernas cruzadas em um espaço confortável, seja em uma cadeira ou sobre um tapete macio no chão. Mantenha as mãos unidas, com as palmas voltadas uma para a outra, para evitar que a energia escape. Relaxe a mente com os olhos fechados e, enquanto respira lenta e profundamente, visualize a energia curativa da Mãe Terra se manifestando em tons de verde, amarelo e violeta, subindo do chão até os seus pés. Por ali, a energia é absorvida e distribuída para o restante do corpo.

Mantenha essa visualização por dez a quinze minutos. Sustente um ritmo de respiração lento e profundo e faça um esforço para manter as costas retas e os músculos relaxados. Libere toda a tensão que entrar no seu corpo sem preocupações. Se de repente sentir que precisa se movimentar, fique à vontade; não se estresse.

Após o término do tempo de meditação, separe as mãos e vire as palmas em duas direções diferentes: uma apontando para o chão e a outra acima da cabeça e apontando para a frente. Dessa forma, irá se livrar de toda a energia extra acumulada que seu corpo processou. Você a libera para não a carregar mais. A energia que parece mais pesada e mais carregada buscará instantaneamente a saída de volta para a terra, enquanto a energia que foi curada da terra por meio de seu corpo será mais leve e se moverá para cima, buscando escapar ou se manifestar por meio de sua outra mão.

Mantenha essa posição por cerca de dois a três minutos e, em seguida, abra os olhos. Levante-se com calma e observe como seu corpo se sente. Recomendo que faça anotações sobre isso. Qual é a sensação de suas pernas? Como estão seus braços? Como estão seu pescoço e sua coluna vertebral? Suas mãos estão quentes ou frias? Como estão as solas dos seus pés?

Mantenha este exercício em prática por vários dias seguidos para que perceba como seu corpo está lidando com ele e como a sensação energética em seu corpo muda.

Variação

Vamos tentar o mesmo exercício de antes em toda a sua simplicidade. A única diferença é que, desta vez, você incluirá um objeto na forma de um talismã. O objeto deve pertencer a alguém próximo. Pode ser um amigo ou um ente querido. Depois de selecionar um objeto apropriado, realize todo o exercício mantendo-o em suas mãos ou dentro de seu espaço de trabalho.

Uma Observação sobre Estes Exercícios

Todos os seres humanos são compostos dos mesmos elementos e têm os mesmos órgãos, mas nossos corpos agem e reagem de forma diferente em circunstâncias diferentes. Seu sistema de energia não é o mesmo que o de todas as outras pessoas, portanto, ele se adaptará pouco a pouco a essas sessões, reagindo de novas maneiras a cada vez. Por exemplo, quando pratiquei um exercício de cura em fevereiro de 2019, com nove pessoas, todas que haviam participado de pelo menos uma sessão anteriormente obtiveram os seguintes resultados:

Duas dessas pessoas tiveram o que descreveram como um "zumbido profundo e prolongado" em seus ouvidos, que desapareceu alguns minutos após o término da sessão.

Outras duas pessoas tiveram uma sensação prolongada de sonolência e cansaço após a sessão, acompanhada de formigamento nas palmas das mãos e nos pés.

Quatro delas tiveram apenas um leve formigamento nas palmas das mãos durante e após o trabalho de cura energética.

Apenas uma pessoa na sessão relatou um leve formigamento na parte de trás do pescoço e uma sensação de gelo nos ouvidos.

O método que usamos foi de cura a distância em um círculo fechado. Todos na sala de ioga descansavam em um tapete de exercícios a cerca de 80 centímetros de distância uns dos outros, e cada pessoa segurava uma fotografia da pessoa à sua direita. Meditamos por cerca de vinte minutos com o aroma de eucalipto e mirra de vários incensos em cada canto.

Para harmonizar e equilibrar a energia da sala, colocamos uma lista de reprodução com sons suaves de tambores e flautas que me lembravam a música popular do Peru e da Bolívia. Isso ajudou a criar uma atmosfera perfeita de meditação para relaxar os sentidos.

Cura com Cristais dos Sonhos na Metafísica Moderna

Na metafísica moderna, os sonhos desempenham um papel importante; são o meio pelo qual os estudantes ascendem aos nove planos astrais e, a partir deles, são instruídos pelos mestres ascensionados em diferentes disciplinas. Esses processos de cura são resultado do nosso processo evolutivo energético, para o qual estamos sendo preparados neste exato momento da era moderna.

Na visão da metafísica moderna e, mais especificamente na visão da metafísica cristã na América Latina, a cura que realizamos durante nossos processos de meditação desempenha um papel essencial na evolução da raça humana. Acredito que essa prática diária deve ser feita para curar a humanidade de todos os seus rancores e dores de guerras passadas, o que permitirá que o ser humano evolua e alcance o próximo passo.

Na prática acadêmica da Escola Metafísica Cristã de Conny Méndez, na Venezuela, a prática de sessões de cura energética, ou *Imposicion de manos* (Imposição das mãos ou cura com as mãos sobre a cabeça de uma pessoa), leva-nos às escolas metafísicas dos sete raios. Cada uma dessas sete escolas ou templos existe no plano metafísico e foi fundada uma a uma pelo grande cavaleiro Saint Germain em cada uma de suas múltiplas encarnações.

Essas sete escolas, cada uma delas, é um templo funcional de cura e sabedoria construído com blocos de energia. Suas paredes, pisos e torres assumem a aparência de cristais e minerais, como a escola do raio azul, que é guardada pelo Arcanjo São Miguel e tem paredes e torres de lápis-lazúli e ágata-azul e violeta, e a escola do raio rubi dourado, que é guardada pelo Arcanjo Uriel e tem paredes de ouro e rubi tão altas quanto grandes montanhas.

Nos misteriosos ensinamentos da metafísica cristã, as escolas funcionam como templos energéticos que os alunos frequentam por meio de projeção astral para obter sabedoria, evolução pessoal e cura. A partir desses pontos, a energia pode ser redirecionada para diferentes direções no planeta e para diferentes pessoas no intuito de ajudá-las em seus processos de cura energética enquanto dormem. Quando essas pessoas estão inconscientes, seu campo energético fica mais suscetível e propenso a perceber mudanças e influências energéticas externas.

Magia dos Sonhos

RITUAL DE SÃO JOSÉ DORMINDO

de LAURA DAVILA

O sono é fundamental para o nosso desenvolvimento, saúde e bem-estar, além de ser de grande importância e vital para as nossas habilidades mágicas e psíquicas. Mas o que acontece quando sofremos de insônia e temos dificuldade para adormecer, permanecer dormindo ou ter um sono de qualidade? A maioria dos estudos sugere que a insônia está relacionada ao estresse e à preocupação com situações totalmente fora do nosso controle. É um fato bem conhecido que quanto melhor dormimos, melhor nos sentimos, mas como podemos conseguir isso quando há tantas coisas com as quais nos preocupamos ao mesmo tempo, especialmente em tempos difíceis?

Minha avó era uma *bruja* mexicana muito devotada a seus santos e santas populares – assim como muitas de nossas *abuelas* latinas que viam e vivenciavam a magia e a religião de uma maneira particular e muito distinta, mantendo sua fé e sua confiança no sagrado e, ao mesmo tempo, distanciando-se radicalmente do dogma e da hipocrisia da instituição. Elas eram empreendedoras e matriarcas. Cuidavam de suas famílias. Foram pioneiras que enfrentaram muitas situações na vida com as quais se preocuparam em países onde o homem (nem sempre) ajudava muito.

Minha avó costumava ter muitos santos em sua casa – alguns deles na cozinha, outros na entrada –, mas havia um pelo qual eu me sentia atraída, e não de uma maneira muito agradável. Esse santo ficava ao lado da cama dela e estava sempre dormindo e relaxado, e isso me incomodava porque, na minha opinião, todos estavam trabalhando, menos ele.

Talvez você esteja familiarizado com São José, o Carpinteiro, ou com seu papel como pai da iconografia de Jesus, mas esse título que vou apresentar não é tão comum quanto os outros. O nome é *Sleeping Saint Joseph* (São José Adormecido).

São José é um guardião, um zelador; seu trabalho é cuidar de qualquer coisa que venha a nós inesperadamente, assim como ele fez em sua vida, mas ele também é um protetor.

Este ritual é muito simples, mas trará muitos benefícios para seu sono.

Você vai precisar de:

- Caneta de tinta preta
- Estátua/imagem de São José Dormindo ou selo de oração
- Papel
- Seu óleo essencial favorito usado para dormir (eu uso jasmim).

Toda vez que estiver enfrentando preocupações ou qualquer situação que tire seu sono e não o deixe descansar, escreva uma nota sobre essa situação. Esfregue o bilhete com o óleo essencial e coloque-o sob São José. Não se esqueça de que na América Latina São José também é conhecido como o Terror dos Demônios, portanto, com este ritual, ele vem ao nosso refúgio e nos ajuda a lutar contra as forças do mal e os distúrbios espirituais enquanto estamos dormindo.

CONTOS TRIBAIS
Povo Karajá / Iny

Os Iny são um povo indígena do Brasil que vive desde tempos imemoriais na bacia do Rio Araguaia.

Para os Iny, a aldeia é a unidade de organização social e política autônoma, na qual o poder de decisão cabe aos chefes masculinos das famílias extensas. A aldeia é formada por uma fileira de casas de cada família extensa ao longo do rio na direção Norte-Sul. Há uma casa especial separada por uma praça cerimonial. Ela é conhecida como *Idjassó Hetô* ou *Casa de Aruanã* (Casa dos Homens), que é o centro da vida ritual e onde ficam as máscaras sagradas criadas para serem usadas nas cerimônias.

Os Iny concebem o Universo como composto por três níveis:

- O mundo subaquático, que recebe muitos nomes, é de onde a humanidade surgiu e onde vivem os Idjassó, assim como as entidades protetoras e os ancestrais dos Karajá, junto de todas as suas divindades e espíritos muito antigos que se manifestam por meio da chuva.
- O mundo terrestre (Araguaia) é o mundo visível que habitamos. A única forma de saída é pela água, pelos sonhos ou pela morte.
- Por fim, há o mundo cósmico. É ele quem envia a chuva ao mundo terrestre, é onde vivem seres poderosos e para onde vai a alma do pajé ou sacerdote. É função deles, em vida, manter uma comunicação segura e equilibrada com o mundo cósmico. Por meio do *Arauaje* (dança na chuva), os sacerdotes conseguem se conectar com o mundo cósmico para canalizar e transmitir mensagens, sonhos, profecias e poderes de cura.

Cultural e socialmente, a fileira de casas, a praça e a casa dos homens são consideradas espaços análogos aos três mundos. Eles também são três grupos regionais Karajá e também representam a tríade.

De acordo com seus mitos, seus ancestrais viviam sob o leito marinho de uma cidade subaquática onde os peixes eram abundantes. Os ancestrais viviam entre as pessoas (a água também faz parte da terra) porque viviam em plena eternidade. Embora tivessem comida abundante e uma vida longa, viviam em um espaço pequeno e frio delimitado por paredes feitas de coral e pedras de rio.

Desejando conhecer o mundo da superfície, um jovem iniciou uma extensa pesquisa. Em um dia chuvoso, ele encontrou uma passagem chamada

Inysedena (o portal de chuva que conecta o mundo físico ao mundo dos espíritos). Essa passagem o levou à Ilha de Bananal. Chegando lá, ele ficou fascinado com a beleza e as riquezas do Araguaia e com o amplo espaço para correr e viver, além do calor do sol. O jovem retornou e reuniu parentes e amigos para subirem juntos à superfície.

Depois de algum tempo vivendo na superfície, eles encontraram a morte e a morte os encontrou. No mundo terreno, nada era eterno. Então, eles quiseram voltar para debaixo do rio, mas a entrada estava fechada e guardada por uma grande cobra, Guyii, que foi colocada ali por ordem de Koboi, o primeiro dos homens e o chefe do povo das águas. Sem poder voltar, o povo se estabeleceu no mundo, procurando construir suas casas rio acima e rio abaixo.

Após sua primeira geração habitando a terra, Kynyxiwe (herói e divindade do rio e da chuva) chegou e se casou com uma moça Karajá. Ele foi morar na aldeia dela e ensinou-lhes a pesca, a caça, a interpretação dos sonhos para se comunicar com os ancestrais e a dança sagrada na chuva.

Kynyxiwe faleceu depois de ter muitos filhos. Por ser um homem idoso e a ponte direta entre o mundo dos vivos e o mundo dos espíritos, os sacerdotes dançam na chuva para se conectar com ele, para que ele possa servir como mensageiro entre os dois mundos.

Para os Iny, os sonhos representam (como na maioria das comunidades indígenas) mensagens dos ancestrais. Para eles, essas mensagens são criadas e tecidas como uma rede pelos espíritos mais antigos e são enviadas por meio dos feiticeiros e sacerdotes para servir à humanidade.

Os sonhos os ajudam a descobrir quem serão os próximos xamãs ou sacerdotes da tribo. Sonhar é considerado um ato de cura e integração espiritual, e ter sonhos significa que você está se conectando com o mundo da água e recebendo mensagens dos espíritos. Os sonhos recebidos em uma noite de chuva são mensagens sagradas de importância vital.

Em suas tradições politeístas, a chuva é um elemento sagrado que atua como uma ponte entre os mundos. Quando a chuva enche os rios e eles transbordam, é um presságio de que os ancestrais e os espíritos superiores estão zangados. A água da chuva é celebrada, mas não é coletada ou armazenada pelas pessoas, pois as bênçãos devem permanecer frescas e ser respeitadas, não usadas posteriormente. Mesmo assim, a água da chuva pode ser ungida na testa das crianças para que elas tenham sonhos felizes nos quais seus espíritos guardiões estarão presentes.

CONCLUSÃO

Você concluiu este livro! Talvez ele tenha lhe trazido muitas respostas. Talvez tenha gerado ainda mais perguntas. Ambos os resultados são totalmente válidos.

Bruxaria dos Sonhos foi escrito com a intenção de abordar um dos temas mais comuns da magia e da feitiçaria na cultura hispânica, e sinto-me honrado por todos os astros terem se alinhado para que eu fosse a pessoa encarregada de transmitir esta mensagem.

As Bruxas dos Sonhos não são diferentes das Bruxas da Água, das Bruxas Modernas, das Bruxas Verdes e de tantas outras buscadoras e praticantes das artes esotéricas. Elas, assim como todas as mencionadas anteriormente, apenas sobem pela mesma árvore, mas por um galho diferente – e nossa bruxaria é como uma grande árvore cujos ramos não param de crescer e se multiplicar. Alguns caem e ninguém se lembra de que estiveram ali; outros continuam a crescer e se espalhar, permitindo que mais pessoas subam por eles.

No momento em que adota uma prática, passa a considerá-la sua e a coloca em ação constantemente, ela se transforma no seu caminho. Manter esse caminho só para si ou compartilhá-lo com os outros é uma escolha que cabe unicamente a você.

A magia dos sonhos, sob a perspectiva latino-americana, está ligada aos ancestrais, ao nosso folclore, aos rituais matinais da avó e às receitas e medicinas tradicionais do curandeiro da aldeia. Foram anos de viagens e dezenas de cadernos cheios de receitas antigas até que este livro ganhasse forma. Agora, essa prática é sua. Alimente-a com sua vivência diária, com seus próprios resultados, com sua sabedoria e com sua intuição. Traga e guie outras pessoas; torne-se esse novo feiticeiro e curandeiro que acolhe e cura quem o procura. Mas, acima de tudo, honre a si mesmo como honra sua prática.

Tenha sonhos felizes, e que seus passos sejam abençoados.

GLOSSÁRIO

Agague: uma longa coroa feita de pequenas penas, que se prolonga até cobrir completamente as costas.

Alapujawaa: ação de dormir.

Arojie: colares feitos com dentes de animais selvagens.

Brujeria: termo usado na América Latina para se referir a práticas esotérico-religiosas.

Brujos: todos aqueles que praticam alguma forma de religião esotérica afro-caribenha.

Caima (ou Chaima): agente espiritual indígena do período pré-hispânico.

Carojeoje: sacerdotes da tribo Yuri.

Efeito de bilocação: existem diversos métodos usados por feiticeiras e *brujas* para entrar, de diferentes formas, nos sonhos de outras pessoas – seja para observar os sonhos de um ente querido ou para manifestar todo tipo de medo durante as horas de descanso. Na América Latina, assim como em Portugal, são muito comuns os feitiços folclóricos que ensinam a perturbar os sonhos de outras pessoas. Quando esses "ataques" ocorrem, é comum que sejam canalizados involuntariamente pelas crianças da casa.

Inysedena: o portal da chuva que conecta o mundo físico ao mundo dos espíritos.

Jabbe: guizos feitos de dentes e sementes amarrados aos tornozelos para criar todos os tipos de sons enquanto os sacerdotes da tribo Yuri dançam ao redor do fogo ritual.

Javi: entidades que atuam como demônios noturnos, formadas de sombra e sangue de animal.

Jiojio: espíritos da fogueira.

Kabimaras: espíritos das águas e dos rios.

Kugjo (também Junkgo ou Kojgo): a linguagem simbólica do mundo espiritual usada para interpretar os sonhos.

Lapü: "sonho" em wayuunaiki, a língua dos Wayúu.

Maleiwa: o criador de tudo, especialmente de tudo o que se move, vive e respira, além de fundador da sociedade e da ordem.

Miyakira: a arte de pintar o rosto com as cores da família.

Mou: ponte formada por árvores que conectam nossos rios aos rios do Outromundo.

Obeba: espíritos de ancestrais tão antigos que estão prestes a renascer.

Oütshii, Outsu ou Jarima: mulher da tribo Wayúu que é preparada e treinada para ser a curandeira tradicional e conhecedora das ervas.

Ozunbi: espíritos das rochas e da terra.

Palero: praticante iniciado nos ritos do Palo Monte, uma corrente mágico-religiosa e iniciática que se divide em diversos caminhos e é muito popular na América do Sul.

Parahuayo: a luz do sol (ou o próprio deus sol).

Piachi e os Alijunas: jovens donzelas da tribo Wayúu que circulam pela cidade, embora ambos os termos também sejam frequentemente aplicados a crianças pequenas e idosos.

Wanülu: o espírito que encarna o mal, a inveja, a doença e a morte.

Yias: visões transmitidas pela Deusa serpente por meio do veneno.

Yimika taai: previsão por meio dos sonhos.

Yoroa: membros da tribo Yanomami que ungem as pontas de suas flechas e zarabatanas com veneno.

Yupu Ushi: ingestão das cinzas dos falecidos.

Yushini: as almas dos mortos cujos nomes foram esquecidos e, por isso, não se lembram de quem foram.

FEITICEIROS CONVIDADOS

Miss Aida: (Cuba, Estados Unidos) médium, vidente, feiticeira e autora de *Hoodoo Justice Magic: Spells for Power, Protection, and Righteous Vindication* e *Hoodoo Cleansing and Protection Magic: Banish Negative Energy and Ward Off Unpleasant People*, entre muitos outros livros.

Temperance Alden: feiticeira popular hereditária com mais de dezoito anos de prática dedicada à Bruxaria e ao Paganismo. Fundadora da *Wild Woman Witchcraft*, é podcaster e autora de *Year of the Witch* (Weiser Books, 2020).

Oncle Ben: (França) é feiticeiro, espiritualista e ancião de duas tradições mágicas distintas: *NY Wica Tradition* e *Minoan Brotherhood Tradition*. É também autor de *Les Secrets de Marie Laveau* e *Manuel d'Hellénisme*.

Mawiyah Kai EL-Jamah Bomani: escritora e mulher de espírito natural de Nova Orleans. Recebeu o prêmio de Dramaturga do Ano do *Southern Black Theatre Festival* em 2012-2013 por sua peça *Spring Chickens*. É também autora das peças *Crows Feet*, *Bourbon*, *Men of the AmonRa Society* e *Hair Anthem*. Mawiyah é educadora, feiticeira da oitava geração, médium de Egun e sacerdotisa de OYA no sistema espiritual iorubá. É ainda editora-chefe da revista digital sobre cultura e espiritualidade tradicional africana *Oya N'Soro*, apresentadora do podcast *FishHeadsinRedGravy* e autora de *Conjuring the Calabash: Empowering Women with Hoodoo Spells & Magick*.

Ariana Carrasca: (Reino Unido), também conhecida como *The Oak Witch*, é uma feiticeira popular britânico-latina, escritora e criadora de conteúdo do popular canal no YouTube *The Oak Witch*.

Phoenix Coffin Williams: (Estados Unidos) é arcipreste da *Correllian Nativist Church of Wicca*. Atua também como conselheiro clínico licenciado em saúde mental, com consultório particular no estado de Nova York. É sacerdote-chefe do *Temple of Holistic Knowledge*. Sua carreira e ministério podem ser definidos como ativismo e defesa de causas. Atualmente, Phoenix está desenvolvendo o *Blue Door*, um programa voltado à formação de clérigos Wiccanianos e mágicos em aconselhamento pastoral profissional, habilidades de liderança, desenvolvimento organizacional, resolução de conflitos e formação de educadores entre pares, a partir de perspectivas Wiccanianas e mágicas.

J. Allen Cross: (Oregon) é feiticeiro popular, médium vidente, investigador paranormal, podcaster e autor de *American Brujeria: Modern American Folk Magic* e *The Witch's Guide to the Paranormal: How to Investigate, Communicate, and Clean Spirits.*

Laura Davila: (México, Estados Unidos), também conhecida como *Daphne la Hechicera*, é uma bruxa mexicana de quinta geração, praticante de longa data da *ensalmería*, *hechicería*, *brujeria* e catolicismo popular mexicano. Nascida e criada no México, vive nos Estados Unidos desde 2010. Laura se identifica como *bruja de rancho*, ou bruxa do campo – um termo de grande ressonância no México, que indica conhecimento sobre plantas e o mundo natural. É autora de *Mexican Sorcery: A Practical Guide to Brujeria de Rancho.*

Mira A. Gade: (Grécia, Turquia) foi uma feiticeira popular, astróloga e sacerdotisa de Afrodite na província de Aydın, na Turquia.

Rev. Laura González: (México, Estados Unidos) é *bruja*, ministra (*Circle Sanctuary*), sacerdotisa (*Fraternity of the Goddess*), vidente, podcaster, ativista, professora, massoterapeuta registrada (RMT) e autora publicada.

Ella Harrison: é praticante de bruxaria há mais de dez anos e se dedica ao caminho da bruxaria popular alemã. Seu propósito é inspirar e educar pessoas sobre a bruxaria e práticas pagãs. Possui graduação em antropologia social e cultural, cria conteúdo no YouTube e no Instagram, e oferece oficinas e cursos em seu Patreon. Ella e seu marido, Karlis, são proprietários de uma pequena loja de cristais e artigos de bruxaria chamada *Silver Fern Crystals* (ekstones.com).

Dawn Aurora Hunt: (New Hampshire), também conhecida como *Cucina Aurora*, é proprietária da *Cucina Aurora Kitchen Witchery*, localizada em Salem, New Hampshire. É autora de *A Kitchen Witch's Guide to Love & Romance* e *Kitchen Witchcraft for Beginners: Spells, Recipes, and Rituals to*

Bring Your Practice into the Kitchen. Também apresenta a aclamada série de podcasts *Conversational Witchcraft* e o popular canal no YouTube *Cucina Aurora Kitchen Witchery*.

Emma Kathryn: (Nottinghamshire) é escritora colaboradora da *Witch Way Magazine*, do blog *The House of Twigs*, do *Stone, Root, and Bone blog*, do *Spiral Nature blog* e da *Gods & Radicals*. Já palestrou em diversos eventos pagãos no Reino Unido, incluindo a *Magickal Women Conference* em Londres, e foi entrevistada no podcast *The Witch Daily Show*. É autora de *Witch Life: A Practical Guide to Making Every Day Magical* e *Season Songs: Rediscovering the Magic in the Cycles of Nature*.

Aly Kravetz: (Nova York), também conhecida como *BronxWitch*, é leitora de tarô, curadora energética, líder de clã (*Coven*) e instrutora de meditação. Também é podcaster e proprietária da *BronxWitch HeadQuarters*.

Lorraine Monteagut, PhD: (Cuba, Colômbia) é bruxa e astróloga, nascida em Miami, Flórida. Doutora em comunicação pela *University of South Florida*, iniciou suas pesquisas sobre o feminismo *bruja* e a retomada das tradições ancestrais de cura. É autora de *Brujas: The Magic and Power of Witches of Color*.

Jennifer Sacasa-Wright: (Estados Unidos) se considera uma *Craft Witch* (bruxa artesã) que segue seu caminho ao lado do marido na Pensilvânia. Fundou a revista digital comunitária gratuita *PaganPages.org* há mais de uma década e atualmente a administra junto a duas deusas maravilhosas. É possível encontrá-la criando suas *Goddess Dream Dolls* e outros itens para lojas locais, festivais e para sua página no Facebook *This Witch's Stitches & More*. Ela transmite magia em tudo o que cria.

Hector Salva: também conhecido como *Papa Hector* ou *Houngan Hector*, é *brujo*, *espiritista* e autor. Nascido e criado em uma linhagem familiar de *brujos* (curandeiros, feiticeiros, xamãs), *Papa Hector* foi iniciado no Vodu haitiano como *houngan asogwe*, um Sumo Sacerdote da linhagem *Asson*. Viveu e foi aprendiz por anos no Haiti sob a orientação de diversos *houngans* e *mambos*. É autor de *The 21 Divisions: Mysteries and Magic of Dominican Voodoo* e *Espiritismo: Puerto Rican Mediumship & Magic*.

Maria Elena Urbaneja: (Venezuela) é médium, *bruja* e *espiritista*. É iniciada no *Espiritismo Tradicional Venezolano*, *Palo Mayombe* e *Santeria/Lucumi*.

DESCRIÇÕES DAS IMAGENS

Capítulo 2: Árvore: *El Árbol del Diablo* (a Árvore do Diabo) é um elemento que se repete em múltiplas histórias do folclore caribenho. Na maioria dessas histórias, os ameríndios tinham seus próprios deuses e espíritos bons e maus. Quando os conquistadores chegaram, trouxeram com eles o Diabo, o pior de todos os espíritos. As bruxas o enganaram e o trancaram dentro de uma árvore. Em uma das muitas versões, os Obeah Men de Trinidad e Tobago dizem que, quando as bruxas buscam poder, enterram presentes e oferendas aos pés das árvores de paina durante a noite, e assim o Diabo as visita enquanto dormem. A casca dessas árvores é usada para fazer *Abás*, um tipo de amuleto com símbolos sagrados que é pendurado nas portas para que pesadelos e demônios não entrem.

Capítulo 4: Diabos Dançantes de Corpus Christi: a máscara tradicional do *Diablo de Yare* (Diabo Dançante de Corpus Christi) é feita à mão para um festival que acontece na Venezuela, onde pessoas vestidas como diabos dançam ao ritmo dos tambores até chegarem à entrada da igreja. Para os *brujos* modernos, essa dança simboliza um ritual para conjurar demônios aliados.

Capítulo 5: Serpente: *Guajanari*, ou *Kaonari*, é um espírito de serpente marinha gigante com três olhos feitos de pedra amarela, pele branca como a luz e asas de morcego. Representa a fluidez dos rios que avançam em direção a si mesmos através do mundo. Os mares tornam-se rios finos e são então devorados novamente pelo mar. As almas navegam pelas águas para retornar ao mundo aquático e, de lá, partem novamente rumo ao nosso mundo. *Guajanari* é a razão pela qual, quando as *brujas* caminham ao redor e dentro do Rio Orinoco, dizem: "*Guajanari*, leve minhas mágoas, *Guajanari*, afogue minhas misérias." *Guajanari* é o criador dos pesadelos e dos medos, e as águas e os sonhos são seu reino.

Capítulo 8: Quadrado com Quatro Símbolos: este símbolo, embora simples e de origem desconhecida, pode ser encontrado em grimórios manuscritos por bruxas da cidade de Cumanacoa, na Venezuela, bem como gravado em árvores, grandes rochas próximas a praias e em diversos murais.

Capítulo 8: Talismã do Pentáculo: outro símbolo apresentado no capítulo 8 é desenhado em papel e ungido dos dois lados com uma mistura de óleo comum de girassol, sal grosso e pó feito de folhas de eucalipto. Esse talismã é então dobrado ao meio e costurado com linha aos travesseiros para impedir que bruxas entrem nos sonhos da pessoa.

Capítulo 14: Punhado de Ervas: *Sahumerio* é um método mágico, tradicional e indígena de limpeza e proteção espiritual que sobrevive há séculos, no qual um feixe de ervas secas é queimado e defumado ao redor da casa. Para a ilustração, usamos canela, eucalipto, lavanda, alecrim e *cáscara sagrada*.

Capítulo 15: Deus Puma: *Aemmi*, ou *Azemi*, era uma divindade lunar cultuada na Amazônia pela tribo Kalinago, que ali se estabeleceu ao chegar de Barbados e de Trinidad e Tobago. Hoje, apenas desenhos entalhados dele são preservados nas árvores, e sua história faz parte do folclore oral. *Aemmi* era o espírito de uma onça ou puma que rondava à noite. Um dia, as árvores o transformaram em um espírito guardião para proteger todos aqueles que ele havia assustado. Acabou sendo venerado como um *Zemi*, uma divindade ou espírito superior das tribos caribes, como um deus noturno que vagueia pelos sonhos e devora pesadelos.

Capítulo 16: Triângulo de Ervas: a bênção de decocções foi uma das formas mais arcaicas de feitiçaria entre os povos ameríndios, e ainda é praticada hoje na região da Amazônia.

Capítulo 17: Máscara: esta imagem é uma representação de um agente espiritual indígena de Yaracuy (Venezuela), com o rosto pintado no estilo tradicional de guerreiro-sacerdote. O feiticeiro ou agente espiritual usa um cocar tradicional ameríndio com penas, que lembra muito uma máscara venezuelana dos Diabos Dançantes de Yare.

BIBLIOGRAFIA

"1783. Lavoisier y los estudios sobre combustión animal." *Editorial Médica Panamericana*, 2007.

Arredondo, Alexis A., and Eric J. Labrado. *Magia Magia: Invoking Mexican Magic.* Mobile, AL: Conjure Southern Publications, 2020.

Arrom, José Juan. *Fray Ramón Panén: "Relación acerca de las antigüedades de los indios": el primer tratado escrito an américia nueva versión, com notas, mapa y apéndices.* Mexico City: Siglo XXI Editores, 1974.

Ballaster, Ros, ed. *Fables of the East: Selected Tales, 1662–1785*. Oxford:

Oxford University Press, 2005.

Baño, Adrián Hernández. *Transcripción de Toponímicos Indígenas Quechuas en el Estado Falcón (Venezuela)*. Coro, Venezuela: Fundación Hernández Baño, 1998.Beekes, Robert. *Etymological Dictionary of Greek*. Boston: Brill, 2010.

Cajochen, Christian, Songül Altanay-Ekici, Mirjam Münch, Sylvia Frey, Vera Knoblauch, and Anna Wirz-Justice. "Evidence that the Lunar Cycle Influences Human Sleep." *Current Biology* 23, no. 15 (2013): 1485-8.

Casiraghi, Leandro, Ignacio Spiousas, Gideon P. Dunster, Kaitlyn McGlothlen, Eduardo Fernández-Duque, Claudia Valeggia, Horacio O de la Iglesia. "Moonstruck Sleep: Synchronization of Human Sleep with the Moon Cycle under Field Conditions," *Science Advances* 7, no. 5 (January27, 2021). DOI: 10.1126/sciadv.abe0465.

Chapman, Anne. *End of a World: The Selknam of Tierra del Fuego*. Buenos Aires: Zaiger & Urruty Publications, 2008.

____. *European Encounters with the Yamana People of Cape Horn, before and after Darwin*. Cambridge: Cambridge University Press, 2013.

____. *Hain: Selknam Initiation Ceremony*. Buenos Aires: Zaiger & Urruty Publications, 2008.

Cross, J. Allen. *American Brujeria: Modern Mexican American Folk Magic.*

Newburyport, MA: Red Wheel/Weiser, 2021.

Davila, Laura. *Mexican Sorcery: A Practical Guide to Brujeria de Rancho.*

Newburyport, MA: Red Wheel/Weiser, 2023.de Ovalle, Alonso. *Histórica relación del Reyno de Chile y de las mifiones y ministerios que exercita la Compañia de Jesus.* Rome, 1646. http://www.bibliotecanacionaldigital.gob.cl.

Donner-Grau, Florinda. *The Witch's Dream: A Healer's Way of Knowledge.* New York: Penguin, 1985.

Duviols, Pierre. *La destrucción de las religiones andinas.* Mexico City: Universidad Nacional Autónoma de México, 1977.Epstein, Isidore, ed. *Babylonian Talmud: Berakhot* (Hebrew-English Edition), London: The Soncino Press, 1984.Eranimos, Boban, and Dr. Art Funkhouser. "The Concept of Dreams and Dreaming: A Hindu Perspective." *International Journal of Indian Psychology*, 4, no. 4 (September 2017).Foster, George M. *Cultura y conquista: La herencia española en América.* Mexico City: Xalapa por la Universidad Veracruzana, 1962.

Gould, Robert Jay. *Youkai and Kaidan.* Japan Culture Research Project, 2003. Grionés, Jaime. *Llewellyn's Little Book of the Day of the Dead.* Woodbury, MN: Llewellyn Publications, 2021.

Kaplan, Aryeh. *Meditation and Kabbalah.* Newburyport, MA: Weiser Books, 1982.

Kardec, Allan. *The Gospel According to Spiritism.* New York: United States Spiritist Council, 2020.

Koch, Peter O. *El Dorado and the Quest for Fortune and Glory in South America.* Jefferson, NC: McFarland & Company, 2021.

Kronfeld-Schor, Noga, Davide Dominoni, Hooracio de la Iglesia, Oren Levy, Erik D. Herzog, Tamar Dayan, and Charlotte Helfrich-Forster. "Chronobiology by Moonlight." *Proceedings of the Royal Society Biological Sciences* (2013).

Leafar, Elhoim. "Elhoim's Column." *Todo en Domingos.* Caracas, Venezuela.

Leitão, José, trans. *The Immaterial Book of St. Cyprian: Folk Concepts & Views on* The Book *as a Cultural Item through the Reading of Folk Narratives.* Seattle: Revelore Press, 2017.

Méndez, Conny. *El Librito Azul: Manual de Metafísica en términos sencillos.* Caracas, Venezuela: Ediciones Giluz, 2006.

____. *El Libro de Oro de Saint Germain.* Mexico City: Grupo Editorial Tomo, 2004.

____. *La chispa de Conny Méndez: Humor y memorias.* Caracas, Venezuela: Ediciones Giluz, 2007.

____. *Metafísica 4 en 1.* Caracas, Venezuela: Bienes Lacónica, 1996.

____. *Metafísica al alcance de todos: Verdades Espirituales en palabras de a centavo.* Caracas, Venezuela: Ediciones Giluz, 2007.

Monteagut, Lorraine. *Brujas: The Magic and Power of Witches of Color.* Chicago: Chicago Review Press, 2022.

Nelson, Mark. *Shamanism: Your Personal Journey to Healing and Self-Discovery*. Woodbury, MN: Llewellyn Publications, 2022.

Newman, Louis J., ed. *The Talmudic Anthology: Tales and Teachings of the Rabbis*. West Orange, NJ: Behrman House, 1945.

Ovid. *Metamorphoses*. Loeb Classical Library. Accessed March 29, 2023. https://www.loebclassics.com/view/ovidmetamorphoses/1916/pb_LCL043.163.xml?readMode=recto.

Röösli, Martin, Peter Jüni, Charlotte Braun-Fahrländer, Martin W. G. Brinkhof, Nicole Low, Matthias Egger. "Sleepless Night, the Moon Is Bright: Longitudinal Study of Lunar Phase and Sleep," *Journal of Sleep Research* 15, no. 2 (June 2006): 149-53.

The Torah: A New Translation. Philadelphia: The Jewish Publication Society of America, 1962.

Torero, Alfredo. *Lenguas de los Andes: Lingüística e historia*. Lima, Peru: Instituto Francés de Estudios Andinos, 2002.

Trachtenberg, Joshua. *Jewish Magic and Superstition: A Study in Folk Religion*. Philadelphia: University of Pennsylvania Press, 2004.

Vaan, Michiel de. *Etymological Dictionary of Latin and the Other Italic Languages*. Vol. 7 of *Leiden Indo-European Etymological Dictionary Series*, edited by Alexander Lubotsky. Leiden, Netherlands: Brill, 2008.

Van Cott, Donna Lee. "Andean Indigenous Movements and Constitutional Transformation: Venezuela in Comparative Perspective." *Latin American Perspectives* 30, no. 1 (January 2003), 49-69.

Varela, Francisco J, ed. *Sleeping, Dreaming, and Dying: An Exploration of Consciousness with the Dalai Lama*. Translated by B. Alan Wallace and Thupten Jinpa. Boston: Wisdom Publications, 1997.

Vorhand, Susan. "Dreams in the Talmud and in Depth Psychology." Deep Insights. Spring, 2013. https://www.depthinsights.com/Depth-Insights-scholarly-ezine/e-zine-issue--4-spring-2013/dreams-in-the-talmud-and-in-depth-psychology-by-susan-vorhand/.

Wilson, Samuel. *The Archaeology of the Caribbean*. Cambridge World Archaeology. New York: Cambridge University Press, 2007.

____. "The Caribbean before European Conquest." In *Taíno: Pre-Columbian Art and Culture from the Caribbean*, edited by Fatima Bercht. New York: Monacelli Press, 1997.

TECENDO o
LIMIAR da
BRUXARIA
COMO PRATICAR A ARTE
TRADICIONAL E MODERNA
LAURA TEMPEST ZAKROFF
NOVA SENDA
LAURA TEMPEST ZAKROFF
TECENDO O LIMIAR DA BRUXARIA